전남동부
기독교 선교와
한국사회

인문학술원 연구총서 11
종교역사문화총서 01

전남동부 기독교 선교와 한국사회

초판 1쇄 발행   2019년 5월 25일

엮은이 ┃ 국립순천대학교 인문학술원 종교역사문화센터
펴낸이 ┃ 윤관백
펴낸곳 ┃ 도서출판 선인

등   록 ┃ 제5-77호(1998.11.4)
주   소 ┃ 서울시 마포구 마포대로4다길 4(마포동 324-1) 곳마루빌딩 1층
전   화 ┃ 02)718-6252 / 6257
팩   스 ┃ 02)718-6253
E-mail ┃ sunin72@chol.com
Homepage ┃ www.suninbook.com

값   25,000원

ISBN   979-11-6068-274-8   93900

· 잘못된 책은 바꿔 드립니다.
· 표지디자인: 김진디자인(02-323-5372)

이 책은 2017년 대한민국 교육부와 한국연구재단의 지원을 받아 출판되었음
(NRF-2017S1A5B8057496)

인문학술원 연구총서 11
종교역사문화총서 01

전남동부
기독교 선교와
한국사회

국립순천대학교 인문학술원

종교역사문화센터 편

 도서출판 선인

발간사

국립순천대학교 인문학술원은 연구총서의 하위 총서 중 하나로 종교역사문화총서를 발간하게 되었습니다. 이 책은 종교역사문화총서의 첫 번째 성과물입니다.

인문학술원은 2001년에 인문학연구소로 시작했습니다. 지난 18년 동안 인문학연구소는 지속적으로 발전하였습니다. 특히 2017년에 한국연구재단 대학중점연구소 사업에 선정되면서 큰 발전의 계기를 맞았습니다. 이후 순천대학교 인문학연구소는 인문학술원으로 확대개편하면서 학술지『인문학술』을 창간하고, 인문학술원 자료총서와 연구총서 발간을 시작하였습니다.

인문학술원은 대학이 위치한 지역의 다양한 역사문화유산을 다루고 있는데, 기독교 역사문화도 그 중의 하나입니다. 전남동부지역 기독교 선교는 순천 선교부와 순천노회를 중심으로 활발하게 진행되었습니다. 그 결과 '북평양, 남순천'이라는 말이 생길 정도로 순천을 비롯한 전남동부지역 기독교가 크게 발전하면서 지역사회의 교육, 문화, 정치, 의료 등 다양한 방면에 크게 영향을 미쳤습니다. 따라서 전남동부지역 사회의 근대적 발전과 기독교 선교는 밀접한 관계를 맺고 있습니다.

또한 일제강점기에 신사참배 반대운동 과정에서 순천노회 전체가 커다란 수난을 당하기도 했습니다. 이런 점에서 전남동부지역 선교와 교회의 역사는 지역차원에서뿐만 아니라 한국교회사와 한국민족운동사에서도 중요한 위치를 차지하고 있습니다. 따라서 지역의 기독교선교와 교회발전의 역사를 체계적으로 정리할 필요성이 있습니다.

순천대 인문학술원에서는 순천시청과 함께 지난 2017년 8월 "전남동부 기독교 선교와 한국사회"라는 주제 아래 학술대회를 개최하였습니다. 거기에서 발표한 글들을 보완하고 발전시킨 것이 이 책입니다. 이 책은 1부에서는 "미국 남장로교와 호남지역선교"를, 2부에서는 "미국 남장로교와 순천지역선교"를, 3부에서는 "한국현대사와 순천지역교회"를 다루고 있습니다. 학술대회에 참여하고 그 귀중한 성과를 이번 연구총서에 보내주신 선생님들께 인문학술원을 대표하여 깊은 감사를 드립니다.

인문학술원 종교역사문화센터는 이 책을 시작으로 인문학술원 연구총서 중 하나로 전남동부지역의 종교역사문화총서를 계속해서 발간하려고 합니다. 2018년도 8월에 개최한 '전남동부지역 기독교인물과 지역사회' 학술대회 성과를 수렴한 것이 두 번째 책이 될 것입니다. 또 2019년 5월 말에 '전남동부지역 기독교기관과 지역사회' 학술대회를 개최하고 그 성과도 총서에 담으려 합니다. 이 연구총서를 통해 독자 여러분들이 순천을 비롯한 전남동부지역 기독교역사문화에 대해 더욱 많은 관심을 가지게 되는 계기가 되기를 기대합니다.

끝으로 이 책의 기획, 원고 수집, 편집, 교정 등 전 과정을 묵묵히 담당해주신 김용철 선생님께 깊이 감사드립니다. 그리고 학술대회를 진행하고 총서까지 발간할 수 있도록 지원해준 조유리 연구원에게도 고마움을 표합니다. 또한 이 자리를 빌려 이러한 연구가 가능하도록 도와주신 조충훈 순천시장님, 이덕주 한국기독교역사연구소장님, 공학섭 순천기독교총연합회장님, 남호현 순천대 지리산권문화연구원장님께 감사드립니다.

2019년 5월 15일
국립순천대학교 인문학술원장 강성호

차 례

제2부 미국 남장로교와 순천지역 선교

일제 강점기 순천 선교부와 지역사회 _이덕주

순천지역 교육선교와 매산학교
: 선교부와 지역교회의 교제를 중심으로 _박정환

제3부 한국현대사와 순천지역교회

순천중앙교회의 태동과 발전 _차종순

일제강점기 순천지역 신사참배 반대운동과 순천노회 수난사건 _김승태

해방 이후 순천지역 교회의 성장과 전망 _이홍술

제1부

미국 남장로교와
호남지역선교

강성호
미국 남장로회의 호남선교
: 연구동향을 중심으로

김용철
한국 전통사회와
전남지역 기독교 선교

미국 남장로회의 호남선교
: 연구동향을 중심으로*

강성호

I. 머리말

전남동부지역에서도 창립 110주년을 맞는 교회들이 많이 존재한다. 여수 율촌 장천교회, 광양 웅동교회, 순천 중앙교회 등을 대표적으로 들 수 있다. 이런 오랜 역사에도 불구하고 전남동부지역 선교 및 지역교회 발전과정에 대한 연구는 그동안 체계적으로 진행되지 못하였다.[1] 따라

* 이 논문은 2017년 대한민국 교육부와 한국연구재단의 지원을 받아 수행된 연구임 (NRF-2017S1A5B8057496)

1) 김형균, 「순천지역 의료선교에 대한 연구: 선교사 인애자의 결핵사업을 중심으로」, 장로회신학대학교 신학대학원 석사학위논문, 2010.2; 남호현, 『순천 구 남장로회 조지와츠 기념관 기록화 조사보고서』, 문화재청 근대문화재과, 2006; 남호현, 『순천 매산중학교 매산관: 기록화 조사보고서』, 문화재청 근대문화재과, 2006; 도선붕·한규영, 「순천 선교촌의 형성과 건축특성에 대한 조사연구」, 『한국농촌건축학회논문집』 4(2), 2002.6; 우승완, 「순천의 근대기 도시화에 관한 연구」, 순천대학교 석사학위논문, 2009; 우승완·이석배·이서영, 「근대 순천의 도시발전 동인에 따른 도시변화과정에 관한 연구」, 『한국도시설계학회지』 10(1), 2009.3; 한규무, 「지리산 노고단 '선교사 휴양촌'의 종교문화적 가치」, 『종교문화연구』 15, 2010.12.

서 전남동부지역 기독교선교와 지역교회 발전 문제를 체계적으로 정립할 필요가 있다.

호남 및 전남동부지역 교회 발전은 미국 남장로회 선교와 밀접한 관계를 지니고 있다. 미국 남장로회 선교가 지역 교회 발전의 주요한 계기가 되었고, 이후 남장로회 선교부의 역할과 지역 교회의 자생적인 노력들이 상호작용하면서 지역의 기독교가 발전하여 왔다.[2] 전남동부지역은 순천선교부 활동영역과 일치한다. 순천선교부는 남장로회 호남 선교부 중 가장 늦게 설치되었지만, 가장 체계적으로 진행된 선교부이기도 하다. 전남 동부지역은 선교부가 늦게 설치되다 보니 이미 지역교회들이 자생적으로 성장하고 있었고, 늦게 설립된만큼 체계적인 지원 속에서 설립된 선교부여서 지역에 대한 복음선교, 의료선교, 교육 선교 지원이 활발한 곳이기도 하다. 전남동부지역 기독교 역사의 발전과정을 제대로 보기 위해서는 두 부분을 모두 고려할 필요가 있다[3]

전남동부지역 선교는 남장로회 호남선교의 일환이기 때문에 호남선교 전체와 밀접한 관련을 지니고 있다. 따라서 남장로회 호남선교에 대한 연구동향 정리는 전남동부지역의 향후 연구방향 정립의 토대가 될 것이다. 1980년대 이후 남장로회 호남선교에 대한 연구가 지속적으로 진행되어왔다. 초기에는 호남선교 전반에 걸친 연구가 진행되다가 시간이 흐르면서 구체화되고 심화되고 있다. 각 지역, 각 선교사들, 복음·교육·의료 선교 등 각 분야에 대한 연구들이 진행되고 있다. 연구들이 전문적으로 진행되다보니 호남지역 선교연구의 전체적인 현황을 파악하

---

2) 윤정란, 「전남 순천지역 기독교의 수용과 확산」, 『숭실사학』 26, 2011.6; 이양재, 「순천지역 초기 선교역사연구: 광양 신황리교회를 중심으로」, 호남신학교 대학원 석사학위논문, 2001.12; 한동명, 「보이열(Elmer T. Boyer) 선교사의 호남지방 선교에 관한 연구: 무주, 순천 지역을 중심으로」, 장로회신학대학교 대학원 석사학위논문, 2007.8.
3) 한규무, 「미국남장로회 순천스테이션의 교육선교와 매산남녀학교」, 『남도문화연구』 15, 순천대 남도문화연구소, 2008.12.

기가 쉽지 않다. 따라서 지난 40년 가까이 다양하게 진행된 연구흐름을 전체적으로 파악할 필요가 있다. 호남지역 선교 연구의 전체 흐름을 파악한 뒤에 현 시기에 호남지역 선교 연구가 나아가야 할 몇 가지 방향을 제안하려고 한다. 이러한 제안은 전남동부지역 선교연구에도 동일하게 도움을 줄 것이다.

II. 미국 남장로회 호남선교 전반 연구동향

미국 남장로회 한국선교에 대한 연구는 미국 북장로교 선교 연구에 비해 저조한 편이다. 미국 북장로교 선교연구는 그동안 지속적으로 활발하게 이루어졌다. 대표적으로 최근에 숭실대학교 한국기독교문화연구원이 북장로교 한국선교에 대한 연구를 14권의 '불휘총서'로 발간한 사실을 들 수 있다.[4]

이에 비해 남장로회의 한국선교와 관련된 자료집이나 연구가 체계적으로 진행되고 있지는 않다. 다만 연구가 지속되면서 남장로회 선교연구가 구체화되고 다양화되는 경향을 보이고 있다. 남장로회 선교와 관련된 지역의 선교부, 선교유적, 의료선교, 교육선교, 선교사 개인들에 대

---

4) 리처드 베어드,『윌리엄 베어드』, 불휘총서 1, 숭실대학교 뿌리찾기위원회 역, 숭실 대출판부, 2016; 김선욱 · 박신순,『마포삼열』, 불휘총서 2, 숭실대 출판부, 2017; 곽 신환,『윤산온』, 불휘총서 3, 숭실대 출판부, 2017; 오순방,『방위량』, 불휘총서 4, 숭 실대학교 출판부, 2017; 곽신환,『편하설-복음과 구원의 글로벌화』, 불휘총서 5, 숭 실대출판부, 2017; 이상규,『왕길지의 한국선교』, 불휘총서 6, 숭실대 출판부, 2017; 김희권,『곽안련-찰스 알렌 클라크(Charles Allen Clark)의 구약주석 연구』, 불휘총서 7, 숭실대 출판부, 2017; 이덕주,『백아덕과 평양숭실』, 불휘총서 8, 숭실대출판부, 2017; 김명배,『위대모와 평북기독교』, 불휘총서 9, 숭실대출판부, 2017; 이철 · 김명 배,『숭실의 순교자-10명의 숭실 순교자들의 삶과 순교이야기』, 불휘총서 10, 숭실 대 출판부, 2017; 민경찬,『숭실과 한국의 근대음악』, 불휘총서 11, 숭실대출판부, 2017; 임희국,『평양의 장로교회와 숭실대학』, 불휘총서 12, 숭실대 출판부, 2017.

한 연구들이 지속적으로 진행되고 있다. 지리문화적 관점에서 남장로회 한국선교를 재조명하는 시도도 새롭다.[5] 초기 남장로회 선교사들의 자료들을 체계적으로 정리하려는 제안도 주목할 만하다.[6]

미국 남장로회 한국 및 호남선교에 대한 국내 연구는 1980년대 이후로 지속적으로 진행되었다. 여기서는 미국 남장로회의 호남선교에 대한 국내연구동향을 미국 남장로회의 한국선교정책, 호남선교 전반, 그리고 호남선교 중에서 복음선교, 교육선교, 의료선교, 선교유적 등을 중심으로 살펴보고자 한다. 이러한 작업을 통해 현재 연구가 어느 정도까지 진행되었는지를 확인해보고 앞으로 연구해나가야 할 지점들을 고민해보고자 한다.

미국 남장로회 한국 및 호남 선교활동에 대한 연구는 많이 진행되고 있다.[7] 그러나 남장로회 자체에 대한 연구는 많이 진행되지 않았다. 남

---

5) 송현숙, 「호남지방 기독교 선교기지 형성과 확산에 관한 연구」, 『한국기독교와 역사』 19, 2003.8; 송현숙, 「한국개신교의 전개과정(1893-1940년)에 관한 지리적 고찰: 호남지방을 사례로」, 『문화역사지리』 16(1), 2004.4; 송현숙, 「해방이전 호남지방의 장로교 확산과정」, 『한국기독교와 역사』, 23, 2005.9; 송현숙, 「호남지방 미국 남장로교의 확산, 1892-1942」, 고려대학교 대학원 박사학위논문, 2011; 송현숙 · 정희선 · 김희순 · 이명희, 「섬진강 유역과 남동해안 지역의 남장로교 확산경로」, 『대한지리학회 학술대회논문집』, 2012.5.

6) 송현숙 · 정희선 · 김희순 · 이명희, 「개화기 방한 서양인 기록물의 디지털 아카이브 구축에 관한 연구」, 『한국문헌정보학회지』 49(3), 2015.8; 송현숙 · 이명희 · 정희선 · 김희순, 「호남지방 종교지리 연구동향과 과제: 미 남장로회 선교기록물을 중심으로」, 『남도문화연구』 30, 순천대 남도문화연구소. 2016.6; 송현숙 · 정희선 · 김희순 · 이명희, 「개화기 조선 체류 서양인 기록물의 디지털 아카이브 시스템 구축」, 『한국비블리아학회지』 27(4), 2016.12.

7) 강인철, 「한국교회 형성과 개신교 선교사」, 『한국학보』 75, 1994; 기덕근, 「한국초기 교회사 연구」, 호남신학대학교 석사학위논문, 1998; 박용규, 「초기 개신교와 천주교의 갈등」, 『신학이해』, 2002; 신중성, 『한국기독교의 전파과정과 지역유형』, 경희대학교 박사학위논문, 1989; 윤경로, 「신 · 구교 관계의 역사적 고찰」, 『기독교사상』 28, 1984; 최영순, 「기독교의 전래과정과 지역적 분포연구」, 상명대학교 석사학위논문, 1999; 조강현, 「초기 개신교 성장과정 비교연구」, 감리교신학대학교 석사학위논문, 1991.

장로회 신학에 대한 연구와[8] 남장로회의 대한정책의 배경과 특징 등에 대한 연구가[9] 일부 있다. 동시에 미국 남장로회에 대한 당시 고종의 입장,[10] 선교 초기에 남장로회가 수용되어 부흥한 한국적 배경,[11] 그리고

8) 김호욱,「교회사에서 고찰한 미국 남장로회 신학연구: James Henley Thornwell의 신학사상을 중심으로」,『광신대학교 대학원』, 2010.2; 김호욱,「한국선교 초기 미국 남장로회 선교사 신학연구, 1892-1910년」,『광신논단』24, 2014.12; 정준기,「미국 남장로회 신학연구: 로버트 답네 저작을 중심으로」,『광신논단』18, 2009.5; 장하철,「초기 내한 선교사들의 대 일본관 변화과정(1884-1919)」, 호남신학대학교 대학원 석사학위논문, 2004.8; 박종현,「미국남장로교 여선교사의 기도회 연구」,『한국교회사학회지』, 2009; 이덕주,「초기 내한 선교사의 신앙과 신학」,『한국기독교와 역사』6, 1997.

9) 김경빈,「한국기독교선교에서 두 외국 선교사의 상호인식」,『서울기독교대학교수논문집』8, 2001; 류대영,「한말 미국의 대한 정책과 선교사업」,『한국기독교와 역사』9, 1998.9; 류대영,『초기 미국선교사연구』, 한국기독교역사연구소, 2001; 박성배,「한국교회 초기 선교사들의 선교정책연구」, 연세대학교 석사학위논문, 1998; 이재근,「고립에서 협력으로: 미국 남장로교의 해외선교 정책변화, 1837-1940」,『교회사학』13, 2014; 주명준,「천주교와 개신교의 전라도 선교비교」,『전주사학』6, 1998; 김상현,「초기 천주교와 개신교의 조선 선교전략 비교」, 침례신학대학교 석사학위논문, 1998; 이만열,「한말 구미제국의 대한 선교정책에 관한 연구」,『동방학지』69, 1994; 임선화,「독립협회시기 선교사의 정치적 태도」, 전남대학교 석사학위논문, 2000; 장수진,「한말 개신교 선교사의 한국문화에 대한 이해와 활동」, 이화여자대학교 석사학위논문, 1999; 장신익,「초기 한국교회의 선교정책에 대한 고찰」, 서울신학대학교 석사학위논문, 1992; 홍경만,「한국개신교 수용과 그 성격에 관한 연구」, 숭실대학교 박사학위논문, 1999.

10) 류대영,「기독교와 선교사에 대한 고종의 태도와 정책」,『한국기독교와 역사』13, 2000.9; 김성진,「초기 한국기독교 역사에서 본 수용자 중심 선교연구」, 장로회신학대학교 석사학위논문, 1998.

11) 김수진·노남도,『어둠을 밝힌 한국교회와 대각성운동』, 쿰란출판사, 2007; 류대영,「20세기 초 한국교회 부흥현상에 관한 몇 가지 재검토」,『종교문화비평』12, 2007; 이덕주,「초기 한국교회 부흥 운동에 관한 연구」,『세계의 신학』44, 1999.9; 안치현,「1907년 대부흥운동이 초기 한국교회 성장에 미친 영향」, 성결대학교 석사학위논문, 1997; 양달모,「한국교회 사경회와 부흥회에 대한 역사적 고찰」, 연세대학교 석사학위논문, 1997; 노대준,「1907년 개신교 대부흥운동의 역사적 성격」, 고려대학교 석사학위논문, 1987; 이대섭,「한말의 사회상황과 개신교 수용과정에 관한 연구」, 서울신학대학교 석사학위논문, 1989; 이덕주,『한국 토착교회 형성사 연구』, 한국기독교역사연구소, 2001; 이만열,「한국의 교회성장과 그 요인에 관한 일 고찰」,『숙명한국사론』창간호, 1993; 이진구,「한국 개신교 수용의 사회문화적 토대연구」,『종교와 문화』2, 1996; 장제한,「초기 한국교회 성장의 원인 연구」, 장로회신학대학교 석사

남장로회가 당시 한국지식인들의 민족주의와 근대화 인식에 끼친 영향 등을 다루는 연구들이[12] 진행되었다. 현재 한국교회는 세계적인 교회로 발전하였고 미국에 이어 세계 제2위의 선교국가가 되어있다. 한국은 해외 선교를 하는 과정에서 많은 시행착오를 함으로써 국내외에서 큰 논란을 야기하고 있다. 미국 남장로회가 해외선교, 특히 한국에 어떤 입장에서 정책을 세우고 집행을 했는지, 그리고 그 과정의 시행착오를 어떠한 방 식으로 해결하려고 했는지를 적극 연구할 필요가 있다. 이러한 연구는 남장로회의 선교가 한국기독교에 미친 영향을 한국 입장에서 주체적으 로 재평가하고 정립하는 데 중요하다. 또한 한국이 현재 해외선교 과정 에서 겪는 시행착오를 줄이는 데도 크게 기여할 것이다.

미국 남장로회의 한국선교활동에 대한 연구는 국내외에서 모두 진행 되었다. 미국 측 연구로는 1930년대의 로즈(H. R. Rhodes)의 연구를 비 롯하여 로즈와 캠벨(A. Campbell), 에너벨 메이저 니스벳과 조지 톰슨 브 라운(George Thompson Brown) 등의 연구를 들 수 있다.[13] 또한 한국에

학위논문, 1992.

12) 김인수, 「한국 개신교 초기 선교와 비민족화의 경향에 관한 연구」, 호남신학대학교 대학원 석사학위논문, 1998.2; 류대영, 「종교와 근대성: 개신교에 대한 개화기 지식 인들의 태도와 근대성문제」, 『종교문화비평』 4, 2003; 이만열, 『한국기독교 수용사 연구』, 두레시대, 1998; 이만열, 「한말 기독교인의 민족의식 형성과정」, 『한국사론』 1, 1973; 최영근, 「동아시아에서 기독교와 민족주의의 관계: 일제 시기 한국 기독교 민족주의를 중심으로」, 『장신논단』 37, 2010.6; 남리화, 「한말 기독교의 수용과 기독 교인의 민족의식」, 연세대학교 석사학위논문, 2000; 전겸도, 「개신교의 전래가 한국 의 근대자본주의 형성과정과 경제활동에 미친 영향」, 이화여자대학교 석사학위논 문, 1996; 노치준, 『일제하 한국교회 민족운동의 특성에 관한연구』, 연세대학교 박 사학위논문, 1987.

13) Rhodes, H. R., *History of Korea Mission of the Presbyterian Church in the USA 1884-1934* (Seoul: Y.M.C.A. Press, 1934); Rhodes, H. A. and Campbell, A., *History of the Korea Mission Presbyterian Church U.S.A.,*1935~1959 (PCK: Commission on Ecumenical Mission and Relations, 1964); 에너벨 메이저 니스벳, 『(미국남장로교 선교회의) 호남선교 초 기역사: 1892-1919』, 한인수 역, 경건, 2011; 조지 톰슨 브라운, 『한국선교이야기: 미 국 남장로교 한국선교역사 (1892-1962), 천사무엘 · 김균태 · 오승재 공역, 동연, 2010;

서 직접 활동한 미국 남장로회 선교사들이 출판한 자전적 기록들도 선교활동을 연구하는 데 큰 도움이 된다. 탈메이지(J. V. N. Talmage) 선교사, 조요섭(J. B. Hooper) 선교사, 설대위(D. J. Seel) 선교사의 자서전 출판 등을 대표적인 것들로 들 수 있다.[14] 이외에도 미국 남장로회 선교사들의 활동을 당시 선교사들이 남긴 회의록, 보고서, 서한, 에세이 등을 통해 파악할 수 있다.[15]

미국 남장로회의 충청도 및 호남의 선교활동은 한국기독교사에서 중요한 위치를 차지한다. 따라서 한국 기독교사 전체를 다루는 저작들은 미국 남장로회의 호남선교 활동을 비중 있게 서술해왔다.[16] 국내에서는

Brown G. Thomson, 노영상 역, 「미국 남장로교회의 전남권 초기선교」, 『신학이해』 10, 1992.12; 곽안전(Allen D. Clark), 『한국교회사』, 대한기독교서회, 1961.

14) Talmage, J. V. N., *Prisoner of Jesus Christ in Korea*, 한남대학교출판부, 1998; Gordon, J. F., *Everyday Life in Korea*(Chicago: Fleming Revell, 1974); 이철원, 『현대의학과 선교명령』, 광주기독병원, 1999; 설대위(Seel, D. J.), 『꺼지지 않는 사랑의 불꽃』, 예수병원, 1998.

15) *Annual Meeting Minutes of Korean Mission of the Presbyterian Church in the U.S.*, 1903~1940; 1946-1982; *Annual Report of the Executive Committee of Foreign Missions of the Presbyterian Church in the United States*, 1896~1940; 1946~1982; *Annual Report of the General Assembly, Executive Committee in U.S.*, April 1892~April 1906; *Minutes of the Council of Presbyterian Mission of Korea*, 1912~1930; *Minutes of the General Assembly of the Korean Mission in U.S.*, 1912~1940; *Minutes of the Korea Mission of Presbyterian Church in U.S.*, 1903~1940; *Minutes of Annual Meeting of Southern Presbyterian Mission in Korea*, 1907-1940; *Personal Report of the Korea Mission of Presbyteran Church in U.S.*, 1893-1940; 1946~1982; *Table of Annual Report of the Korea Mission of the Presbyterian Church in U.S.*, 1908~1940; *The Missionary Survey*, 1911-1943.

16) 김수진, 『한국기독교의 발자취』, 한국장로교출판사, 2001; 김수진, 『한국초기 선교사의 이야기』, 한국장로교출판사, 2004; 김수진·한인수, 『한국기독교사 호남편』, 범론사, 1980; 백낙준, 『한국개신교사』, 연세대학교출판부, 1993; 서명원, 『한국교회 발전사』, 대한기독교서회, 1994; 손병호, 『장로교회의 역사』, 쿰란출판사, 1993; 신광철, 「한국개신교회사 연구사」, 『종교와 문화』 2, 1996; 안기창, 『미국 남장로교 선교 100년사』, 진흥, 2010; 안기창, 『선교이야기』, 서울: 쿰란출판사, 2006; 이덕주, 『한국교회 처음 이야기』, 홍성사, 2006; 이영헌, 『한국기독교사』, 컨콜디아사, 1995; 한국기독교문화연구소 편, 『한국사회와 기독교』, 숭전대학교출판부, 1984; 한국기독교문화연구소 편, 『한국기독교의 역사』 I·II, 1989; 한국기독교역사연구소 편, 『한국기

1980년대부터 차종순과 김수진을 중심으로 미국 남장로회 호남선교 전체 진행과정에 대한 연구가 진행되었다.[17] 특히 차종순은 1980년대부터 현재에 이르기까지 지속적으로 남장로회의 호남선교 전체뿐만 아니라 선교의 각론에 대한 연구를 활발하게 진행하고 있다.[18] 노영상, 안영로, 주명준, 오종풍, 송현숙도 미국 남장로회 호남선교사들의 발자취 전반을 연구하였다.[19] 최근에 이재근은 영국에서 미국 남장로회의 호남선교를 주제로 박사학위를 받기도 하였다.[20] 이 중에서 오종풍과 송현숙은 남장로회의 호남선교 확산과정을 문화지리적 입장에서 새롭게 조망하였다.[21]

독교의 역사』 II, 기독교문사, 1990; 한국기독교역사연구소, 『한국기독교의 역사』 II, 1998; 한국기독교역사연구소 편, 『한국기독교의 역사』 III, 한국기독교역사연구소, 2009.

17) 김수진, 「호남선교수난사, 순교자를 위하여」, 『월간목회』 98, 1981.6; 김수진, 「호남지방 교회의 역사: 호남지방 선교 초기부터 해방 전후까지」, 『한국기독교와 역사』 3, 1994.12; 김수진, 『호남선교 100년과 그 사역자들』, 고려글방, 1992; 김수진, 『한국기독교 100년사 전북 편』, 쿰란출판사, 1998; 김수진, 『한국초기 선교사의 이야기』, 한국장로교출판사, 2004.

18) 차종순, 「미국 남장로교회의 호남지방 선교활동」, 『기독교 사상연구』 5, 1988.1; 차종순, 「개신교 선교와 한국여성의 사회적 지위향상」, 『신학이해』 14, 1996; 차종순, 『호남교회사에 있어서 복음적 사회운동에 대한 연구: 오방 최흥종 목사의 생애와 사상을 중심으로』, 계명대학교 박사학위논문, 1998; 차종순, 「호남과 서북지역 개신교 특성 비교연구」, 『한국교회사학회지』 15, 2004; 차종순, 「전라도에서 신앙의 뿌리를 내린 사람들: 삶과 신앙유형을 중점으로」, 『신학이해』 29, 2005; 차종순, 「미국 남장로교 한국선교사 연구 1」, 『신학이해』 35, 2008.

19) 노영상, 「미국남장로교의 전남권 초기 선교」, 『신학이해』 10, 1992; 송현숙 편, 『미남장로회 선교사역 편람: 1892-1982』, 현대문화, 2012; 안영로, 『전라도가 고향이지요: 미국 남장로교 선교사들의 눈물과 땀의 발자취』, 쿰란 출판사, 1998; 주계명·정복량 편, 『미국남장로교 한국선교 100주년 기념대회 보고서』, 한국장로교출판사, 1993; 주명준, 「미국남장로교 선교부의 전라도 선교: 초창기 선교사들의 활동을 중심으로」, 『논문집』 21, 전주대학교, 1993.1; 옥성득, 「한국장로교의 초기 선교정책 (1884~1903)」, 『한국교회사연구』 13, 1994.

20) 이재근, "American Southern Presbyterians and the Formation of Presbyterian in Honam, Korea, 1892-1940: Tradition Missionary Encounters and Transformations", Ph. D. Thesis, University of Edinburgh, 2013.

III. 남장로회의 호남지역 복음선교 연구동향

호남선교는 복음선교, 교육선교, 의료선교를 통해 체계적으로 진행되었고, 이 부분들과 관련된 구체적인 연구들도 활발하게 진행되고 있다. 먼저 복음선교에 대한 연구동향을 살펴보기로 하겠다. 호남의 복음선교는 선교부나 지역을 대상으로 한 연구와 각 개별 선교사들을 대상으로 한 연구들로 나눌 수 있다. 송현숙은 호남지방 선교부의 형성과 확산과정에 대해 연구했고,22) 송현강과 장신택은 목포지역 선교부와 선교활동을,23) 김빛나는 광주지역 선교활동을,24) 이재운과 정석동은 군산 선교부를,25) 윤정란은 순천지역 선교활동을,26) 그리고 진지훈은 전주지역 선교활동을 지역교회 사례를 통해 다루었다.27) 군산과 목포 선교부 이외의 전주, 광주, 그리고 순천선교부의 운영과 활동을 다루는 연구가 진

---

21) 오종풍, 「전라남도 기독교에 관한 문화지리적 연구」, 고려대학교 석사학위논문, 1987; 송현숙, 「호남지방 기독교 선교기지 형성과 확산에 관한 연구」, 『한국기독교와 역사』 19, 2003.8; 송현숙, 「한국개신교의 전개과정(1893-1940년)에 관한 지리적 고찰: 호남지방을 사례로」, 『문화역사지리』 16(1), 2004.4; 송현숙, 「해방이전 호남지방의 장로교 확산과정」, 『한국기독교와 역사』, 23, 2005.9; 송현숙, 「호남지방 미국 남장로교의 확산, 1892-1942)」, 고려대학교 대학원 박사학위논문, 2011.

22) 송현숙, 「호남지방 기독교 선교기지 형성과 확산에 관한 연구」, 『한국기독교와 역사』 19, 2003.8.

23) 송현강, 「미국 남장로교 한국선교부의 목포 스테이션 설치와 운영(1898-1940)」, 『종교연구』 53, 2008; 장신택, 『미국 남장로교의 한국선교회의 목포지역 선교에 관한 연구: 선교자와 목회자를 중심으로』, 호남신학대학교, 1998; 목포노회 편, 『목포선교부 보고서』 1, 1994; 목포노회 편, 『목포노회록 1~2집』, 1995.

24) 김빛나, 「미국 남장로교 선교회 광주지역 선교연구: 의료, 교육, 교회개척 사역을 중심으로」, 『장로회신학대학교 세계선교대학원 석사학위논문, 2011.8.

25) 이재운·정석동, 「군산선교부에 대한 연구」, 『역사와 실학』 55, 2014.11.

26) 윤정란, 「전남 순천지역 기독교의 수용과 확산」, 『숭실사학』 26, 2011.6; 순천노회, 『순천노회 회의록』 1~6집, 1986; 순천노회사료편찬위원회 편, 『순천노회사』, 순천문화인쇄사, 1992.

27) 진지훈, 「미국남장로교 선교회와 전주서문교회」, 『성경과 고고학』 91, 2017 봄.

행되면 좋을 것 같다. 동시에 각 선교부와 지역 사이의 상호관계와 영향을 다루는 연구가 나오면 호남선교 전체에 대한 모습을 입체적으로 파악하는 데 도움이 될 것이다.

한국기독교연구소에서는 한국에서 활동한 선교사현황을 편람으로 작성하였고, 한남대학교 인돈학술원은 남장로회 선교사 현황을 편람으로 제작하였다.[28] 이 편람들을 보면 한국에서 활동했던 선교사들 현황 전체를 쉽게 파악할 수 있다. 호남지역에서 활동한 선교사들에 대한 연구가 활발하게 진행되고 있다.[29] 2016년에 한남대학교가 개교 60주년을 기념하여 미국 남장로회 선교사 열전을 발행하기도 하였다.[30]

호남선교에서 비중 있는 역할을 한 선교사들에 대한 연구가 집중적으로 진행되었다. 유진 벨,[31] 윌리엄 레이놀즈,[32] 린턴,[33] 테이트, 쉐핑,[34]

28) 인돈학술원 편, 『미국남장로회 내한선교사 편람』, 한남대학교출판부, 2007; 김승태 · 박혜진 편, 『내한선교사 총람』, 한국기독교역사연구소, 1994. 이외에도 기독교 전반에 대한 연감 참조가 필요하다. 한국기독교사료수집회 편, 『한국기독교요람』, 1963; 한국기독교사료수집회 편, 『한국기독교신교연감』, 1964.

29) 강선미, 「조선파견 여선교사의 역사적 성격」, 『한국기독교역사연구소 소식』 56, 2003; 김영팔, 「전라도지방의 초기 선교사역에 관하여」, 장로회신학대학교 석사학위논문, 1999; 등대선교회, 『등대선교회와 농어촌복음화』, 삼화문화사, 1987; 등대선교회, 『등대선교회 30년사: 등대의 빛』, 도서출판 벧엘, 2000.

30) 계재광 · 김조년 · 반신환 · 송현강 · 이달 · 조효운 · 천사무엘 · 최영근 공저, 『(미국남장로교) 선교사 열전: 한남대학교 개교 60주년 기념』, 동연, 2016.

31) 김지운, 「유진 벨 선교사의 호남선교 연구」, 총신대학교 선교대학원 석사학위논문, 2017.2; 송인동, 「불안에서 평안으로: 배유지 목사의 1912년 독백을 중심으로」, 『신학이해』 47, 2014.12; 송인동, 「Eugine Bell 선교사부부의 1895년 엽서에 담긴 언어문화 기호학적 함축」, 『신학이해』 49, 2015.12; 주명준, 「유진벨 선교사의 목포선교」, 『전북사학』 21 · 22, 1999; 최영근, 「미국 남장로교 선교사 유진 벨(Eugene Bell)의 선교와 신학」, 『장신논단』 46-2, 2014.6; 최영근, 「미국남장로교 선교사 배유지(裵裕祉, Eugene Bell)의 선교와 삶」, 『고고와 민속』 18, 2015.12; 차종순, 「배유지 목사」, 『신학이해』 11, 1993.

32) 김대성, 「이눌서(W. D. Reynolds, 李訥瑞)의 선교활동에 관한 연구」, 장로회신학대학교 석사학위논문, 1999; 김인수, 「레널즈(W. D. Reynolds)가 한국장로교 선교상황의 발전과 변화에 미친 영향 연구」, 호남신학대학교 대학원 박사학위논문, 2009.8; 류대영, 「윌리엄 레이놀즈의 남장로교 배경과 성경번역 사업」, 『한국기독교와 역사』

크레인35) 등의 선교활동에 여러 명의 연구자들이 주목하였다. 이외에도 호남 각지 각 분야에서 활동한 선교사들에 대한 연구들이 다양하게 진행되었다.36) J. W. 놀란, 윌리엄 해리슨, 윌리엄 클라크, 클레멘트 오웬, 로버트 코잇, 윌리엄 M. 전킨, 루터 맥커첸, 카딩톤, 존 페어멘 프레스톤, 엘머 T. 보이어 등에 대한 개별연구들을 들 수 있다.37)

다양한 연구가 진행되고 있지만, 호남지역의 복음, 의료, 교육 분야에

　　33, 2010.9; 송현강, 「레이놀즈의 목회사역」, 『한국기독교와 역사』 33, 2010.9; 조용호, 「미 남장로교 선교사 윌리엄 D. 레이놀즈의 한국선교 배경연구」, 『논문집』, 전주비전대학 산업기술연구소, 2008.12.

33) 차종순, 「린턴-4대에 걸친 한국사랑」, 『한국사 시민강좌』 34, 2004.2; 최영근, 「미국 남장로교 선교사 인돈(William A. Linton)의 교육선교」, 『한국교회사학지』 40, 2015.5; 오승재 · 김조년 · 채진홍, 『인돈평전』, 한남대출판부, 2003.

34) 송인동, 「서서평(E. J. Shepping)선교사의 언어와 사역」, 『신학이해』 40, 2011; 최영근, 「미국 남장로교 여선교사 엘리자베스 쉐핑(Elizabeth J. Shepping, R. N.)의 통전적 선교연구」, 『한국기독교신학논총』, 2012; 임희모, 「서서평 선교사의 성육신적 선교」, 『선교와 신학』 36, 2015; 임희모, 「선교적 그리스도인으로서 서서평 선교사의 선교사역」, 『선교사역』 38, 2015.

35) 이재근, 「남장로교 선교사 존 크레인(John C. Crane)의 유산: 전도자 · 교육자 · 신학자」, 『한국기독교와 역사』 45호, 2016.9; 임춘복, 「John Crane 선교사, 1888-1964」, 『호남교회 춘추 역사연구지』 44, 2015. 가을.

36) 차종순, 「양림동에 묻힌 22명의 미국인」, 호남신학대학교, 2000.

37) 송인동, 「광주 초기 의료선교사의 소통: J. W. Nolan의 사례」, 『신학이해』 44, 2012.12; 송현강, 「윌리엄 해리슨(W. B. Harrison)의 한국선교」, 『한국기독교와 역사』 37, 2012.9; 송현강, 「윌리엄 클라크의 호남선교와 문서사역」, 『한국기독교와 역사』 39, 2013.9; 송현강, 「남장로교선교사 클레멘트 오웬(Clement C. Owen)의 전남선교」, 『남도문화연구』 29, 2015.12; 송현강, 「순천의 개척자 로버트 코잇(Robert T. Coit)의 한국선교활동」, 『한국기독교와 역사』 44, 2016.3; 이남식, 「남장로교 선교사 윌리엄 M. 전킨의 한국선교활동연구」, 전주대학교 대학원 박사학위논문, 2012.2; 이진구, 「미국 남장로회 선교사 루터 맥커첸(Luther Oliver McCutchen)의 한국선교(Luther O. McCutchen's Mission Activities in Korea)」, 『한국기독교와 역사』 37, 2012; 차종순, 「호남 기독교 영성의 원류를 찾아서, 2: 카딩톤 선교사의 생애를 중심으로」, 『신학이해』 28, 2004.12; 차종순, 「오기원 (Clement C. C.): 광주의 첫 순교자」, 『신학이해』 12, 1994; 최영근, 「남장로교 선교사 존 페어멘 프레스톤(John Faiman Preston, Sr.)의 전남지역 선교에 관한 연구」, 『장신논단』 48-1, 2016.3; 한동명, 「보이열(Elmer T. Boyer) 선교사의 호남지방 선교에 관한 연구: 무주, 순천 지역을 중심으로」, 장로회신학대학교 대학원 석사학위논문, 2007.8.

서 활동했던 선교사들 전체 수에 비하면 아직도 다루어야 할 선교사들이 많이 있다. 동시에 주요 선교사들에 대한 심도 있는 연구를 통한 저서출판도 요청된다. 이러한 심도 있는 연구를 진행하기 위해서는 호남지역에서 활동했던 미국 남장로회 선교사들에 대한 기록들을 체계적으로 보관하고 정리할 필요가 있다. 그런 점에서 송현숙, 이명희, 정희선, 김희순, 이효원 등이 제안하는 미국 남장로회 선교기록물 디지털 아카이브 시스템 구축 제안을 학계와 기독교 교계가 힘을 합쳐 실현할 필요가 있다.[38]

미국 남장로회 선교의 영향을 받아 호남지역에는 많은 남장로회 계열 교회들이 설립되었다. 전북과 전남의 많은 지역에서 한국교회들이 지속적으로 성장하였고 그 발전의 모습은 각 교회들이 창립 90주년이나 100주년을 맞이하여 발간한 '교회 100년사'에 잘 드러나 있다. 지역 교회 100년사들은 연구서보다는 기초자료로서 더 가치가 있다. 100년사가 많이 발간된 지역이 연구가 활발한 경향이 있다. 따라서 지역별로 100년사가 어느 정도 발간되었는지 확인해볼 필요가 있다. 전북지역의 전주, 익산, 군산, 김제, 정읍, 금산, 장수, 진안 등에서 '교회 100년사'가 발간되었다.[39] 전남 서부지역의 광주, 목포, 영광, 해남, 비금도 등에서 '교회 100

---

38) 송현숙, 「종교유적 건축물 정보의 메타데이터 구성과 온톨로지 구축」, 『한국도서관정보학회지』 44(1), 2013.3; 송현숙·정희선·김희순·이명희, 「개화기 방한 서양인 기록물의 디지털 아카이브 구축에 관한 연구」, 『한국문헌정보학회지』 49(3), 2015.8; 송현숙·이명희·정희선·김희순, 「호남지방 종교지리 연구동향과 과제: 미 남장로회 선교기록물을 중심으로」, 『남도문화연구』 30, 2016.6; 송현숙·정희선·김희순·이명희, 「개화기 조선 체류 서양인 기록물의 디지털 아카이브 시스템 구축」, 『한국비블리아학회지』 27(4), 2016.12; 이효원, 「내한 남장로교 선교사 기록물 활용방안: 도큐멘테이션 전략의 적용」, 한국기록관리학교육원, 2013; 정희선, 『개화기 서양인 방한 기록을 통한 지역정보의 디지털 아카이브 지도 기반 정보서비스 플랫폼 구축』, 한국연구재단, 2014.

39) 군산노회, 『군산노회록』 1~6집, 1989; 김수진, 「군산 초기기독교사 연구」, 호남기독교사연구회 2, 1995; 김수진, 『금산교회이야기』, 김제금산교회, 1999; 김수진, 『고현

년사'가 활발하게 발행되었다.[40] 이에 비해 창립 100년이 넘는 교회가 많고 순천노회의 역사적 전통을 이어 온 전남동부지역의 순천, 여수, 광양, 보성, 구례, 곡성 등에서 '교회 100년사' 또는 '교회 110주년사'의 발간이 지체되고 있다. 전남동부지역의 전통 있는 교회들에서 소장자료나 구술자료 정리 등을 통해서 자체교회의 역사를 발간해나갈 필요가 있다.[41]

교회 100년사』, 익산 고현교회, 2002; 김수진, 『매계교회100년사』, 정읍 매계교회, 2002; 김수진, 『대창교회 100년사』, 김제 대창교회, 2003; 김수진, 『신전교회 100년사』, 장수 신전교회, 2007; 배정식, 『문정교회 100년사』, 전주 문정교회, 2007; 이경, 『봉상교회 100년사론』, 완주 봉상교회, 2004; 전병호, 「호남선교의 관문, 군산」, 『기독교사상』 667, 2014; 전시종, 『용산교회 100년사』, 익산시 용산교회, 2007; 정태전, 『전주서문교회 100년사』, 전주서문교회, 1999; 전택동, 『부귀중앙교회 100년사』, 진안군 부귀중앙교회, 2006; 주명준, 『연정교회 100년사』, 김제 연정교회, 2008; 주명준, 「김제지역의 기독교 전래」, 『제병기교수화갑기념논총』, 1995; 주명준, 「정읍지역의 기독교 전래」, 『전북사학』 19, 1996.

40) 광주서현교회 90년사편찬위원회 편, 『광주서현교회 90년사』, 광주서현교회, 1998; 김수진, 『영광읍교회 80년사』, 1987; 김수진, 『광주 초대교회사 연구』, 호남기독교사연구회 1, 1994; 김수진, 『목포지역 기독교 100년사』, 쿰란출판사, 1997; 김수진, 『양동제일교회 100년사』, 쿰란출판사, 1997; 김수진, 『신락교회 100년사』, 해남 신락교회, 2005; 김수진, 『광주제일교회 100년사』, 광주제일교회, 2006; 김수진, 『비금기독교 100년사』, 전남 비금도 덕산교회, 2008; 김철수, 『목포양동교회 100년사』, 샛별, 1997; 연규홍, 『광주양림교회 100년사(기장)』, 광주양림교회, 2008; 차종순, 『송정제일교회 100년사』, 광주 송정제일교회, 2001.

41) 김승태, 「장로교회 전남순천노회의 수난사건」, 『식민권력과 종교』, 한국기독교역사연구소, 2012; 순천중앙교회, 『순천중앙교회 약사』, 평신도회지육부, 1971; 양동식, 『순천중앙교회』, 순천 중앙교회, 2007; 양성호, 「박영자 권사 면담자료」, 『순천중앙교회 설립역사(1)』, 2011년 9월 10일; 이덕주, 『예수 사랑을 실천한 목포 순천 이야기』, 도서출판 진흥, 2008; 장중식, 『순천노회 회의록』 제4집(58-65회), 순천: 순천문화인쇄소, 1997; 전남노회 편, 『전남노회록』, 1~2집, 1911; 전남노회 편, 『전남노회록』 3~4집, 1917; 주명준, 「순천노회 박해사건의 역사적 의의」, 『전주사학』 3, 1994; 주명준, 「일제하 순천노회의 수난」, 『등대선교회 창립 37주년 기념 등대선교회 제1회 학술세미나』, 순천중앙교회, 2007.4.28; 진병도, 『섬진강-순교목사 양용근 평전』, 쿰란출판사, 2010.

IV. 남장로회의 교육선교, 의료선교, 선교유적 연구동향

남장로회의 교육선교는 남장로회 해외선교전략에서 중요한 위치를 차지하고 있다. 이는 남장로회 예산에서 교육예산이 차지하는 비중을 보면 알 수 있다.[42] 일례로 1933~1934년 남장로회 예산 총액 79,296원 중 남학교 · 여학교 예산이 32,378원으로 전체예산의 절반에 가까운 40.8%에 달하였다. 같은 시기에 의료사업이 12.2%를 차지하는 것을 보면 교육이 선교에서 차지하는 비중이 크다는 점을 알 수 있다.

남장로회의 호남교육선교에 대한 연구는 주로 남장로회가 세운 기독교 학교들에 대한 연구를 중심으로 진행되었다.[43] 전북지역 교육선교에 대한 연구는 전주의 신흥학교와 기전여학교 그리고 군산의 영명학교와 멜볼딘 여학교를 대상으로 진행되었다.[44] 전남지역은 광주지역의 숭일학교와 수피아학교,[45] 목포지역의 영흥학교와 정명학교,[46] 그리고 순천

---

42) 한규무, 「미국남장로회 순천스테이션의 교육선교와 매산남 · 녀학교」, 『남도문화연구』 15, 2008.12, 266쪽.

43) 미국 남장로회의 아동교육선교에 대한 연구도 있다(김소정, 「미국 남장로교 한국선교부의 아동선교(1892-1945): 미션 스쿨과 주일학교 운동을 중심으로」, 한남대학교 학제신학대학원 석사학위논문, 2014.2). 그리고 호남지역은 아니지만 대학교육에 대한 송현강의 연구도 있다 (송현강, 「미남장로교의 한국선교와 한남대학의 설립」, 『고고와 민속』 11, 2008).

44) 조경열, 「초기 기독교 전래가 전북교육에 끼친 영향」, 원광대학교 교육대학원 석사학위논, 2006.8; 송현강, 「남장로교의 군산 영명학교. 멜볼딘 여학교 설립과 운영」, 『한국기독교 역사연구소 소식』, 2015; 이재근, 「남장로교의 전주 신흥학교 · 기전여학교 설립과 발전」, 『한국기독교와 역사』 42, 2015.

45) 안영로, 『미국 남장로교의 학원선교정책에 관한 연구: 광주 수피아 여학교의 신사참배 반대를 중심으로』, 호남신학대학교, 1998; 이진구, 「미국 남장로교 광주 스테이션의 교육선교: 숭일, 수피아학교를 중심으로」, 『고고와 민속』 12, 2009.12; 차종순, 「광주 남학교(숭일학교)의 초기역사에 관한 연구: 논란이 되는 사항들을 중심으로」, 『신학이해』 18, 1999.10.

46) 송현강, 「한말 · 일제 강점기 목포 영흥 · 정명학교의 설립과 발전」, 『역사학연구』 35, 2009.2.

지역의 매산학교가 연구되었다.[47]

 복음선교에 비해 교육선교에 대한 연구가 그리 많지 않음을 알 수 있다. 또한 교육선교가 학교의 설립과 발전과정 같은 외형적인 부분들에 집중되어 구체적인 교육과정, 교육철학, 지역인재 양성에 미친 영향 등에 대한 심층적인 연구가 향후 요청된다. 교육선교에 대한 연구가 심도 있게 활발하게 연구되지 못하고 있는 것은 교육선교 연구에 교육에 대한 전문적인 배경지식이 필요하기 때문이다. 호남지역 대학에 소속되어 있는 교육과정이나 교육철학 연구자들과의 상호 교류와 협조를 통한 공동연구가 앞으로 다양하게 진행될 필요가 있다.

 복음선교와 교육선교와 더불어 호남선교의 주요 축이었던 의료선교에 대한 연구도 활발하지 않다.[48] 의료선교 연구가 활발하지 못한 것은 크게 두 가지 이유인 것 같다. 첫째는 병원설립, 운영, 진료 내용 등에 대한 연구는 의료부분에 대한 전문성이 요구되는데 역사연구자들이 이러한 배경지식을 충분히 습득하기 어렵다는 점이다. 둘째는 선교과정에서 세워진 교회나 학교와 다르게 기독교 병원들이 지속된 사례가 많지 않기 때문이다. 기독교 계열 병원들은 영리를 목적으로 하지 않았기 때문에 재정적자로 폐쇄되는 경우가 많았고, 병원의 환자들이 교인이나 학생들과 다르게 병원관련 자료를 보관하고 정리해야 할 필요성을 많이 느끼지 못했다.[49]

 한규무는 전남지역 의료선교에 대해 꾸준하게 연구하였고, 2017년 8

---

47) 한규무, 「미국남장로회 순천스테이션의 교육선교와 매산남녀학교」, 『남도문화연구』 15, 2008.12; 매산 100년사편찬위원회, 『매산백년사』, 2010.
48) 정병준, 『기억해야 할 유산: 미국 남장로회 한국 의료선교역사』, 대학기독교서회, 2014; 황상익 · 기창덕, 「구한말과 일제강점기 동안 내한한 서양 선교의료인의 활동 분석」, 『의사학』 3(1), 대한의사학회, 1994.
49) 한규무, 「미국남장로회의 순천지역 의료선교와 안력산병원」, 『전남동부 기독교 선교와 한국사회』, 순천대학교 인문학연구소 주최 학술대회, 2017.8.18, 83쪽.

월 전남 순천대에서 개최된 '전남동부 기독교 선교와 한국사회' 학술대회에서 순천지역의 의료선교에 대해 발표하여 지속적으로 의료선교에 관심을 확대하고 있다.[50] 기덕근과 차종순은 광주지역을 중심으로 의료선교가 복음선교에 미친 영향을 분석하였다.[51] 김형균은 결핵사업을 중심으로 순천지역 의료선교를 연구하였다.[52] 여수지역 애양병원은 한센병 환자를 수용했던 근대적 의료시설이라는 점에서 관심을 많이 받았다.[53] 더욱이 손양원이 의료선교활동 중에 순교하기도 해서 기독교계의 많은 연구가 집중되었다.[54]

의료선교는 선교와의 관련뿐만 아니라 한국의 근대화과정과도 밀접한 관련을 가지고 있기 때문에 향후 보다 많은 관심이 필요한 부분이다.[55] 의학적 전문지식이 있는 의사들과 공동으로 연구를 진행하면 시너지가 있을 것 같다. 순천지역의 경우 순천의사회가 순천선교부가 세운 알렉산더 병원관련 자료를 수집하면서 관련 세미나를 지속적으로 진

---

50) 한규무, 「미국 남장로교 한국선교부의 전남지역 의료선교, 1898-1940」, 『남도문화연구』 20, 2011. 6.
51) 기덕근, 「병원선교가 복음증거에 미친 영향: 광주 선교부를 중심으로」, 호남신학대학교 대학원 석사학위논문, 2001.12; 차종순, 「광주의 초기 의료선교사역에 관한 연구」, 『신학이해』 21, 2001.
52) 김형균, 「순천지역 의료선교에 대한 연구: 선교사 인애자의 결핵사업을 중심으로」, 장로회신학대학교 신학대학원 석사학위논문, 2010.2.
53) 최병택, 「남장로회 선교부 한센병 환자 수용정책의 성격, 1909~1950: 여수 애양원을 중심으로」, 『한국기독교와 역사』 32, 2010.3; 애양원 100년사 간행위원회, 『구름기둥, 불기둥 섬김의 동산, 애양원 100년』, 북인, 2009; 지성배, 『애양원 그 백년을 걷다』, 애양원, 2009.
54) 이덕주, 「백색순교에서 적색순교로」, 『한국기독교와 역사』 40, 2014; 전리사, 「손양원 목사의 삶에 반영된 참 제자도의 모습」, 강남대학교 대학원석사학위논문, 2013; 이상규, 「해방이후 손양원의 생애와 활동」, 『한국기독교와 역사』 35, 2011; 최병택, 「손양원과 구라선교」, 『한국기독교와 역사』 34, 2011; 최은총, 「성경의 빛에 비추어 본 손양원 목사(1920-1950)의 고난」, 장로회신학대학교 대학원 석사학위논문, 2013.
55) 이만열, 「기독교 선교 초기의 의료사업」, 『동방학지』 46~48, 1985; 이만열, 『한국기독교의료사』, 아카넷, 2003; 이철원, 『현대의학과 선교명령』, 광주기독병원, 1999.

행하고 있는데, 선교 및 기독교 역사 연구자들이 이들과 적극적으로 결합하여 의료선교 연구를 활발하게 진척시켜 나갈 필요가 있다.

남장로회 선교건축들은 선교지 분할협정의 결과로 호남지역에 집중된다. 특히 남장로회 호남 선교기지를 구축했던 전주, 군산, 목포, 광주, 그리고 순천을 중심으로 선교건축물이 세워졌다. 남장로회의 선교건축은 처음에는 기존 한국 건물을 이용하는 초기 단계, 이어 벽체나 내부공간을 개조한 한식과 양식 절충형 건물을 이용하는 과도기, 그리고 서양식 선교건축물을 본격적으로 건설하는 안정기로 발전한다.[56] 전주, 군산, 목포, 광주 그리고 순천 등 남장로회 선교기지에는 선교사 사택을 기본으로 복음, 교육, 의료 등의 시설들이 공통적으로 세워진다.[57] 이 중에서 순천선교부 관할지역에는 순천읍교회, 매산학원, 알렉산더 병원 등 복음, 교육, 의료 시설이 집중적으로 설립된 선교기지뿐만 아니라 한센인 치료병원인 여수 애양원, 순천 결핵병원, 노고단과 왕시루봉 수양시설 등 각종 선교시설들이 세워졌다.[58] 선교건축물과 시설들은 한국의 근대적 도시화과정에 큰 영향을 미쳤다는 점에서 한국현대사에서도 중요한 의미를 지닌다.

한규무와 송현숙 등은 지리산 왕시루봉 선교사촌의 유적을 다루었다.[59] 광주 양림동 선교부 건물을 차종순이 연구하였다.[60] 우승완과 남

---

56) 우승완, 「전남지역 선교기지 구축과 건축활동: 윌슨과 스와인하트를 중심으로」, 2018년 국립순천대 인문학술원 학술대회 "전남동부지역 기독교인물과 지역사회" 발표자료집, 순천대 70주년기념관 대회의실, 2018.8.13, 54쪽.

57) 홍순명·홍대형, 「한국기독교 교회건축의 유형분석에 관한 연구」, 「대한건축학회논문집」 7, 1991; 도선붕, 「한국근대건축형성과정에서 나타난 미국장로회 선교건축의 특성」, 충북대학교 박사학위논문, 2002.

58) 우승완, 「전남지역 선교기지 구축과 건축활동: 윌슨과 스와인하트를 중심으로」, 2018년 국립순천대 인문학술원 학술대회 "전남동부지역 기독교인물과 지역사회" 발표자료집, 순천대 70주년기념관 대회의실, 2018.8.13, 55쪽.

59) 송현숙, 「지리산 왕시루봉 선교사촌의 형태」, 『대한지리학회 학술대회논문집』, 2014.6; 한규무, 「지리산 노고단 '선교사 휴양촌'의 종교문화적 가치」, 『종교문화연

호현은 여수 애양병원과 관련된 선교유적을 분석하였다.[61] 호남의 타지역에 비해 순천의 선교유적은 상대적으로 많이 연구되었다. 순천 선교부, 조지 와츠 선교기념관, 순천 매산중학교 매산관 등이 순천의 근대 도시화와 연관하여 연구되었다.[62]

그러나 순천 선교기지의 경우 순천읍 교회, 매산학교의 은성관, 기숙사, 알렉산더 병원, 성서신학원 등 대부분의 주요건물들이 사라져서 원형을 확인하기 어렵다. 프레스톤 주택(1913년), 코잇주택(1913년), 로저스 주택(1913년), 어린이학교(1925년), 조지 와츠 기념관(1929년), 매산중학교 매산관(1930년), 알렉산더 병원 격리병동(1932년) 등만이 남아있다.[63] 남아있는 선교사건축물을 잘 보존해나가면서 순천읍교회나 알렉산더 병원 등을 복원할 수 있는 방안을 모색해나갈 필요가 있다. 동시에 호남지역 선교과정에서 조성된 다양한 근대 선교유적을 데이터로 보관하여 체계적으로 관리해나갈 필요가 있다.[64] 이는 한국 기독교선교와

구』15, 2010.12; 최원석, 「지리산 문화경관의 세계유산적 가치와 구성」, 『한국지역지리학회지』 18, 2012; 도코모모코리아, 『지리산 선교사 유적 조사와 문화재적 가치 연구』, 지리산기독교선교유적지보존연합, 2009.

60) 차종순, 「양림동 선교부 건설과 건축이야기」, 『신학이해』 43, 2012.8.

61) 우승완·남호현, 「질병공동체 애양리 마을의 형성과 공간변화에 관한 연구」, 『한국도시설계학회지』 39, 2010.

62) 남호현, 『순천 구 남장로교회 조지와츠 기념관 기록화 조사보고서』, 문화재청 근대문화재과, 2006; 남호현, 『순천 매산중학교 매산관: 기록화 조사보고서』, 문화재청 근대문화재과, 2006; 남호현, 「근대 순천지역 선교사 마을의 배치와 공간수법에 관한 연구」, 『대한건축학회연합논문집』 2(4), 2000; 도선붕·한규영, 「순천 선교촌의 형성과 건축특성에 대한 조사연구」, 『한국농촌건축학회논문집』 4(2), 2002.6; 우승완, 「순천의 근대기 도시화에 관한 연구」, 순천대학교 석사학위논문, 2009; 우승완·이석배·이서영, 「근대 순천의 도시발전 동인에 따른 도시변화과정에 관한 연구」, 『한국도시설계학회지』 10(1), 2009.3.

63) 우승완, 「미국 남장로교와 순천지역 선교」, 2017년 국립순천대 인문학연구소 학술대회 "전남동부지역 기독교선교와 한국사회" 발표자료집, 순천대학교 70주년 기념관 대회의실, 2017.8.18, 110~111쪽.

64) 송현숙, 「종교유적 건축물 정보의 메타데이터 구성과 온톨로지 구축」, 『한국도서관

교회발전 역사에서뿐만 아니라 한국근대 도시화를 파악하는 데도 중요한 자료역할을 할 것이기 때문이다.

V. 맺음말

이상으로 1980년대 이후 진행된 미국 남 장로교 호남선교에 대한 연구동향을 살펴보았다. 남장로회 호남선교에 대한 연구가 구체화되고 다양화되었다. 그러나 미국 남장로회의 호남선교에 대한 연구에는 아직도 보완해나가야 할 부분이 많다. 기존의 연구동향을 보면서 몇 가지 향후 보완해나갈 연구방향을 고민해보았다.

첫째, 미국 남장로회 자체에 대한 연구를 심도있게 진행할 필요가 있다. 구체적으로 미국 남장로회가 해외선교, 특히 한국에 어떤 입장에서 정책을 세우고 집행을 했는지, 그리고 그 과정의 시행착오를 어떠한 방식으로 해결하려고 했는지를 적극 연구할 필요가 있다. 이러한 연구는 남장로회의 선교가 한국기독교에 미친 영향을 한국 입장에서 주체적으로 재평가하고 정립하는 데 중요하다. 또한 한국이 현재 해외선교 과정에서 겪는 시행착오를 줄이는 데도 크게 기여할 것이다.

둘째, 남장로회가 호남지역에 설치한 선교부 사이의 공통성과 차이성을 비교를 통해 총체적으로 파악해나갈 필요가 있다. 남장로회는 호남지역에 5개의 선교부를 설치했는데 각 선교부는 설립시기와 지역상황에 따라 차이가 있을 수 밖에 없다. 전통적 기반이 약한 목포나 군산 선교부와 전통적 기반이 강한 전주나 순천 순교부 사이에 어떠한 차이성이나 공통성이 있는지 비교연구를 통해 총체적 모습을 그려나갈 필요가 있다.

정보학회지』 44(1), 2013.3.

셋째, 호남지역에서 활동한 선교사 관련 기록물을 체계적으로 수집하고 보관하고, 이를 디지털 아카이브 시스템으로 구축해나갈 필요가 있다. 미국 남장로회는 이미 주요 선교사들의 편지, 저술 들을 디지털 온라인으로 전환 작업을 해나가고 있다. '미국 남장로회사학회의 전국문서고(Presbyterian Historical Society. The National Archives of th PC(USA))'를 대표적인 예로 들 수 있다.[65] 한국에 파견된 미국남장로회 선교사들 관련 자료는 이 문서고를 참조하면 대부분 해결될 것이다.

그러나 미국선교사 관련 기록은 선교사 본인들이 영어로 남긴 것도 있지만, 선교사들의 활동이 교회 당회록, 지역이나 중앙 노회 회의록 등에 기록되어 있고, 한국인들이 선교사들에 대해 기록한 회고나 기록 등도 다양하게 존재하고 있다. 전남동부지역의 경우 이러한 자료들이 체계적으로 수집이 되어 있지 못한 상황이다. 선교사 관련 한국인 세대들이 생존해있을 때 관련 자료 수집을 체계적으로 수집, 보존, 정리작업을 서두를 필요가 있다. 전남 동부지역의 경우 순천시나 전남도와 협력하여 순천기독교역사박물관을 적극 활용해나갈 필요가 있다.

넷째, 복음선교에 비해 상대적으로 연구가 부족한 교육선교와 의료선교에 대한 연구를 보충해나갈 필요가 있다. 교육선교와 의료선교 연구가 복음선교 연구에 비해 상대적으로 저조한 것은 해당분야 연구에는 전문적인 배경지식이 필요하기 때문이다. 따라서 기독교 역사 연구자들은 교육학분야나 의학분야 연구자들과의 긴밀한 상호협력을 강화하여 관련 연구를 심화시켜나갈 필요가 있다. 전남동부지역의 경우 교육선교는 순천대학교 사범대학 교직과 교수들과 협업을 강화하여 매산학원의 형식적 교육과정 정리수준에서 벗어나 이론적인 분석수준으로 연구 수

---

65) https://www.history.pcusa.org/collections/research-tools/guides-archival-collections 2018년 8월 1일 접속.

준을 올릴 필요가 있다. 의료선교의 경우 순천지역에서는 지역 의사회가 알렉산더 병원 관련 자료를 수집하고 알렉산더 격리병동을 복원하는 데 앞장서고 있다. 지역의사회와 지역기독교 역사연구자들의 결합은 의료선교 연구수준을 올리는 데 크게 기여할 것이다.

다섯째, 전남동부지역을 담당했던 순천선교부 자체와 지역 활동에 대한 연구가 호남의 다른 선교부지역에 비해 많이 저조하다. 순천선교부 관련 연구를 활성화시켜서 호남 선교 역사의 공백을 채워나갈 필요가 있다. 다행히 최근에 순천대학교 인문학술원이 2017년에 '전남동부 기독교 선교 및 한국사회' 학술대회를 개최하였고, 이어 2018년에도 '전남동부지역 기독교 인물과 지역사회 학술대회'를 개최하였다.[66] 2017년에 9명의 연구자들이 발표하였고, 2018년에는 10명의 발표하였다. 이러한 발표들이 학술지에 실렸고, 향후 책으로 출판될 예정이라고 한다.[67] 지역대학이 중심이 되어 지역의 선교 및 교회 역사를 체계적으로 다루려는 시도가 지속되고 확산되면 호남지역 전체 선교 및 기독교 역사 정립에 큰 도움이 될 것이다.

---

66) 2017년 국립순천대인문학연구소 학술대회 "전남동부 기독교 선교와 한국사회", 순천대 70주년기념관 대회의실, 2017.8. 8; 2018년국립순천대 인문학술원학술대회 "전남 동부지역 기독교 인물과 지역사회", 순천대 70주년 기념관 대회의실, 2018.8.3.

67) 박정환, 「순천지역 교육선교와 매산학교: 선교부와 지역교회의 교제를 중심으로」, 『남도문화연구』 33, 2017.12; 이홍술, 「해방이후 순천지역 교회의 성장과 전망」, 『남도문화연구』, 34, 2018.6; 강성호, 「미국남장로회의 호남선교: 연구동향을 중심으로」, 『한국기독교와 역사』, 49, 2018.9.

〈참고문헌〉

김수진, 「호남지방 교회의 역사: 호남지방 선교 초기부터 해방 전후까지」, 『한국기독교와 역사』 3, 1994.12

김승태, 「장로교회 전남순천노회의 수난사건」, 『식민권력과 종교』, 한국기독교역사연구소, 2012

김형균, 「순천지역 의료선교에 대한 연구: 선교사 인애자의 결핵사업을 중심으로」, 장로회신학대학교 신학대학원 석사학위논문, 2010.2

남호현, 『순천 구 남장로교회 조지와츠 기념관 기록화 조사보고서』, 문화재청근대문화재과, 2006

남호현, 「근대 순천지역 선교사 마을의 배치와 공간수법에 관한 연구」, 『대한건축학회연합논문집』 2(4), 2000

도선붕·한규영, 「순천 선교촌의 형성과 건축특성에 대한 조사연구」, 『한국농촌건축학회논문집』 4(2), 2002.6

윤정란, 「전남 순천지역 기독교의 수용과 확산」, 『숭실사학』 2, 2011.6

이효원, 「내한 남장로교 선교사 기록물 활용방안: 도큐멘테이션 전략의 적용」, 한국기록관리학교육원, 2013

송현강, 「순천의 개척자 로버트 코잇(Robert T. Coit)의 한국선교활동」, 『한국기독교와 역사』 44, 2016.3

송현숙, 「호남지방 기독교 선교기지 형성과 확산에 관한 연구」, 『한국기독교와 역사』 19, 2003.8

순천노회, 『순천노회 회의록』 1~6집 (1986); 순천노회사료편찬위원회 편, 『순천노회사』, 순천문화인쇄사, 1992

우승완·이석배·이서영, 「근대 순천의 도시발전 동인에 따른 도시변화과정에 관한 연구」, 『한국도시설계학회지』 10(1), 2009.3

주명준, 「순천노회 박해사건의 역사적 의의」, 『전주사학』 3, 1994

차종순, 「미국 남장로 교회의 호남지방 선교활동」, 『기독교 사상연구』 5, 1988.1

최병택, 「남장로회 선교부 한센병 환자 수용정책의 성격, 1909~1950: 여수 애양원을 중심으로」, 『한국기독교와 역사』 32, 2010.3

최영근, 「남장로교 선교사 존 페어멘 프레스톤(John Faiman Preston, Sr.)의 전남

지역 선교에 관한 연구」,『장신논단』48-1, 2016.3

한규무, 「미국 남장로교 한국선교부의 전남지역 의료선교, 1898-1940」,『남도문
　　화연구』20, 2011.6

한규무, 「미국 남장로회 순천스테이션의 교육선교와 매산 남녀학교」,『남도문
　　화연구』15, 2008.12

한국 전통사회와 전남지역 기독교 선교

김용철

I. 한국 전통사회의 근대화와 기독교 선교를 보는 시각

이 글은 근현대 한반도 특히 전남 지역에서 기독교 선교가 어떤 방식으로 이루어졌는가를 가늠해 보려는 하나의 시도로 씌어진 것이다.[1] 필자는 이를 위해 기독교 선교를 "문명번역"의 시각에서 다루어 보려고 한다. 이를 통해 기독교 선교의 세 가지 기둥인 복음, 의료, 교육선교의 관계를 탐색하고, 이어서 근대초기 전남지역에서 기독교 선교가 성공할 수 있었던 배경으로 "하늘"의 문제와 조직의 문제를 살펴보기로 한다.

먼저 논의의 편의를 위해 기독교 선교의 시대를 간단하게 구분하고 시작하기로 한다. 1880년대 중반 이후 시작된 한반도의 기독교 선교는 그때 이미 성립해 있었던 천주교 신앙과는 사뭇 다른 모습으로 한반도

---

1) 이 논문은 특별히 다음 논문들에서 수행한 기독교 호남선교에 대한 연구사 정리에 기반하여 쓴 것이다. 강성호, 「미국 남장로교의 호남선교: 연구동향을 중심으로」, 『한국기독교와 역사』, 한국기독교역사연구소, 2018.09; 송현숙, 「호남지방 종교지리 연구동향과 과제－미 남장로회 선교기록물을 중심으로」, 『남도문화연구』 30, 순천대 남도문화연구소, 2016.06.

전통사회와 결합하여 자신의 모습을 드러내게 된다. 한반도에서 기독교는 1880년대부터 1960년대까지, 1960년대 이농 이후 도시사회의 성립부터 지금까지라는 2단계로 크게 시대구분할 수 있다. 쉽게 말해 한국의 교회의 성장은 1880년대 이후 한반도 문명이 근대사회로 전환되는 과정과 1960년대 이후 이농과 도시사회로의 전환 과정이라는 두 가지 역사적 변곡점에 성공적으로 결합하면서 이루어졌다는 것이다. 그 결과 한국에서 기독교는 유사 이래 보기 드문 성공을 이루어냈다.

1. 한국전통사회와 기독교 선교

"선교"는 보통 기독교가 어떤 특정 사회에 어떻게 전파되었는가 또는 선교사 내지 교인들의 주체적인 노력에 의해 해당 사회 속에 어떻게 자리 잡게 되었는가 라는 문제로 인식되곤 한다. 하지만 이런 시각은 "주님의 뜻"에 따라 이교도들을 교화했다는 기독교 쪽의 시각만을 강조한다는 문제가 있다. 기독교 신앙의 한 증거로서 선교를 다룬다면 문제가 되지 않겠지만 선교 자체의 다양한 측면을 학문적으로 다루는 데에는 아무래도 문제가 되는 시각이라 할 수 있다.

세계사적으로 보았을 때 근대 기독교 "선교"는 아무리 좋게 이야기해도 결국 서양 제국주의 신앙인 기독교가 세계 곳곳으로 세력을 뻗쳐나간 역사이다. 그 과정에서 일어난 끔찍한 폭력성 또한 익히 잘 알려져 있다. 따라서 선교는 그것을 이식하려는 서양 세력과 그것을 받아들여야만 했던 해당 사회 사이에, 또 그것을 받아들인 "원주민"과 받아들이지 않은 "원주민" 사이에 심각한 갈등을 동반하곤 했다.

한반도에서도 "근대"라는 서양문명이 강제로 받아들여진 것이었듯이 "선교" 또한 강제로 받아들여진 것이었다. 하지만 세계 다른 지역에 비해 한반도에서의 선교는 두 가지 점에서 주목할 만한 특징이 있다. 첫

째, 폭력적 이식이 아니라 비교적 순조롭게 이식이 진행되었다는 점이
다. 한반도에서의 기독교 선교는 나라가 망하고 외세의 식민지가 된 상
황에서 나라를 되찾기 위해 또 세계사적으로 뒤진 자신을 변화시키기
위해 지향해야 할 근대의 표지 역할을 했다. 또한 넓게 보아 강도 일본
에 대한 온건한 민족해방투쟁의 한 조류 역할을 하기도 했다. 3·1운동
때 기독교가 주도적 역할을 했던 점 등에서 이런 점을 볼 수 있다.

그런 점에서 한반도에서의 기독교 선교는 "적"이 일본 제국주의로 특
정됨에 따라서 기독교 자체가 적이 되는 내부 갈등을 피할 수 있었다고
평가할 수 있다. 물론 마을 내 갈등이나 해방 후 사회주의 세력과의 갈
등 등에서 볼 수 있듯이 갈등이 아예 없었다는 말은 아니다. 하지만 한
반도에서 기독교 선교는 비교적 우호적인 분위기 아래 한반도에 안착할
수 있었다는 점을 지적할 필요가 있다.

둘째, 한반도에서 기독교 선교는 세계사적으로 유례를 볼 수 없을 정
도로 성공을 거둔 사례로 평가할 수 있다는 점이다. 통계청에서 조사한
2015년 인구주택총조사 종교 인구 통계에 따르면 기독교(개신교)인은
967만 6천 명으로 전체 인구 중 무려 19.7%를 차지하는 것으로 나타났
다.[2] 물론 이 숫자가 모두 기독교도는 아니겠지만 진성교인 20%만 잡아
도 굉장한 숫자임에는 틀림없다.[3] 이 땅에 기독교가 본격적으로 들어온
지 불과 100년 남짓 된 것을 생각해보면 그동안 무슨 일이 있었는지 궁
금해지는 대목이다. 물론 "주님"이 이 땅을 특별히 사랑하셔서 그렇게
되었다고 한다면 문제가 되지 않을 것이다. 하지만 복음이 이루어지는

---

2) 2015년 통계청에서 시행한 인구주택총조사 중 종교인구통계를 보면 기독교(개신교)
   967만 6천 명, 불교 761만 9천 명, 천주교 389만 명으로 집계되었다. 이는 전체 인구
   중 기독교(개신교) 19.7%, 불교 15.5%, 천주교 7.9%에 해당한다. 서울시민만 놓고 보
   면 기독교(개신교) 26.3%, 불교 10.6%, 천주교 9.4%이다.
3) 20%면 약 194만 명으로 진성신도 수 100명인 중대형교회 약 1만 9천 개에 해당한다.

일선 교회 현장에서 일어나는 일들을 생각해보면 그렇게 간단하지 않다. 한 사람 한 사람에게 다가가 기독교를 전파하는 일은 그 사람의 입장에서 선의를 가지고 대하며 마음을 돌리는 매우 어려운 일이기 때문이다. 그 어려운 일을 964만 6천 번이나 해낸 것이다.

이렇게 놓고 보면 한반도에서 지난 1세기 동안 일어난 기독교 선교는 선교만이 문제가 아니라 근대와 식민과 성공이라는 매우 큰 문제들과 관련이 있을 것이라는 점을 짐작할 수 있다. 이 땅에서 기독교는 어찌되었든 서양식 근대화와 관련 있으며 동시에 반식민의 문제와도 관련이 있다. 또한 기독교가 매우 큰 성공을 거두었다는 것은 기독교 외적으로 보면 지난 1세기 동안 한반도에서 가장 필요로 했던 어떤 것을 기독교가 제공해 주었다는 것을 의미할 것이다.

그것을 필자는 한반도 내지 한국사회가 근대사회로 성공적으로 변화하는데 기독교가 크나큰 역할을 했다는 것으로 받아들이려고 한다. 다시 말해 한반도가 전근대사회에서 근대사회로 변화하는 가장 중요한 통로 중 하나로 기독교가 작동했다는 것이다. 우리는 한반도에 서양식 근대사회가 정착하는 과정을 교육, 정치체제 등의 변화와 함께 사회 전체가 변화하는 것으로 받아들이곤 한다.

개인이 자신을 전체적으로 변화시키려 할 때 그는 먼저 중요한 지점 몇 군데를 의식적으로 또는 무의식적으로 변화시키고 그곳을 거점으로 하여 전체를 변화시키는 전략을 구사한다. 이런 모습은 개인에게서뿐만 아니라 사회가 변화할 때도 흔히 나타난다.[4] 근대전환기 한국사회는 기

---

4) 이를테면 모든 민족성원이 즐긴 대중가요 같은 것이 예가 될 수 있다. 근대적 대중가요 속에서는 주로 짝 잃은 연인이나 고향 잃은 사람들의 형상이 전면적으로 나타난다. 한반도 사람 전체가 나타나는 것이 아니라 사랑을 잃은 고향을 잃은 사람들만 나타나는 것이다. 이렇게 가장 소중한 것들을 잃고 헤매는 모습은 바로 근대 전환기 나라 잃은 한반도인 전체의 형상으로 쉽게 환치될 수 있다. 대중가요를 부르면서 사람들은 연인과 고향을 잃고 헤매는 노래 주인공의 모습 속에서 나라 잃은 자신의

독교를 선택하여 그곳을 중심 거점으로 삼아 전근대 사회에서 근대사회로 나아갔던 것이다.

다시 앞에서 말한 통계로 돌아가 보자. 기독교가 전 인구의 20% 정도이고 천주교도까지 합치면 30% 정도 된다면 이것은 한국인 전체가 기독교로 대표되는 어떤 인간형 내지 세계관에 전면적으로 노출되었다는 것을 의미할 것이다. 이것은 다시 말해 기독교적 세계관 내지 인간형을 통해 근대 한국인이 주조되었다는 것을 의미할 것이다. 이렇게 말해도 될 정도로 지난 한 세기 동안 기독교가 한반도에서 수행한 역할은 중대한 것이었다.

물론 근대한국이 근대로의 통로로 선택한 것이 기독교만은 아니었다. 하지만 기독교가 가장 중요한 통로 중 하나였던 것만은 분명하다. 이에 이 글에서는 기독교 선교를 단순하게 선교만으로 다루지 않고 근대한국 내지 근대 한국인을 주조해낸 주조틀로 보고 그것이 가능했던 모습에 대해 살펴보기로 한다.

2. 문명번역과 기독교 선교

이를 위해 필자는 "문명번역"이라는 시각에서 기독교가 한반도의 전통사회 속에 들어와 전 사회를 근대사회로 변화시켜가는 과정에서 수행한 역할에 대해 살펴보려고 한다. "문명번역"은 번역학에서 쓰는 "문화번역"에 빗대어 필자가 만들어낸 개념이다.[5] 번역학은 1960년대부터 시

모습을 확인했던 것이다. 이에 대해서는 한국고전여성문학회 2011년 제34차 동계
학술대회(2011.01.25.) "여성과 힘"에서 필자가 발표한 「1930년대 유행가에 나타난
女神性」 참조.

[5] 이에 대해서는 김용철, 「문명번역으로서의 전고와 〈만고가〉」, 『우리문학연구』 37,
우리문학회, 2012.10; 김용철, 「고전번역학의 학적대상 시론」, 『코기토』 74, 부산대
인문학연구소, 2013.08 참조.

작되었다. 처음에는 주로 언어학 그중에서도 화용론의 입장에서 연구가 진행되었다. 즉 번역가가 번역어를 고르는 바로 그 번역현장에 개입하는 언어적 상황들이 중요하게 다루어진 것이다. 하지만 1990년대 초반 번역과정에 개입하는 문화적 현상에 대해 주목하기 시작하면서 번역학은 "문화번역"의 시대를 맞게 된다. 이 논문은 문화번역 중 어떤 경우에는 문명 전체를 통째로 들여오는 상황도 벌어지는 것을 두고 문화번역이라는 용어에 빗대어 "문명번역"이라고 부르기로 한다.6)

그럼 "문명번역"의 입장에서 기독교 선교를 살펴보기로 한다. 기독교 선교는 백 년 전 한반도가 전근대사회에서 근대사회로 전환되는 과정에서 이루어졌다. 한반도 문명이 근대로 전화되는 과정에 대해서는 보통 두 가지 시각이 존재한다. 하나는 이질적인 서양문명이 전통사회 속에 강제로 "이식"되었다는 입장이다. 다른 하나는 주체적인 "수용"을 강조하는 입장이다. 주체적 "수용"의 입장에서는 보통 내재적 발전론처럼 전통사회 내부에 이미 서양근대를 받아들일만한 준비가 되어 있었다는 점을 강조하곤 한다. 이식의 입장이 강제로 당했다는 점이 강조된 것을 피하려는 의도에서 선택한 입장이다.

이에 비해 필자가 주장하는 "문명번역"의 입장은 서양근대의 이질성을 강조하면서 전통사회 속으로의 이식을 부정하지 않는다. 하지만 이러한 이식이 한반도 전통사회와 만나는 지점을 특별히 강조한다. 즉 이식이 이루어지는 지점에서 일어나는 여러 가지 선택과 갈등의 모습들을 보여주면서 이식과 동시에 주체적 수용의 모습을 포섭하려는 전략이다.

우리가 알고 있는 번역은 보통 하나의 문명의 언어로 이루어진 텍스트를 또 다른 문명의 언어로 옮기는 작업이다. 이것을 보통 번역가가 원

---

6) 번역학의 발전 과정에 대해서는 제레미 먼데이, 『번역학 입문-이론과 적용』, 한국외국어대학교출판부, 2006을 주로 참조했다.

천언어(원저)에서 목적언어(번역서)로 바꾸는 작업이라고 말한다. 즉 원천언어 → 번역가 → 목적언어라는 계열이 이루어지는 현장이 바로 번역이 이루어지는 현장이다. 문명번역이란 근대문명 또한 한반도에 이식·수용되는 과정에서 번역과 같은 과정을 따라 들어왔다는 것이다.

이것은 기독교 선교 또한 마찬가지이다. 기독교 또한 원천언어(서양 기독교) → 번역가(선교사 내지 교인) → 목적언어(한반도 기독교)라는 과정을 통해 이땅에 들어왔다. 즉 선교사와 선교사에 의해 기독교를 받아들인 기독교도들이 서양 기독교를 번역하여 한반도 기독교로 정착시켰다는 것이다.

이때 이 세 요소 중 어떤 것을 특별히 강조하는가에 따라 문명번역과 그에 따른 결과를 보는 눈이 달라진다. 그리고 이것은 기독교 선교과정에서 그대로 나타난다. 원천언어를 강조하는 경우 번역가와 목적언어는 원천언어의 뜻을 충실하게 틀림없이 재현하는 도구로 말 그대로 글자 하나 빼먹지 않고 충실하게 번역하는 직역을 강조한다. 이 입장에 따르면 한반도에서 기독교 선교는 미국 장로교 내지 미국 장로교가 주장하는 주님의 말씀과 모습을 충실하게 재현하면서 이루어졌다.

이에 비해 목적언어를 강조하는 경우 번역의 결과는 직역보다는 의역과 번안까지를 허용하는 좀 더 포용적이고 능동적인 입장을 강조한다. 이 입장에 따르면 기독교 선교는 미국 장로교의 입장보다는 그것이 한반도 문명에 적응하고 수용되는 과정에서 대상인 조선사회와 어떤 융합작용을 이루려고 노력했는가 또는 조선 사회가 어떻게 능동적인 입장에서 기독교를 받아들였는가를 강조하게 된다. 즉 조선 기독교의 독립성을 좀더 강조한다는 것이다.

번역가를 강조하는 경우는 번역가가 가운데 서서 하나의 문명을 또 하나의 문명으로 어떻게 건네주었는가를 강조한다. 기독교 선교에서는 번역가에 해당하는 선교사 내지 교인들이 기독교 신앙과 그것에 기반한 문명을 어떤 방식과 과정을 통해 조선 문명 속으로 진입시켰는가 즉 중간에 서서 어떤 역할을 했는가를 강조하게 된다. 이 과정에서 원천문명, 목적문명, 번역가라는 세 가지 요소들의 주체적 노력이 가장 명확하게 드러날 수 있다.

기독교 선교를 문명번역의 입장에서 다루는 것은 사실 기독교 선교 자체가 기독교가 성립한 처음부터 "번역"을 통해 이루어졌다는 점에 기반하고 있다. 기독교는 여러 민족이 혼재되어 있는 중동에서 특히 그중 여러 지역에서 여러 민족과 함께 어울려 살아가던 유태인 사회에서 먼저 나타났다. 그 결과 다른 민족에게 신앙을 전파하려면 번역은 필수였고 번역에 대한 명확한 입장들이 성경에 나타나 있다.

번역학에서 흔히 거론하는 번역에 대한 성경의 기록은 「창세기」에 등장하는 바벨탑 신화이다. 바벨이라는 왕이 하늘에 닿는 탑을 쌓으려다 신의 분노를 사 탑이 무너지고 그때부터 사람들은 각기 다른 언어를 사용하게 되면서 서로간에 불통이 나타났다는 것이다. 이것은 바벨 이전 (공통언어) → 바벨(욕망과 징벌) → 바벨 이후(다언어, 불통)의 구조이며 선악과(善惡果) 신화의 또다른 변형으로 보인다. 어쨌든 바벨탑 이후 언어 장벽으로 소통이 막힌 사람들은 통번역을 통해서만 소통이 이루어지게 된다.

이것은 초기 기독교 시대부터 문제가 되었다. 다른 민족들에게 선교를 어떻게 할 것인가 즉 "땅끝까지 이르러 내 증인이 되리라(사도행장 1:7)"라는 말씀의 실천을 어떻게 이룰 것인가의 문제는 결국 번역의 문제였다. 그리고 "Far East(極東)" 즉 "땅끝"이라는 말에 어울리는 조선에 대한 선교는 조선문명으로의 문명번역을 통해 이루어지게 되는 것이다.

그럼 문명번역의 구체적인 모습은 어떻게 이루어지는가. 이것은 의외에도 창세기에 나온다. "하나님이 이르시되 우리의 형상을 따라 우리의 모양대로 우리가 사람을 만들고(창세기 1:26)"이라고 한 대목이 그것이다. 기독교 선교라는 문명번역은 결국 조선문명을 기독교라는 형상대로 새로 주조하는 것이었다. 하지만 이것은 "본래 없던 것을 만들어내는 창조작업"이었던 창세기와는 달리 "이미 있던 것을 변형시키는 번역작업"이었기 때문에 조선사회의 어떤 부분과 만나서 어떤 융합작용을 일으킬 것인가가 중요했다.

성경 문맥상으로 보면 결국 모든 부문에서 그러하듯이 최고의 번역가는 하나님이라는 사실을 알 수 있다. 그리고 이 부분에서만 유난히 "우리"라는 표현이 나타난 것을 주목할 필요가 있다. 번역은 결국 받아들이는 개개인의 마음속에 각기 다양한 형상으로 나타나게 마련이다. 이에 따라 "나의 형상"이 아니라 "우리의 형상"이 되는 것이다. 개인들 속으로 다양하게 번역된 "우리의 형상"들이 서로 화합하고 충돌하면서 새로운 조선식 "우리의 형상"을 만들어 나가는 과정이 바로 기독교 선교이자 문명번역이라는 뜻으로 확대해석해도 괜찮을 것이다.

이 점은 성경번역이라는 한 부분만을 주목해 보아도 알 수 있다. 이슬람교는 코란을 번역하지 않고 어떤 민족이든 아랍어 원문을 그대로 쓴다. 이것은 예언자 마호멧에 대한 존경의 표현이라고 한다. 이에 비해 성경은 구약시대부터 벌써 번역되기 시작하였다. 이것은 대항해시대 이후 가속화된다. 1792년 이후 서양의 선교정책은 모든 민족의 언어로 성경을 번역한 기반 위에서 선교를 하는 것으로 방향이 바뀌었다. 이후로는 타 문명에 선교할 때 먼저 그 문명의 언어로 성경을 번역하고 그 번역 성경을 기반으로 선교해야 한다는 것은 당연한 것을 넘어 필수가 되었다. 영어성경이든 라틴어 성경이든 결국 해당 문명의 신도가 보는 것은 자신이 사용하는 언어의 그물로 짜여진 기독교였기 때문에 이것은 당연한 일이었다.[7] 100년 전 조선에서 일어난 일도 바로 그러했다. 선교

---

7) 성경번역에 대해서는 William A. Smalley, 『Translation as Mission－Bible Translation in

초기에 먼저 조선말로 번역된 성경이 나왔다.

II. 기독교 선교의 세 기둥 – 복음, 의료, 교육

중요한 것은 문명번역이라고 해서 기독교 선교가 문명의 모든 요소를 다 번역하지는 않는다는 것이다. 오히려 기독교 선교는 일종의 "문" 역할을 한다는 것을 강조할 필요가 있다. 즉 조선사회에 전혀 이질적인 서양문명이 들어오기 위한 "출입구" 역할을 했다는 것이다. 기독교 신앙이나 조직 등과 유사한 형태로 짜인 서양문명의 여러 제도들과 학문체제 등이 기독교가 들어가 기반을 다진 위에 들어오는 과정을 거쳤다는 것이다.

이를 위해 기독교 선교는 강력한 전략적 도구를 개발했다. 즉 선교과정에서 복음, 의료, 교육이라는 세 가지 부문을 결합시켰다는 점이다. 영혼을 죄에서 구원하는 복음의 과정과 육신을 질병에서 구원하는 의료의 과정과 정신을 무지로부터 구원하는 교육의 과정을 결합시킨 것은 기독교 선교가 가진 인도적 측면에서 필수적이 요소들만을 내세운 것으로 보인다. 이것은 또한 복음이라는 신앙의 측면과 의료와 교육이라는 세속의 측면을 결합시킨 것이기도 했다.

즉 복음의 과정에서 복음보다 더 시급했던 것은 적절한 치료를 받지 못하고 죽어가는 사람들을 구원하는 것이었다. 또한 잘못된 지식이나 "원시적인(primitive)" 지식에 매몰되어 있는 사람들에게 올바른 지식을 알려주는 행위는 영혼 구원의 또 다른 방법이었다고 평가할 수 있다. 이

the Modern Missionary Movement』, Mercer University Press, Macon, Georgia, USA, 1991. 참조.

를 두고 제국주의가 침투하기 위한 낚싯밥이라고 평가하는 일부 비판적인 논자들의 말은 의료와 지식의 측면에서 기독교 선교가 행한 거대한 기능을 놓고 보면 너무 심한 것으로 보인다.

대신에 복음-의료-교육이라는 세 개의 기둥을 통해 기독교 선교는 문명번역의 기능을 수행했다는 점을 좀 더 주목할 필요가 있다. 이것은 단순히 조선인이라는 원주민이 처해있던 비참한 상황을 보다 못한 선교사들의 인도적 행위였다 라는 평가와는 좀 더 다른 것이다. 이 세 개의 기둥은 종교-의료-교육이라는 세 개의 근대 서양식 제도가 조선사회 속으로 들어온 것을 의미하는 것이다.

복음은 기독교 신앙의 체계라는 제도를 조선사회 속으로 번역하여 들여왔다. 의료는 근대 서양식 의료체계라는 제도를 조선사회 속에 번역하여 들여왔다. 교육은 서양식 근대학문체계와 교육체계라는 제도를 조선사회 속에 번역하여 들여왔다. 기독교 선교는 이 세 개의 기둥을 통해 단순한 선교가 아니라 근대 서양문명을 조선문명 속으로 들여오는 "문" 역할을 했던 것이다. 그리고 이를 통해 한반도에서 근대 민족국가를 구성하는 다양한 요소들이 생성되었다.

우리가 놓치지 말아야 할 것은 이때 들여온 근대 서양문명은 서양에서 그렇게 오래되지 않았다는 것이다. 사실 선교에 의해 조선에 들여온 신앙체계나 신앙조직, 의료, 교육 등은 그때 막 새롭게 미국에서 확립되고 유행하던 것이었지 오래전 것이 아니었다. 선교사들이 가져온 것은 최신식의 것이었다. 그것은 미국 본토에서 불과 2~30년 전에 확립된 것이었다. 특히 19세기 말은 제2차 산업혁명 시기로 그들도 모든 것이 순식간에 바뀌는 시기였기 때문에 더욱 그러했다.

그럼 기독교 선교의 세 개의 기둥의 측면에서 19세기 말에서 20세기 초 전남의 모습을 잠깐 살펴보기로 한다. 먼저 복음 즉 신앙의 측면을 살펴보기로 한다. 기독교 신앙을 받아들인다는 것은 새로운 세계관을 받아들인다는 것이었다. 이것은 기존 전남사회 속에 성립되어 있었던 유교, 불교, 동학, 무교, 마을신앙 등 다양한 세계관 속에 또 하나의 세계관이 들어가는 것을 의미했다.

또한 그것은 당시 사람들에게 있어서 낙후된 것으로 낙인찍힌 조선의 기존 세계관들에 비해 좀 더 진보된 것으로 평가받던 서양식 세계관의 수용을 의미하는 것이었다. 이에 따라 믿으면 복을 받는다는 종교 본연의 기능 외에 근대의 표지라는 또 다른 기능을 기독교 선교는 확보할 수 있었다. 말 그대로 기독교라는 종교 제도가 번역되어 전남사회 속에 들어왔던 것이다.

의료는 복음보다 좀 더 눈에 띄는 확실한 방법이었다. 무엇보다 서양식 약과 수술은 질병 치료에 곧바로 눈에 띄는 효과를 보여준다는 점에서 한의학보다 최소한 선전효과에서는 유리했다. 물론 그때 선교사들뿐만 아니라 서양의 의료 체계라는 것이 오늘날의 시각으로 보면 유치한 수준이긴 했지만 한의학에 비해 나름대로 여러 가지 장점이 있는 부분들이 있었다는 것은 분명하다. 이에 따라 선교사들에 의해 전남사회 속으로 서양식 의료제도를 번역해 들여오는 일이 좀 더 수월하게 진행되었다.

교육은 조선의 기존 교육체계가 새로운 교육체계로 바뀌는 미묘한 시기에 들어왔다. 즉 1895년 과거제도가 폐지되고 그에 기반하고 있던 향교, 성균관 등 관학체계가 붕괴되었다. 1908년 보통학교령에 의해 근대식 학교들이 신설되었다. 다른 지역과 마찬가지로 이때 전남지역에서도 근대식 학교제도를 적극적으로 추진한 것은 개신유학자 그룹과 선교사 그룹이었다. 당시 근대식 학교는 존재 자체로 곧바로 구조선에서 신조선으로, 즉 근대로의 이행을 담보하는 행위였으며 곧바로 민족해방운동의 일환으로 받아들여졌다.

100년 전 전남에서 복음-의료-교육이라는 기독교 선교의 세 기둥이 처해있었던 상황 내지 수행했던 기능을 좀 낙관적인 시각에서 서술해보았다. 물론 모든 것이 이렇게 수월하지는 않았으며 이렇게 순기능만을 한 것도 아니었다. 그렇지만 복음을 통해 영혼을 살려내고 의료를 통해 병든 몸을 살려내고 교육을 통해 무지한 사람을 계몽하여 살려내는 것이 이 세 개의 기둥이 수행한 일이었던 것만은 분명하다.

하지만 우리는 기독교 선교 100년의 역사를 되짚어 보면 또다른 모습을 보게 된다. 그렇게도 선교 과정에서 강력하게 작동했던 세 개의 기둥이 실은 기독교 자체를 배반하는 모습으로 나타나는 것이다. 오늘날 기독교가 어렵고 젊은 신자가 없다고 한다. 그것은 곰곰이 생각해보면 의료제도를 통해 병으로 고생하지 않고 근대식 교육을 통해 기독교 신앙과 배치되는 지식을 교육받으면서 이루어지는 측면이 있다. 그럼 기독교 선교의 세 개의 기둥은 잘못된 것인가 또는 이제는 아무 기능도 하지 못하게 되었는가 라는 질문을 해볼 필요가 있다.

거기에 대한 대답을 내리기는 쉽지 않다. 하지만 그렇지 않다는 가능성을 열심히 찾아볼 필요는 있다. 일단 기독교 선교라는 것은 2천년 이상 세계 각지의 문명을 대상으로 하여 성공한 사례이기 때문에 그렇게 단순하지 않다는 점을 강조할 필요가 있다.[8] 기독교 선교가 순천 매산 등에서 곧바로 확인할 수 있듯이 자신의 기본 전략으로 복음-의료-교육이라는 세 개의 기둥의 결합을 채택했다면 그것은 몇 백 년에 걸쳐 수많은 문명에서 실험하여 성공한 것이기 때문이다. 따라서 그렇게 쉽게 생각할 것이 아니다.

---

8) 기독교 선교는 역사상 크게 세 번에 걸쳐 일어났다. 즉 예수와 초대교회 시대 이민족과 로마제국에 대한 선교, 서로마제국의 붕괴와 민족 대이동 시기 주로 켈트족과 게르만족에 선교, 1492년 신대륙 발견 이후 세계 전체를 대상으로 한 선교가 그것이다. 기독교 선교는 선교가 들어간 각 지역에서 문명 전체를 바꾸는 놀라운 힘을 발휘했다.

이 말은 즉 이 세 개의 기둥의 결합 형태에 대한 깊은 연구가 필요하다는 이야기이다. 그것은 단순히 인도적인 필요에 의한 선택이나 서양식 제도를 이식하기 위한 자의적 선택 외에 또 다른 의미가 있을 수도 있다는 것이다. 여기에서는 부족하나마 필자의 의견 하나를 첨부해둔다.

곰곰이 생각해보면 이 세 개의 기둥은 결국 조선인 개개의 "몸"에서 함께 구현되는 것이다. 이것은 다시 주체의 세계내적 존재와 이 존재들로 구성된 공동체의 세 측면을 의미한다. 즉 복음은 "몸"에서 영혼 구원의 측면을 담당한다. 이에 따라 사회는 구원된 영혼들의 사회내적 결합으로 이루어진 공동체를 의미한다. 의료는 "몸"에서 생물학적 존재의 측면을 담당한다. 이에 따라 사회는 생물학적으로 치료받고 건강해진 몸들의 사회내적 결합으로 이루어진 공동체를 의미한다. 교육은 "몸"에서 지식적 존재의 측면을 담당한다. 이에 따라 사회는 지식으로 계몽된 존재들의 사회내적 결합으로 이루어진 공동체를 의미한다. 따라서 민족국가라는 단위 공동체는 이 세 가지 공동체가 결합된 위에 세워진 것이다.

기독교 선교의 세 개의 기둥은 이 세 개의 존재와 세 개의 공동체가 신앙의 우위 위에 하나로 결합된 개별 존재들과 이들 개별 존재들로 구성한 공동체를 의미하는 것이었다. 그것들은 조선인 내지 한국인 개개의 몸에 구현되고 결합되어 나타난 것이었다. 필자로서는 근대적 인간의 존재에서 가장 중요한 것이 이 세 가지뿐인지까지는 잘 모르겠다. 하지만 선교사들이 이 세 개의 기둥을 선택한 것으로 보아 이 세 가지가 가장 중요한 것 중 하나임에는 틀림없다.[9]

그럼 오늘날 기독교의 문제는 세 개의 기둥이 제대로 작동하지 않아

---

9) 이에 대해서는 참고할 사항이 있다. 프랑스 철학자 미셸 푸코(1926~1984)의 초기 저작들이 의료(『광기의 역사』, 『임상의학의 탄생』), 지식(『말과 사물』, 『지식의 고고학』), 감옥-군대-교육(『감시와 처벌』)이었다는 점은 우연이 아닐 것이다.

서 생기는 문제일 수도 있다. 즉 세 개의 기둥이 의미하는 세 개의 몸과 세 개의 공동체의 새로운 결합을 만들어내야 하는 의무를 소홀히 해서일 수 있다는 것이다. 또한 새로운 시대에 바뀐 몸과 공동체에 맞는 새로운 기둥들을 세워야 하는 것은 아닌지 모르겠다. 어쨌든 기독교 선교과정에서 선교사들이 세웠던 복음-의료-교육이라는 세 개의 기둥은 지난 100년간 강력하게 작동했으며 한국사회를 변화시켰다. 그리고 오늘날에도 문제의식 면에서 빛이 바래지 않고 여전히 많은 시사점을 던져주고 있다.

III. 전남의 전통사회와 기독교 선교의 성공 요인

그럼 이어서 기독교 선교가 전남의 전통사회 속으로 들어오는 좀 더 구체적인 모습을 살펴보기로 한다. 여기에서는 기독교 신앙이 전통사회가 근대로 바뀌는 과정에서 나타난 하늘에 대한 재해석 과정 중 하나로 존재했다는 점과 기독교 신앙 조직이 대단히 강력한 것이었다는 점 등 두 가지를 중심으로 살펴보기로 한다.

1. 하늘에 대한 새로운 인식

조선의 성경 번역자들은 자신들의 신을 "하나님"이라고 번역하였다. 이것은 중국과 일본의 성경 번역자들이 자신들의 신을 "신(神)"이라고 번역한 것을 생각해 보면 진정 놀라운 일이었다. "하나님"은 한반도 문명 고유의 여러 가지 의미가 합쳐진 번역어였다. 보통 "하늘님"이라고 이해하면 이것은 "하늘+님" 즉 "하늘에 계신 분" 내지 "하늘이신 님"으로 이해할 수 있다. 또한 "하ᄂ님"이라고 이해하면 "하나+님" 즉 "하나밖에 안 계신 분" 내지 "하나이신 님"으로 이해할 수 있다. 중요한 것은 "하늘+님"이든 "하나+님"이든 그것은 천지 전체를 감싸 안는 어떤 존재를 상정한다는 것이다.

그리고 그것은 전통사회에서 "하늘"이라는 일반명사 속에 이미 구현되어 있는 의미였다. 흔히 쓰는 "하늘도 무심하시지"라는 말에서는 인격적 존재이자 물질적 존재이자 도덕적 존재로서의 하늘을 상정한다. 그리고 이것은 기독교의 하나님과 그렇게 멀지 않다. 즉 근대 초기 조선사회에는 "하나님"이 번역되어 자리 잡을 수 있는 토대가 매우 풍부하게 갖추어져 있었다는 것이다. 당시 사람들에게 기독교의 하나님은 그렇게 이해하기 어려운 존재가 아니었다. 다만 필요한 것은 하늘과 하나님 간의 거리의 측정뿐이었다.[10]

여기에서는 1900년대 전후하여 전남지역에 기독교 선교가 이루어지던 시기에 당대 사람들이 어떤 세계관 아래 노출되어 있었는가를 살펴보면서 기독교라는 문명이 번역될 수 있었던 기반을 점검해보기로 한다. 즉 당대 사람들이 가지고 있었던 세계관과 기독교의 하나님 간에 어느 정도 거리가 있는가를 측정할 필요가 있다는 문제제기이다.

먼저 유교이다. 유교는 이 시기에 와서 사회의 가장 밑바닥까지 침투하는데 성공했다. 믿기지 않겠지만 이 시기는 유교의 대약진 시기였다. 실제로 한반도 전체를 껴안은 진정한 유교 사회가 만들어진 것은 20세기 전반기였다. 20세기 들어서면서 문중조직의 혁신과 대동보 출간을 통해 전체 사회가 급속하게 유교식으로 재편되었으며 유교식 제사와 정절론 등이 사회 밑바닥까지 침투한 시기이기도 했다. 특히 제사 의식을 통해 유교의 천지코스몰로지가 자연스럽게 퍼져나갔으며 혼백의 자연

---

10) 16세기 후반 중국에 들어간 마테오 리치가 중국 문명 내에 존재하던 "天主"라는 개념을 개발하여 천주교가 중국에 들어갈 수 있는 길을 열었다는 점을 참고할 필요가 있다.

적 소멸 의식 또한 널리 퍼져나갔다. 20세기 들어 유교가 대약진하던 시점에 선교를 시작하고 성공한 한국의 기독교 신앙이 유교의 천지코스몰로지적 특성과 어떻게 결합하고 이에 의해 어떻게 제한되었는가를 매우 심각하게 고민할 필요가 있다.

불교와 무속은 결합하여 일상생활 속에까지 침투해 있었다. 하지만 의외에도 당시 한반도 문명에서는 불교나 무속의 세계관이 의지하는 바 현실세계 너머 다른 세계 즉 지옥이나 부처님 세계에 대한 의식은 확고한 입지를 마련하지 못한 상태에 있었다. 이 세계인 이승 이외에 다른 세계 즉 저승에 대한 상상력 자체가 거의 제한되어 있었다는 것이다. 이것은 최소한 19세기 이후 한반도 문명의 특징이기도 했다. 한국의 기독교가 사탄이나 마귀의 독립성과 능동성이 매우 희박한 특징을 갖고 있는 점을 이런 차원에서 생각해볼 필요가 있다. 어쨌든 불교 또한 근대화에 성공한 종교이며 그 시작은 기독교 선교가 본격적으로 일어나기 시작한 19세기 후반 경허로부터였다는 점도 참고할 필요가 있다.

전라도는 특히 동학농민전쟁과 그 후유증을 주목할 필요가 있다. 19세기 후반 새 시기를 맞이해서 새로운 신앙체계와 근대로의 이행을 결합하는 노력이 나타난 시점이라는 것이다. 전라도 전체를 휩쓴 동학이 폭력에 의해 말소된 뒤 그 자리에 자리 잡고 성장한 기독교, 대종교, 증산교, 단군신앙 등 새로운 종교들은 혹시 동학의 "한울" 의식과 관련이 있지 않은가 하는 의심은 극히 자연스러워 보인다. "한울"과 "하늘", "하나님"의 거리는 그렇게 멀어 보이지 않는다. 이론으로야 건널 수 없는 강인 것처럼 보이지만 100년 전에 살아가던 사람들에게는 한쪽에서 다른 쪽으로 넘어 다니기에 그렇게 불가능한 거리가 아니었다는 것이다.

여기에 하나 덧붙여 마을신앙이 있다. 윗당산과 아랫당산으로 성립하는 마을 자체를 하나의 세계로 보는 것이다. 그것은 다시 마을뒷산-마을-마을앞들-개울-마을앞산 그리고 이 모든 것을 덮고 포함하는 하늘로 이루어지는 세계이다.[11] 당대인이 유교의 천지코스몰로지나 불교의 부처 님 세계, 동학의 한울 등을 생각할 때 그들의 의식 속에는 모두 이 마을을 중심으로 구성된 소우주 속에 구현된 것으로 떠올랐을 것이다. 기독교 신앙인의 하나님은 진정 우주적 차원의 거대한 존재인가 혹시 마을 신앙 단위의 소우주에 있는 것은 아니었는가 생각해볼 필요가 있다.

그리고 이런 하늘에 대한 것은 한반도에 사람들이 살기 시작하면서 만들어졌을 "하늘신앙"의 문제와 관련이 있을 것으로 보인다. 단군, 동명왕, 박혁거세 등이 가졌던 천손족 의식과 그에 기반한 하늘신앙은 역사적으로 유교, 불교 등을 두루 거쳐 오다가 결국 기독교까지 자신의 모습으로 즉 한반도식으로 변형시키고 있는지도 모른다.

이러한 의심은 문명번역의 차원에서는 매우 당연한 것이다. 즉 기독교 신앙 내지 서양문명이 조선전통사회에 들어올 때 조선전통사회에 이미 존재하는 어떤 것에 기반해서 번역될 수밖에 없기 때문이다. 기독교가 이 땅에서 매우 성공했다는 이야기는 100년 전 소개된 기독교를 이루는 여러 가지 요소들이 이미 이 땅에 준비되어 있었다는 것을 의미할 것이다. 그렇지 않았다면 기독교가 한반도에 뿌리박는 과정은 매우 지난했을 것이다. 말 그대로 새로운 토양을 만들어내고 그곳에 뿌리박는 과정이 되었을 것이기 때문이다.

이런 점에서 하나님이라는 매우 이질적인 문명 요소가 이 땅에 이렇게도 쉽게 정착된 과정을 다른 하늘신앙들과의 거리 측정을 통해서 살펴볼 필요가 있다. 이것은 기독교 신앙을 낮추는 것이 아니라 반대로 한반도 기독교 신앙이 어떻게 한반도적 특성을 가지게 되었는가에 대한 연구가 될 것이다.

---

11) 이에 대해서는 김용철, 「한국산학(韓國山學)의 학적대상 시론」, 『코기토』 82, 부산대 인문학연구소, 2017.06에서 상세하게 다룬 바 있다.

하지만 기독교 신앙은 전통사회의 세계관들과 다른 점도 있다. 우선 신의 인격적 측면이 부각된다. 즉 신도와 신의 일대일 대면이 이루어지며 그 결과 일상생활 속에서 신의 간섭이 이루어진다는 점이다. 농민들에게 하늘은 둘러쳐진 울타리와 같은 존재였다는 점에서 기독교 신앙의 차이점을 느낄 수 있다. 신과의 일대일 대면에 따라 일상생활을 좀더 조직적이고 활력 있게 운영할 수 있었던 기독교 신도는 근대 자본주의 사회 속의 개인으로 편입되기에 좀 더 용이했다는 점을 지적할 필요가 있다.[12]

또한 천당과 지옥, 구원과 종말론적 세계관을 가진다는 점에서 차이가 있다. 전통사회에서 죽음은 저승사자에게 이끌려 이틀쯤 걸어가면 나오는 저승으로의 길을 의미한다. 혼백은 거기에서 산다. 유교에서 혼백은 몇 십 년쯤 지나면 소멸한다. 이에 비해 기독교는 영혼불멸과 구원을 믿는다. 중요한 것은 그것을 어떻게 증명하는가의 문제였다.

하지만 걱정할 필요는 없었다. 당시 죽음은 마을 안에서 일상적인 것이었으며 그에 따라 교인들은 영혼의 구원, 소규모 아마겟돈과 휴거를 일상적으로 경험하며 살았던 것이다. 쉽게 말해 숨이 끊어졌다 다시 멀쩡하게 살아난 사람들, 전염병과 가뭄 등으로 인한 마을의 붕괴와 그 속에서도 기이하게 살아남은 사람들의 사례는 당시 마을 안에서 일반적인 것이었다는 이야기이다. 기독교의 영혼구원과 부활은 절대 먼나라 이야기가 아니었다.

2. 성공적인 신앙조직 모형의 창출

기독교 선교는 개인의 차원이 아니라 집단의 차원에서 이루어진다.

---

12) 막스 베버, 『프로테스탄트 윤리와 자본주의 정신』, 동서문화사, 2009를 이렇게 원용하여 이해할 수도 있다.

따라서 선교공동체 내지 신앙공동체 즉 교회라는 특정한 조직을 요구하게 된다. 한국에서 기독교 선교의 성공은 교회 조직의 성공을 의미한다. 그것도 기독교 선교사상 아니 아예 세계사상 유례가 드물 정도의 성공이다. 따라서 문명번역의 차원에서 교회조직에 대한 매우 심각한 연구가 요구된다.

즉 한반도에 이미 존재하고 있던 조직들의 장점과 적극적으로 결합한 위에 교회조직이 성립했고 따라서 그만큼 성공적이었다는 의미일 것이다. 그럼 한반도에 존재했던 조직들은 어떤 것이 있으며 교회 조직과 그런 조직들의 거리와 관계는 무엇이었는가를 생각해볼 필요가 있다.

교회와 비교하기 가장 쉬운 전통사회의 조직 즉 교회가 기반으로 삼아 자신의 조직으로 변형시켰던 조직은 당연히 마을이다. 마을은 전통사회에서 어디에나 존재하던 것이었으며 교회조직을 곰곰이 생각해보면 교회는 마을 조직을 본떠 만들어진 것이다. 실제로 교회는 마을의 변형이었다. 특히 1960년대 이래 이농과 도시사회로 이전된 다음에는 교회의 마을 기능이 훨씬 커졌다. 이것은 다시 말해 도시 사람들에게 마을 기능을 제공한 것이 교회의 성공이었다는 의미도 될 것이다.

마을은 마을 전체 조직뿐만 아니라 노동공동체라서 그 속에 다양한 종류의 노동조직이 존재한다. 이 조직들은 연령별, 성별 등에 따라 구분된다. 또한 놀이조직이나 문중조직 등까지 따지면 마을 안에 존재하는 소조직들은 몇 십 개를 헤아린다. 우리가 지나가면서 한눈에 볼 수 있는 마을은 생각보다 복잡하게 잘 짜인 공동체였다.

이러한 조직들은 실제로 교회 안에 그대로 존재한다. 교회 전체 조직뿐만 아니라 청년회 등 연령별, 여전도회 등 성별에 따른 조직이 교회에도 있다. 또한 전도, 놀이 등에 따른 특별조직들까지 합치면 의외에도 교회 안에도 몇 십 개의 조직이 존재한다. 교회가 가진 마을적인 특징을 심각하게 고려할 필요가 있다는 것을 조직 차원에서 알려주고 있다.

전통시대 마을의 기본 단위는 5인가족 기준의 소농이었다. 이것은 한반도에서 기원전 즉 삼한시대 이전으로 거슬러 올라가는 매우 역사가 오래된 것이다. 교회 또한 가족 단위의 조직이 기본으로 가지고 있다. 또 교회의 복음이 가장 중점적으로 행해지는 곳 또한 가족이기도 하다. 하지만 마을과 달리 한반도에서 교회조직은 가족 단위가 중심이 아니라 개별 신도 단위가 중심이다. 거기에 가족단위가 결합되어 있다. 가족단위 신도가 아니라 1인 신도가 너무 많아서 생긴 현상이다.[13]

마을과 교회의 조직에서의 차이점은 공간적으로 마을이 닫힌 조직임에 비해 교회가 열린 조직이라는 것이다. 개별 마을이 그 자리에 정착한 것은 최소 몇 백 년 이상의 역사를 가지고 있으며 그에 따라 마을 내부 성원 간 결합이 우선이며 마을 밖으로 향하는 조직은 극소수라는 것이다. 통혼에 의한 인척간 결합이나 문중간 결합 등이 그것이다. 이것은 마을이 기본적으로 공동노동에 기초한 노동조직이기 때문일 것이다. 마을을 넘어서는 조직은 오일장 내지 국민학교 운동회 등 몇 개에 지나지 않는다.

이에 비해 교회는 기본이 몇 개의 마을을 결합하는 마을간 조직이며 신도의 결합이 자유롭다는 점에서 열린 조직이다. 교회조직은 도보로 2~30분 이내 즉 반경 2~3km 정도 마을 간 결합을 지향한다. 그 이상은 노동으로 지친 몸을 생각하면 신도가 참석하기 곤란하다. 이것은 교회 종소리가 들리는 공간이라는 점도 참고할 필요가 있다.

교회의 기본조직인 목사, 장로뿐만 아니라 구역 등에 대해서도 살펴보기로 한다. 초빙된 목사와 장로가 이끄는 장로회 교회의 기본조직 모형은 전통사회에서도 쉽게 찾아볼 수 있는 것이었다. 이것은 중앙에서 파견된 수령과 지역백성의 결합이라는 동양적 봉건국가의 기본이 되는

---

13) 이 당시 서양에서는 당연히 가족단위가 교회조직의 중심을 이루고 있었다.

관료조직에서 찾아볼 수 있다. 또한 서원이나 향교 등에서 선출직 원장과 유사들과 일반 구성원들의 결합이라는 형태에서 그러하다. 마을 이장이나 면장이 선출직이었다는 점에서도 그러하다. 요컨대 교회조직은 그렇게 낯선 것이 아니었다.[14)

필자가 한국의 교회조직에서 특별히 문제 삼고 싶은 것은 "구역"이다. 교회의 기반을 이루는 소조직인 구역은 구역장 또는 권찰의 지도 아래 10명 내외의 신도와 신도들의 뒷배경을 이루는 가정으로 이루어져 있다. 한국 기독교 역사상 구역은 가장 성공적이며 가장 역동적인 조직 모델을 보여준다. 어디에나 파고들어가며 신도 수가 들고남에 따라 구역의 모습은 금방금방 바뀌며 쉽게 분열하고 합치기도 하고 없어지기도 한다.

인도자인 구역장의 권위는 절대적이지 않으며 성원 간 민주적인 관계가 두드러진다. 서로 신앙의 차이가 그렇게 크지 않기 때문이며 동시에 하나님 앞에 평등하다는 인식을 가지고 있기 때문이다. 또한 전도의 측면에서는 기본 전투 소조직이기도 하다. 한국의 기독교가 전투적으로 알려진 것은 사실 구역의 전투성이 큰 몫을 했다.

구역은 한국 기독교의 가장 중요한 특징을 구현하고 있다. 그것은 우선 구성원 간 신앙의 측면에서 도덕적으로 서로 북돋아주는 역할을 한다는 것이다. 하지만 그것보다 중요한 것은 서로 경제생활에서 북돋아주는 역할을 한다는 것이다. 이것은 물론 구역 자체가 개별 성원에게 경제적으로 도움을 준다는 의미는 아니다. 대신에 신도들 개개인의 부족하고 한정된 경제적 자원을 절제하면서 경제생활을 유지하도록 간섭한다는 것이다. 이것은 근대초기 모두 가난했던 시대, 그리고 이농 후 도시에서 역시 모두 가난했던 시대를 견디도록 도와주는 역할을 했음에

---

14) 아마 서양에서도 교회조직이 성립할 때 참고한 조직이 국가관료조직 등이어서 그러할 것이다.

틀림없다.

이렇게 도덕적으로 경제적으로 일어나는 구역의 간섭은 "하나님 아버지"에서 아버지의 역할과 매우 닮아있다. 이것은 의식적으로든 무의식적으로든 기댈 곳을 제공하는바 사실 교회라는 큰 조직보다는 구역이라는 좀 더 일상생활과 밀착된 소조직에서 기독교 신도들은 "하나님 아버지"의 모습을 확인하고 있었을 것이다.

이상으로 교회조직의 문제를 살펴보았다. 교회라는 신앙공동체 조직이 한반도 전통사회 속에 들어와 안착하는 과정에서 일어난 조직의 문제는 매우 심각하게 다루어져야 할 주제이다. 그것은 또한 한국 기독교의 성공과도 밀접한 연관이 있다. 필자는 특히 그중에서 교회와 마을과의 관련성과 구역이라는 소조직의 역할에 주목하고 있지만 다른 조직적요인들도 심각하게 다룰 필요가 있다.

Ⅳ. 마무리

이상으로 전통사회와 전남지역의 기독교 선교라는 주제를 놓고 살펴보았다. 핵심은 전통사회에서 근대사회로 변하는 과정에서 기독교 선교가 문명번역의 차원에서 어떻게 이루어졌는가의 문제였다. 즉 전통사회의 어떤 요소들과 결합하여 기독교 선교가 그렇게도 성공적으로 이루어졌는가 하는 점이었다.

전남지역을 특정하여 좀더 구체적으로 다루지 못한 점이 아쉽기는 하지만 그 대신 전통사회 속에 기독교가 틈입되어 들어가는 과정에서 일어났던 몇 가지 주제를 문명번역이라는 차원에서 자유롭게 살펴보았다. 논증에 따른 결론보다는 문제거리로 삼을만한 지점들을 확보하려고 노력했다는 데에 일차적 의미를 두고자 한다.

기독교 선교는 근대한국사회의 변동을 이끌어나간 핵심적인 동력 중 하나였다. 그리고 지금도 마찬가지로 핵심 동력 중 하나이다. 이것은 기독교가 잘못되면 한국사회가 잘못되므로 절대로 잘못되면 안 된다는 것을 의미한다. 그런 점에서 한국에서 기독교의 모습을 차근차근 따져보면서 기독교가 동력으로 삼았던 그리고 새로운 동력으로 삼을만한 요소들을 개발해 나가야 할 것이다. 오늘날 학계, 교계, 지역이 연합하여 기독교 연구를 수행해야 할 필요성이 여기에 있다.

〈참고문헌〉

강성호, 「미국 남장로교의 호남선교: 연구동향을 중심으로」, 『한국기독교와 역사』, 한국기독교역사연구소, 2018.09

김용철, 「1930년대 유행가에 나타난 女神性」, 2011년 한국고전여성문학회 주최 제34차 동계 학술대회 "여성과 힘" 발표문, 2011.01.25

김용철, 「고전번역학의 학적대상 시론」, 『코기토』 74, 부산대 인문학연구소, 2013.08

김용철, 「문명번역으로서의 전고와 〈만고가〉」, 『우리문학연구』 37, 우리문학회, 2012.10

김용철, 「한국산학(韓國山學)의 학적대상 시론」, 『코기토』 82, 부산대 인문학연구소, 2017.06

막스 베버, 『프로테스탄트 윤리와 자본주의 정신』, 동서문화사, 2009

송현숙, 「호남지방 종교지리 연구동향과 과제-미 남장로회 선교기록물을 중심으로」, 『남도문화연구』 30, 순천대 남도문화연구소, 2016.06

제레미 먼데이, 『번역학 입문-이론과 적용』, 한국외국어대학교출판부, 2006

William A. Smalley, *Translation as Mission－Bible Translation in the Modern Missionary Movement*, Mercer University Press, Macon, Georgia, USA, 1991

제2부

미국 남장로교와
순천지역 선교

이덕주
일제 강점기 순천 선교부와
지역사회

박정환
순천지역 교육선교와 매산학교
: 선교부와 지역교회의 교제를
중심으로

한규무
미국남장로회의 순천지역
의료선교와 안력산병원

우승완 · 남호현
미국 남장로회 순천선교기지
선교마을들

일제 강점기 순천 선교부와 지역사회

이덕주

Ⅰ. 머릿글

이 글은 일제 강점기 순천을 중심으로 전라남도 동남부 지역 선교의 구심점이었던 미국 남장로회 순천 선교부의 개설 과정과 주요 사역을 살펴보고 그 선교사역이 순천 지역사회에 끼친 영향과 그 역사적 의미를 살펴보는데 목적이 있다. 다른 지역 선교부와 마찬가지로 순천 선교부에서 이루어진 사역은 복음전도(evangelistic work)와 교육선교(educational mission), 의료선교(medical mission) 등으로 구분되었는데 이들 사역의 궁극적인 목적은 복음 전파와 기독교 확산이었지만 이들 사업을 통해 순천 지역주민의 의식 및 생활 변화와 그 결과로서 지역사회의 근대화가 이루어졌다. 다시 말해 순천 선교부는 순천과 그 인근 지역사회에서 기독교 전파와 근대화의 구심점이 되었다고 할 수 있다. 이 글에서는 이런 사실을 규명하기 위해 순천 선교부에서 활동했던 남장로회 선교사들이 남긴 선교보고서를 중점적으로 살펴보고 선교부 및 선교사들의 사역에 대한 교계 및 사회 언론 보도를 통해 그 사역에 대한 평가와 의미를 살펴볼 것이다.

II. 순천 선교부 개설 과정

1. 미국 남장로회의 호남지역 선교

미국 남장로회의 한국선교는 1892년 10월, 루이스 테이트(Lewis B. Tate)
와 매티 테이트(Mattie Tate) 남매, 윌리엄 레이놀즈(William D. Reynolds),
윌리엄 전킨(William M. Junkin), 리니 데이비스(Linnie Davis) 등 선발대
5명이 내한하고 한 달 후 여선교사 볼링(Patsy Bolling)과 레이번(Mary
Leyburn)이 도착하면서 시작되었다. 이들은 먼저(1884년) 들어와 서울
정동에 자리 잡고 있던 북장로회 선교사들의 환영과 도움으로 서울에
거점을 마련하고 어학공부로 한국 선교를 시작하였다.

같은 장로회 신앙전통을 지키면서도 남북전쟁 때 교단이 남북으로 분
열되었던 미국 북장로회와 남장로회 선교사들은 선교지 한국에서 서로
협력하였다. 우선 두 선교회 선교사들은 1893년 1월 28일 서울에서 '장
로교선교공의회'(Council of Missions holding the Presbyterian Form of
Government)를 조직하는 한편 두 선교회 사이에 선교지역 분할 협정을
맺고 전라남북도와 충청남도 선교를 남장로회가 맡기로 했다.[1]

다른 선교회와 마찬가지로 남장로회 선교회는 주요 도시에 선교부
(mission station)를 개설하고 선교사들로 하여금 그곳에 거주하면서 지역

---

1) G.T. Brown, Mission to Korea, Nashville: Board of World Missions of the Presbyterian
Church, US, 1962, pp.1-26; H.R. Rhodes, History of Korea Mission of the Presbyterian
Church in the USA 1884-1934, Seoul: Chosen Mission of the Presbyterian Church in the
USA, 1934, p.308.

선교를 담당하도록 하였다. 남장로회 선교사들은 지역 선교부를 개설할 때 먼저 토착 전도인을 지역에 들여보내 거처를 마련한 후 선교사들이 들어가는 형식을 취했다. 양반과 지역토호 세력의 반(反) 기독교 정세가 강했던 호남지역에서 이런 방식은 효과적이었다.

남장로회가 최초 선교부를 개설한 곳은 전라북도 수부(首府)인 전주였다. 서울에 머물던 선교사들은 1893년 1월 '서울 양반' 출신으로 레이놀즈의 어학교사였던 정해원(鄭海元)을 먼저 전주에 내려 보냈다. 정해원은 1893년 6월 전주성 밖, 전주천 건너편 은송리(隱松里, 지금 동완산동)에 초가집 한 채를 마련하고 전도하기 시작했다. 그의 한학 실력은 지역 주민들에게 호감을 샀다. 오래지 않아 서당 훈장과 전에 천주교 신앙을 가졌던 청년이 "믿겠다."는 의사를 표시하였고 이들을 중심으로 주일 집회가 시작되었다.

그런 후 테이트 남매가 1894년 3월 전주에 내려가 정해원이 마련한 사택에 머물면서 사역을 시작하였다. 정해원이 주도한 집회엔 '남성' 구도자들만 참석했는데 독신 여성인 매티 테이트가 내려온 후에 여성 교인들이 생겨나 주일 집회에 3백여 명이 참석하였고 그 가운데 세례 지원자 6명을 얻을 수 있었다.[2] 그러나 곧바로 1894년 4월, 동학농민혁명이 일어나 동학도들에게 '살해위협'을 당한 테이트 남매는 서울로 철수하였고 곧 이어 터진 청일전쟁으로 정해원의 전도활동도 중단되었다.

전쟁과 공포 분위기가 어느 정도 해소된 1895년 2월부터 테이트와 레이놀즈가 전주를 방문하면서 선교 활동을 재개하였다. 1896년 1월, 테이트 남매가 전주에 다시 내려와 정착하였고 그해 11월 새로 한국에 나온 해리슨(W.B. Harrison)이 전주 선교부에 합류했다. 테이트는 장날이면

---

2) "Korean Mission", Annual Report of Executive Committee of Foreign Missions of the Presbyterian Church in the U.S.(이하 ARFM), 1895, p.25.

장터에 나가 전도하였고 의학을 공부한 해리슨은 약방을 차리고 가난한 환자들에게 약을 나누어주며 전도하였다. 1897년 6월 레이놀즈 가족이 전주에 합류하였고 그해 11월 여의사 잉골드(M.B. Ingold)가 전주에 내려와 시약소를 차리고 의료 선교를 시작했다. 그것이 오늘 전주 예수병원의 시작이다.[3]

잉골드의 시약소는 전주 시민사회의 호감을 얻었고 마침내 1897년 7월, 테이트 집안일을 돕던 14세 소년 김창국을 비롯하여 전주 사람 다섯이 세례를 받았다. 이들로 오늘 전주 서문교회가 시작되었다.[4] 1897년 가을부터 레이놀즈 부인이 자기 집에서 주일학교 형태로 여성들을 가르치기 시작했다. 이것이 오늘 기전여학교의 출발이다. 그리고 1900년 9월부터 레이놀즈가 자기 집 사랑방에서 김창국과 소년들을 가르치기 시작했다. 이것이 오늘 신흥학교의 출발이다. 이로써 전주에 교회와 병원, 학교로 이루어지는 '삼각 선교'(triangular mission)가 추진되었다.[5]

전주 다음으로 선교부를 개설한 곳은 군산이다. 충청도와 전라도를 가르는 금강 하구에 위치한 군산항은 1899년 개항장이 되기 전까지 옥구현(沃溝縣)에 속한 작고 조용한 어촌마을이었다. 이런 군산에 남장로회 선교사가 처음 등장한 것은 1894년 4월, 동학농민혁명이 일어나기 직전이었다. 즉 레이놀즈는 의료 선교사 드류(A.D. Drew)와 함께 남부지역 탐색여행을 떠나 배를 타고 군산에 도착해서 육로로 전주를 거쳐 김

---

3) ARFM 1895, p.25; G.T. Brown, Mission to Korea, pp.37~41.

4) 전주서문교회100년사편찬위원회, 『전주서문교회 100년사』, 대한예수교장로회 서문교회, 1999, 93~95쪽.

5) W.N. Junkin, "Chunju City Work", The Korea Mission Field(이하 KMF), Dec. 1905, 23~24쪽. 전주 선교부가 처음 자리 잡았던 은송리 일대가 1900년 지방정부에 의해 '전주이씨 성지'로 개발되면서 선교부를 화산동 서원고개로 옮겼고 정부에서 대토로 기증한 4천여 평 대지를 기반으로 주변 땅을 계속 사들여 1924년 무렵 14만여 평 부지를 확보하였다. 「財團法人米國耶蘇敎南長老派朝鮮宣敎會維持財團財産目錄」, 『朝鮮總督府 基督敎財團法人 關係資料』, 1924.

제와 영광, 함평, 무안, 광주, 순천, 목포까지 여행했다.

이 탐사 여행에서 레이놀즈는 전라도 선교가 육로보다 '뱃길'을 이용하는 것이 효과적임을 깨닫고 그 전진기지로서 군산에 선교부를 개설할 필요성을 느꼈다. 이런 레이놀즈의 보고를 받아들여 남장로회 한국선교회는 군산 선교부 개설을 추진하기로 하고 전킨과 드류에게 책임을 맡겼다.[6]

전킨과 드류는 동학농민항쟁과 청일전쟁으로 인한 사회적 혼란과 불안이 어느 정도 가신 1895년 3월 어학교사 장인택(張仁澤)을 대동하고 군산에 도착하여 항구 근처(개복동)에 초가집 두 채를 구하고 오전에는 전킨이 주민들에게 복음을 전하고 오후에는 드류가 환자를 진료하는 형태로 사역을 시작했다. 1년 만에 구도자들이 생겨 군산에서 주일 집회를 시작하였고 1897년 봄에는 여선교사 데이비스가 군산 선교부에 합류하여 옥구 궁멀(구암동)에서 부녀자를 위한 주일학교를 시작하였다. 그것이 후에 군산 영명학교와 멜볼딘여학교, 안락소학교 등으로 발전했다.

그 무렵 남장로회 선교사들 사이에 제2의 선교부를 군산에 둘 것인가, 나주에 둘 것인가 논의가 있었다. 하지만 1897년 10월 군산에서 개최된 남장로회 한국선교회 연례회에 참석했던 선교사들은 군산 선교의 '이른 결실'을 확인하고 군산에 선교부를 두기로 확정하였다.[7] 이에 1898년 데이비스가 새 선교부지로 구암동에 3천여 평 부지를 확보하고 선교사 사택과 병원, 학교, 교회 건물을 지었다.[8] 이로써 군산에서도 교회-학교-병원으로 이루어지는 '삼각' 선교가 이루어졌다. 1899년 군산이

---

6) G.T. Brown, Mission to Korea, pp.28~30.

7) "Annual Meeting of the Southern Presbyterian Mission", The Korean Repository, Dec. 1897, p.439.

8) 군산선교부는 그 후에도 계속 구암동에 선교부지를 매입하여 1924년 14만여 평에 이르렀다. 「財團法人米國耶蘇教南長老派朝鮮宣教會維持財團財産目錄」, 『朝鮮總督府 基督教財團法人 關係資料』, 1924.

개항장이 되면서 군산 발전과 함께 선교도 활기를 띠었다.

전라북도 전주와 군산에 선교부를 마련한 남장로회 한국선교회는 전라남도 지역에도 선교부를 개설할 필요성을 느꼈다. 이에 1896년 8월 연례회에서는 제3의 선교부 설치 후보지로 전라남도 수부인 나주를 선정하고 벨을 개척 선교사로 임명하였다. 벨은 자신의 어학교사 변창연(邊昌淵)과 함께 1896년 11월 나주를 방문하였다. 벨은 나주 성내로 들어가 변창연이 마련한 초가집에 머물면서 거리전도를 실시하였다. 그러나 보수적 양반고을로 유명했던 나주 주민들의 반응은 냉담하다 못해 적대적이었다. 동학농민항쟁 직후라 서양인에 대한 반감이 극에 달해 살해 위협까지 당하였다. 결국 벨은 나주를 포기하고 철수했다.

이런 상황에서 대안으로 떠오른 곳이 목포였다. 나주에서 영산강으로 뱃길로 통하는 목포는 이미 오래 전부터 전라남도의 대표적인 항구도시였다. 목포는 나주와 달리 외방인에게 개방적이었고 더욱이 서울을 오가며 복음을 접한 구도자들도 이미 있었다. 벨은 목포를 방문해서 선교사에 우호적인 분위기를 확인하였다.

이런 벨의 보고를 듣고 남장로회 선교회는 나주 대신 목포에 선교부를 설치하기로 하였다. 벨은 레이놀즈와 함께 1897년 2월 목포로 내려가 만복동(양동) 언덕에 2에이커(약 2,500평) 땅을 샀다.9) 나주에 있던 변창연도 목포로 내려와 전도를 시작하여 1년 만에 교인 50여 명을 얻었다.10) 양동에 선교사 사택이 마련된 후 1898년 11월, 벨과 오웬(C.C. Owen) 가족이 목포로 이주했고 1년 후에는 여선교사 스트레퍼(F.E.

---

9) 이후 선교부에서 주변 땅을 계속 사들여 1924년 선교부지는 1만 4천여 평에 달했다. 「財團法人米國耶蘇敎南長老派朝鮮宣敎會維持財團財産目錄」, 『朝鮮總督府 基督敎 財團法人 關係資料』, 1924.

10) "Annual Meeting of the Southern Presbyterian Mission", The Korean Repository, Dec. 1897, 440; ARFM 1898, p.65.

Straeffer)가 합류했다. 벨은 변창연이 얻은 교인들로 교회를 시작했다. 오늘 목포 양동교회의 출발이다.

의사인 오웬도 양동 선교부 안에 진료소를 차리고 환자들을 치료하기 시작했다. 예수병원(French Memorial Hospital)의 출발이다. 스트레퍼는 1902년부터 길거리 아이들을 자기 집에 데려다 가르치기 시작했다. 목포 영흥(永興)학교와 정명(貞明)여학교의 출발이다.[11] 전주나 군산과 마찬가지로 목포에서도 교회-병원-학교로 이루어진 삼각 선교가 시작되었다.

목포 선교부 개척을 성공적으로 마친 남장로회 한국선교회는 전라남도 내륙지방 선교 거점으로 네 번째 선교부 후보지를 물색했다. 선교사들은 여전히 전라남도 행정수도인 나주에 미련을 두었지만 보수적인 나주 성읍은 좀처럼 선교사들에게 문을 열어주지 않았다. 그렇게 해서 선교사들이 눈을 돌린 곳이 나주에서 30리 떨어진 광주였다. 마침 광주는 1896년 단행된 지방행정구역 개편에서 전라남도의 새로운 행정수도가 되었다.

1896년 11월 전킨이 군산과 전주를 거쳐 광주를 방문했을 때 마침 광주 관찰사는 윤웅렬(尹雄烈)이었다. 한국 최초 남감리교인 윤치호의 아버지였던 윤웅렬은 개화파로서 선교사와 기독교에 우호적인 입장을 취했다. 이에 남장로회 한국선교회는 1904년 2월 광주 선교부 개설을 결정하고 목포 선교부를 개척한 경험이 있는 변창연과 목포에서 얻은 교인 김윤수(金允洙)를 광주에 들여보냈다.

목포에서 '총순'(總巡) 벼슬을 하다가 개종한 김윤수의 전도는 효과가 있어 1년 만에 50여 명 교인을 얻었고 광주천 건너편 양림동 언덕에 6만여 평 선교 부지를 구입했다.[12] 양림동 선교부에 선교사 사택이 마련된 후

---

11) 『朝鮮耶蘇敎長老會史記』上, 55쪽; "Mokpo", Korean Mission Yearbook, The Christian Literature Society, 1928, pp.104~106.

12) 이후 광주 선교부는 양림동은 물론이고 인근 봉선동과 방림동 땅까지 계속 사들여

1904년 가을부터 벨과 오웬, 스트레퍼, 프레스턴(J.F. Preston), 놀란(J.W. Nollan) 등 목포에 있던 선교사 가족들이 이주하였다.[13] 자연스럽게 전라남도 선교의 중심축이 목포에서 광주로 옮겨졌다.

광주 선교부로 옮긴 벨은 1904년 12월 25일, 양림동 사택에서 성탄절 예배를 드렸다. 오늘 광주제일교회와 양림교회의 시작이다.[14] 또한 벨 부부는 사랑방과 안방에서 남녀 학생들을 모아 가르치기 시작했다. 오늘의 광주 숭일학교와 수피아여학교의 시작이다. 놀란도 1905년 가을부터 진료소를 시작했으나 3년 만에 건강을 해쳐 귀국하였고 그 대신 윌슨(R.M. Wilson)이 와서 제중원(Ella Graham Hospital, 후의 광주 기독병원)으로 육성했다.[15] 이로써 광주에서도 교회와 학교, 병원으로 이루어지는 '삼각 선교'가 추진되었다.

그런데 광주 선교부의 경우, 여기에 하나 더 추가되어 사회복지 내지 사회구제 사역이 추진되었다. 곧 광주 봉선동에서 시작된 광주나병원 (Leper Hospital)과 '구라사업'(救癩事業)이다. 한센(나)병 환자 치료 민 구제 사업은 1909년 4월, 지방 순회여행을 나갔다가 급성 폐렴에 걸려 목숨을 잃은 오웬의 죽음과[16] 관련이 있었다. 즉 오웬이 광주로 후송되었을 때 그를 치료하기 위해 의료 선교사 포사이드(Wiley H. Forsythe)가 목포에서 나주를 거쳐 광주로 들어가는 길가에서 구걸하던 여성 한센병 환자를 만나 그 환자를 광주까지 데려다 치료했다. 이 사실이 알려지면

1920년대 광주 선교부 소유 토지는 10만여 평에 이르렀다. 「財團法人米國耶蘇教南 長老派朝鮮宣教會維持財團財産目錄」, 『朝鮮總督府 基督教財團法人 關係資料』, 1924.

13) "Korea Mission", ARFM 1906, 45; E. Bell, Annual Report of Kwangju Station, 1909, pp.50~51.

14) G.T. Brown, Mission to Korea, 61; 『朝鮮耶蘇教長老會史記』上, 121쪽.

15) R.M. Wilson, "Kwangju Hospital", The Missionary, Feb. 1911, p.76.

16) J.F. Preston, "In Memorium", Jul. 1909, 125-126; "In Memorium of Rev. Clement Carrington Owen", Station Reports of the Southern Presbyterian Mission in Korea, Jul., 1909.

서 한센병 환자들이 광주 양림동 선교부로 몰려들었다.

이에 윌슨은 1911년 양림동에 초가집 한 채를 마련해 한센병 환자들을 치료하기 시작했다. 한국 최초의 한센병 전문병원인 '광주나병원'의 출발이다. 광주나병원은 1912년 영국 에딘버러 구라협회(Society for Lepers) 후원금으로 봉선동 무등산 기슭에 5백여 평 땅을 사서 병원 겸 환자수용소를 짓고 본격적인 한센병 환자 치료 및 구호활동을 벌였다.[17] 광주나병원은 후에(1926년) 순천 선교부 관할인 여천군 율촌면으로 옮겨 애양원(愛養園)이 되었다.

이로써 1892년 한국 선교를 시작한 미국 남장로회는 10년 만에 전라북도의 전주와 군산, 전라남도의 목포와 광주에 선교부를 개설하고 호남지역 선교 기반을 구축하였다. 다른 교파교회 선교회에 비해 늦게 출발했지만 남장로회의 호남 선교는 급속한 성장을 이룩하였다.[18] 그만큼 호남인들의 복음 수용과 전도에 적극적으로 응한 결과였다. 특히 전라남도 남부 내륙지방에서 기독교 복음에 대한 호응이 두드러졌다. 이에 남장로회 한국선교회는 전라남도 동남부지역 선교를 추진할 새로운 선

---

17) 홍병선, 「광주나병원 참관기」, 『기독신보』 1916.1.26; R.M. Wilson, "Report on Leper Work", *KMF* Jun., 1914, pp.164~165; R.M. Wilson, "Industrial Work in the Kwangju Leper Colony", *KMF*, Sep., 1921, pp.131~132; R.M. Wilson, "Kwangju Leper Colony", *KMF*, Sep., 1924, pp.125~126.

18) 참고로 1912년 9월 조선예수교장로회 총회가 조직될 당시 각 노회별 교세 통계는 다음과 같았다.

담당 선교회	노회	목사	장로	세례교인	학습교인	총교인	예배당	학교	학생수
북장로회	경기충청	12	21	3,961	1,819	10,075	182	11	886
	남평안	28	96	12,601	3,600	30,000	232	159	4,299
	북평안	26	15	11,072	7,514	26,948	469	130	3,426
	황해	10	34	5,718	1,651	11,439	171	53	1,081
남장로회	전라	20	25	9,514	1,548	15,439	388	51	1,419
호주장로회	경상	18	18	7,817	7,736	23,985	457	103	2,123
캐나다장로회	함경	14	16	2,325	2,532	9,342	155	32	1,570
총계		128	225	53,008	26,400	127,228	2,054	566	14,804

* "조선예수교장로회총회 총계", 「조선예수교장로회총회 제1회 회록」 1912.

교부 개척을 모색하였다. 그 후보지로 선택된 곳이 바로 순천이었다.

2. 순천지역 복음전도와 교회 설립

삼한시대 마한에 속했던 순천은 삼국시대 백제에 속해 삽평(歃坪)이라 했다가 통일신라시대 승평(昇坪), 고려시대 승주(昇州)를 거쳐 고려 말기부터 순천(順天)이라 불렸다. 조선시대 들어와 순천에 도호부가 설치되면서 수군절제사가 주재하는 도읍으로 격상되었고 1895년 행정구역이 개편되면서 순천군이 되었다.[19]

순천은 인근 낙안(벌교)과 여수(여천), 광양까지 아우르는 전라남도 동남부지역의 중심 도시였고 조선시대 나주와 쌍벽을 이루는 '양반 고을'이었다. 특히 연산군 때(1500년) 순천에 유배되었다가 생을 마친 김굉필(金宏弼)에 의해 전파된 도학사상(道學思想)은 최산두와 유계린, 최부, 조광조, 김안국, 김인후, 유희춘, 기대승, 이발 등에게 전승되어 '호남사림'(湖南士林)의 맥을 이었다.

이런 '순천 유학'의 전통은 태종 때(1407년) 건립된 순천 향교와 김굉필의 위패를 모신 옥천서원(玉川書院)을 중심으로 형성되었다. 대원군 집권 이후 모두 철폐되었지만 옥천서원 외에 청수서원과 겸천서원, 곡수서원, 오천서원, 옥계서원, 용강서원, 율봉서원, 이천서원 등이 널려 있었고 순천출신 효자와 충신을 기리는 사당과 비각들도 스무 개가 넘었다. 순천 주민들의 유학에 대한 자부심은 남달랐다.[20] 이렇듯 전통 유교와 문화에 대한 주민들의 자부심과 자존심이 강했던 순천에 '서방 종교'로 알려진 기독교가 들어가기란 쉽지 않아 보였다.

---

19) 『順天市史』, 순천시, 1997, 10~14쪽.
20) 이덕주, 『예수 사랑을 실천한 목포 순천 이야기』, 도서출판 진흥, 2008, 93~94쪽.

앞서 살펴본 대로 1894년 레이놀즈와 드류가 군산을 출발해서 목포까지 육로 여행을 하면서 순천에 들린 적이 있었고 1898년 전주 선교부의 테이트도 '조랑말을 타고' 순천을 방문했다. 그러나 이들의 순천 방문은 '탐색' 수준의 여행이었다. '선교 목적'을 갖고 순천을 방문한 선교사는 1904년 광주 선교부가 개척되고 보성과 순천, 광양 등 광주 남부 지역을 담당한 오웬이 처음이었다. 1909년 4월 오웬이 갑자기 별세한 것도 바로 이 지역을 순회하다가 걸린 급성 폐렴 때문이었다. 오웬 장례식 후 광주 선교부의 프레스턴과 벨은 오웬의 선교구역을 방문해서 오웬이 이룩해 놓은 결과를 확인할 수 있었다. 순회여행 직후 벨이 기록한 내용이다.

> 오웬 별세 직후 프레스턴과 벨이 그가 맡았던 지역 일부를 방문하였는데 참으로 놀랄만한 사역이 이루어지고 있음을 보고 놀랍고도 기뻤습니다. 모든 지역에서 새로운 신도 모임이 생겨나고 있었습니다. 오웬과 함께 일했던 조사와 교회 지도자들의 헌신적인 노력으로 만족할 만한 결과들이 나타나고 있었습니다. 새로운 선교부 개설 후보지로 거론되고 있는 순천에서는 이미 상당한 규모의 회중이 모여 예배를 드리고 있었는데 지금 즉시 선교부를 개설해도 될 정도였습니다. 그 주변으로 대략 열 곳에서 신도들이 모임을 갖고 있었습니다.[21]

벨은 여행을 통해 1) 순천과 그 주변에 10여 곳에 교회가 설립되어 집회를 하고 있으며 2) 이 모든 결과는 오웬과 그를 도와 함께 일한 토착 전도인들의 전도 결과이고, 3) 이를 바탕으로 순천에 선교부를 설치할 필요가 있음을 확인했다. 실제로 1926년 간행된 『조선예수교장로회사기』는 1909년 이전에 오웬 및 그의 조사와 권서로 활약했던 지원근(池元根)

---

21) Eugene Bell, "C C Owen and His Work", The Missionary, Oct. 1909, p.501.

일제 강점기 순천 선교부와 지역사회 77

과 김대수(金大洙), 조상학(趙尙學) 등의 전도로 많은 교회가 설립되었음을 기록하고 있는데 순천군내 교회로는 낙안면 평촌(平村)교회(1906년)와 용당(龍塘)교회(1907년), 송광면 신평리(新坪里)교회(1908년), 별량면 이미(二美)교회(1908년), 황전면 대치리(大峙里)교회(1909년) 서면 구상리(九上里)교회(1909년), 그리고 순천읍내교회(1909년) 등을 꼽을 수 있다.[22] 여기에 순천 인근 고흥이나 보성, 곡성, 구례, 여수, 광양 지역의 교회까지 합치면 30개가 넘는다. 이런 지역 선교의 중심은 순천읍교회였다. 『조선예수교장로회사기』는 순천읍교회 설립(1909년)을 이렇게 기록했다.

> 선시(先是)에 본리인(本里人) 최사집(崔仕集)은 대곡리(大谷里) 조상학(趙尙學)의 전도를 인(因)하야 믿고 최정의(崔程義)는 여수(麗水) 조의환(曺義煥)의 전도를 인(因)하야 믿은 후 서문내(西門內) 강시섭(姜時燮) 사저(私邸)에 회집(會集)하다가 양생재(養生齋)를 임시 예배처로 사용하엿고 그 후에 서문외(西門外) 기지(基地) 사백여 평과 초옥(草屋) 십여 평을 매수(買收)하여 회집(會集) 예배할새 선교회(宣敎會)에서 순천(順天)을 해(該) 지방선교(地方宣敎)의 중심지로 정하고 가옥을 건축하며 남녀학교(男女學校)와 병원(病院)을 설립하니 교회가 점차 발전된지라. 선교사와 합동하야 연와제(煉瓦製) 사십여 평을 신건(新建)하니라.[23]

순천읍 사람 최사집과 최정의에게 복음을 전한 이는 조상학과 조의환이었다. 조상학은 순천군 별량면 대곡리의 유교 선비출신으로 광주에

---

22) 『朝鮮耶蘇敎長老會史記』 上, 170·258·261·270·271쪽. 한편 1940년에 간행된 『조선예수교장로회연감』에는 순천노회 소속교회로 1909년 이전 설립된 교회로 순천중앙교회(1909년)와 고흥읍교회(1906년), 고흥 신평교회(1906년), 광양읍교회(1908년), 순천 월산교회(1909년), 광양 웅동교회(1908년), 여수 장천교회(1908년), 광양 신황교회(1908년) 등이 언급되고 있다. 『朝鮮耶蘇敎長老會年鑑』, 조선예수교장로회총회, 1940, 493~497쪽.

23) 『朝鮮耶蘇敎長老會史記』 上, 270쪽.

갔다가 오웬과 지원근에게 전도를 받은 후 1909년 오웬에게 세례를 받고 순천 사람으로 최초 기독교인이 되었다. 이후 조상학은 오웬과 함께 광주 동남편 지역에 전도하였는데 여천 장천교회와 광양 신황리교회, 보성 무만동교회 등이 그의 전도로 설립된 교회였다. 여수 장천교회 설립자 조의환도 조상학의 전도로 믿은 교인이었다.[24]

이렇게 조상학과 조의환의 전도로 믿게 된 최사집과 최정의는 순천읍내 사람들에게 전도하였고 서문 안 강시섭 사랑방에서 집회를 시작하였다. 이것이 순천읍교회, 오늘 순천중앙교회의 시작이다. 순천읍교회는 신도수가 늘어남에 '양생재'로 집회 장소를 옮겼다고 했는데 이는 조선후기 숙종 때(1718년) 순천부사가 설립한 유생 교육기관 '양사재'(養士齋)를 의미했다. 이처럼 유생을 가르치던 곳에서 예배를 드릴 수 있었던 것은 기독교에 대한 순천 주민들의 반감이 크지 않았던 것에도 원인이 있었지만 전도인 조상학을 비롯하여 최사집과 최정의, 강시섭 등 처음 믿은 순천 교인들이 대부분 '선비 출신'들이었던 것에서 가능했다.

그러나 순천 교인들의 '양사재' 집회는 오래 지속되지 못했다. '을사늑약' 이후 순천에 주둔한 일본군 수비대가 1908년부터 양사재를 막사로 사용하면서 부득이 교인들은 서문 밖, 순천 향교 근처에 ㄱ자 초가집을 마련하고 예배당을 옮겼다. 바로 그 무렵(1909년) 벨과 프리스턴에 순천을 방문해서 "상당한 규모의 회중"(a good-sized congregation)이 모여 예배를 드리고 있음을 확인하였다. 순천읍 뿐 아니라 주변 열 곳 이상에서도 교회가 설립되어 전도활동을 벌이고 있었다. 이런 사실을 근거로 하여 벨과 프레스턴은 1909년 7월 군산에서 개최된 남장로회 한국선교회 제18차 연례회에서 새 선교부를 순천에 개설할 것을 건의하였다.

---

24) 김수진, 『호남선교 100년과 그 사역자들』, 고려글방, 1992, 487~488쪽.

순천에 선교부를 시급하게 개설해야 할 필요성은 아무리 강조해도 지나침이 없습니다. 순천 사역은 전망이 밝아 그곳에 파견될 새로운 사역자들은 풍성한 결실을 거두는 행복을 느끼게 될 것입니다. 왜냐하면 순천 근방의 모든 곳에 마음과 힘을 다하여 사역에 동참하려는 토착 교인들이 널려있기 때문입니다.[25]

남장로회 한국선교회는 이런 건의를 받아들여 "순천을 새로운 선교부 개설 후보지로 정하고 광주 선교부로 하여금 자금이 마련 되는대로 새 선교부지 구입과 열 칸짜리 기숙사 두 개를 마련할 것"을 결의하였다. 그러면서 선교부 개설에 필요한 21,450달러 규모의 예산안도 통과시켰다.[26] 이로써 남장로회 전체로 보면 다섯 번째, 전라남도에는 세 번째 선교부 후보지로 순천이 확정되었다.

3. 순천 선교부 개설작업

순천 선교부 개설은 1909년에 결정되었지만 실제로 순천에 선교사 가족들이 들어가 살게 되기까지는 4년이 걸렸다. 인력과 경비 문제 때문이었다. 1909년 당시 남장로회 선교사들은 30여 가정, 40여 명 가량 있었는데 이미 개설된 선교부에 분산 배치되어 있어 새로 개설될 순천에 파송할만한 인력이 없었다. 순천지방 선교를 담당하고 있던 광주 선교부에도 오웬이 죽은 후 벨과 프레스턴, 그리고 1907년 내한한 코잇(Robert Thornwell Coit, 고라복)와 녹스(Robert Knox, 노라복)가 교육 및 복음전

---

25) J.C. Crane, "The Evangelistic Work of Soonchun Station", *KMF* Jul. 1936, p.136.

26) 순천 선교부 개설을 위한 예산 항목은 토지 구입비 2천 달러, 사택 4채 건축비 9,200달러, 시약소 건축비 1,200달러, 기숙사(2채) 건축비 1,500달러, 울타리 건축비 300달러, 우물 파기 250달러, 병원 건축비 5,000달러, 병원 설비비 2,000달러, 총 21,450달러였다. Minutes of Annual Meeting of the Southern Presbyterian Mission in Korea(이하 MAMS) 1909, 30, pp.38~39.

도 사역을 분담하고 윌슨이 병원 사업을 전담하고 있었으며 오웬 부인
과 1907년 내한한 여선교사 그레이엄(Ellen I. Graham), 1909년 내한한 매
퀸(Anna McQueen)이 여성 선교사역을 맡아 하고 있었지만[27] 반 이상이
내한 2년차라 노련한 경험이 필요한 선교부 개설 작업에 투입할 여력이
없었다.

그러나 순천읍을 비롯하여 순천지방 교회와 교인들로부터 선교부 개
설을 촉구하는 요구가 점증하였다. 결국 1910년 10월 광주에서 개최된
남장로회 한국선교회 연례회는 광주 선교부 소속의 프레스턴과 코잇을
순천 선교부 개척 선교사로 임명하고 순천에 1천 5백 달러 규모로 선교
부지를 구입할 것을 결의했다.[28]

프레스턴과 코잇은 외국인 선교사들이 땅을 산다는 소문이 나면 지역
주민들이 반대하거나 팔지 않을 것을 우려해서 선교부 개척의 경험이
있던 김윤수를 순천에 먼저 보냈다. '총순 벼슬'을 지냈던 김윤수는 순천
사람 김억년을 내세워 선교부지를 물색했고 오래지 않아 순천읍성 북쪽
난봉산 자락, 매곡동(梅谷洞, 梅山里) 언덕 일대의 10에이커(2천여 평) 땅
을 확보했다.[29] 그 골짜기는 조선시대 이래로 아이들 시체를 풍장(風葬)
하는 '아다무락'이라 해서 가격도 저렴했다. 그렇게 해서 순천 매곡동 선
교부지가 확보되었다. 『조선예수교장로회 사기』는 그 사실과 의미를 이
렇게 기록하였다.

> 1910년(庚戌) 남미장로회선교회(南美長老會宣敎會)에서 순천군
> 매산리(梅山里)에 기지를 매수하야 남녀학교(男女學校)와 기숙사
> (寄宿舍)와 병원(病院)을 설립하고 선교사 변요한(邊約翰), 고라복

---

27) MAMS 1909, 29; "Kwangju Notes", The Missionary, Dec. 1909, p.608.
28) MAMS 1910, pp.21~23, p.31, p.43.
29) G.T. Brown, Mission to Korea, p.92.

(高羅福), 구례인(具禮仁)과 의사 튐몬과 전도부인 백미다(白美多)
가 래도(來渡)하야 각기 구역을 분정(分定)하고 선교에 노력함으로
교회가 일익발전(日益發展)하니라.[30]

매곡동에 선교부지가 확보되면서 그동안 서문 밖 초가집에서 예배를
드리던 순천읍교회도 선교부지 안으로 옮겨 새 예배당을 건축하였다.
남녀 학교와 병원, 선교사 사택, 성경학원 등 '양관'(洋館) 건물들이 속속
들어섰다. 1910년대 들어서 선교 사역이 늘어남에 따라 선교사들은 주
변 땅을 계속 사들였다. 다음은 1924년 당시 조선총독부에 등록된 순천
선교부 소유 토지목록이다.[31]

지번	지목	지적(평)	평가액(원)	소유자	취득연도	비고
매곡리 147-1	垈	2,971	1,200.00	Robert L. Coit	1911년	매산학교 부지
166	"	4,284	1,800.00	"	"	매산여학교 부지
176	"	30	12.00	"	"	
177	"	139	56.00	"	"	
180	"	964	390.00	"	"	
211	"	419	170.00	"	"	
162	田	4,313	1,100.00	"	"	선교사 사택부지
165	"	685	290.00			성경학원 부지
167	"	2,283	600.00			안력산병원 부지
178	"	2,114	530.00			
179	"	5,796	1,510.00			
142-2	畓	1,163	330.00	"	1912년	진료소 부지
143	垈	207	83.00	"	"	순천읍교회 부지
75	"	184	80.00	Meta Biggar	1913년	
58	"	840	340.00	Robert L. Coit	"	
59	畓	446	190.00	"	1914년	
53	田	48	5.00	"	1915년	
32	"	122	20.00	"	1918년	
57	"	231	33.00	"		

---

30) 『朝鮮耶蘇敎長老會史記』 上, 279쪽.
31) 「財團法人米國耶蘇敎南長老派朝鮮宣敎會維持財團財産目錄」, 『朝鮮總督府 基督敎財
團法人 關係資料』, 1924.

매곡동의 순천 선교부 소유 토지는 대지가 10,038평, 논이 1,609평, 밭이 15,502평, 총 27,149평이었다. 10만 평이 넘었던 전주나 군산, 광주 선교부에 비하면 적었으나 신생 선교부로서 복음전도와 의료, 교육 사업을 전개하기엔 충분한 공간이었다.

이렇게 순천에 선교부지를 확보한 직후 프레스턴은 1911년 1월 안식년 휴가를 받아 귀국했다.[32] 순천 선교부 일은 코잇 혼자 몫이 되었다. 아직 순천에 선교사 사택이 마련되지 않아 코잇은 광주에서 광주와 순천 선교부 일을 함께 맡아 보았다. 코잇은 1911년 봄, 바빴던 자신의 사역을 이렇게 소개하였다.

> 프레스턴 목사님이 안식년 휴가로 귀국하신 후 내가 그분 구역을 맡았는데 내 생각에 한국 전체는 아니지만 우리 선교부 안에서는 내가 가장 바쁘게 일하는 것 같습니다. 나는 선교부 회계로서 장부를 정리하고 편지를 쓰고 은행 송금 일을 맡아 하였습니다(동양에서는 그 속도가 아주 느리다). 나는 또 광주 선교부와 새로 개설된 [순천] 선교부 회계직도 맡고 있으며 책방도 책임을 지고 여덟 명 이상 되는 권서들을 관리하며 내가 맡은 전도 구역도 맡아 보고 있습니다. 나는 또 40개 교회와 흩어져 있는 교인들을 조사 네 명을 시켜 관리하고 있습니다. 내가 담당한 교회들은 가장 가까운 곳이 10마일 떨어져 있고 제일 먼 곳은 1백 마일 떨어져 있는데 그곳까지 말을 타고 산을 몇 개 넘어서 가야합니다.[33]

이처럼 코잇이 광주와 순천에서 바쁘게 일하는 동안 휴가를 맞아 귀국했던 프레스턴도 바쁜 일정을 소화하고 있었다. 프레스턴은 새로 개척된 순천 선교부 안에 세워질 각종 건물과 시설 건축비와 선교사 모집

---

32) "Notes and personals" KMF Mar. 1911, p.67.
33) R.T. Coit, "The Work in the Kwangju Field", The Missionary, Mar. 1911, p.116.

이라는 2중 책임을 지고 떠났다. 다행히 그 무렵 미국 남장로회는 해외 선교를 촉진하기 위해 "교인 한 명이 매년 4달러씩" 헌금하는 '평신도 선교운동'(Layman's Missionary Movement)을 활발하게 전개하고 있었다.

그런 분위기에서 프레스턴은 한국 선교를 지원한 프랫(Charles H. Pratt, 안채륜) 목사와 함께 미국을 순회하며 보고 강연회를 하던 중 사우스캐롤라이나 그린빌에서 평신도 지도자 그레이엄(C.E. Graham)을 만났다. 1909년 전주 신흥학교 건립비로 1만 달러를 기부한 바 있던 그레이엄은 프레스턴에게 노스캐롤라이나주 더럼(Durham)의 기독실업인 왓츠(George Watts)를 소개하며 "큰 것을 요구하라"(really big)고 귀띔해 주었다.

마침 왓츠가 20년 넘게 장로로 봉직하고 있던 더럼제일장로교회의 담임목사 레이번(E.R. Leyburn)은 전주에서 활약하고 있던 전킨 선교사의 처남이었다. 한국 선교에 관심이 많았던 레이번 목사의 소개로 만난 과연 왓츠는 '통이 큰' 실업가였다. 왓츠는 "순천 선교부 전체를 맡아 달라"는 프레스턴의 요구를 받아들여 순천 선교부 개척에 필요한 선교사 13명의 생활비로 매년 1만 3천 달러를 부담하겠다고 약속하였다.[34] 왓츠는 선교사 생활비 외에 선교부에 필요한 사업비도 후원하겠다고 약속했다.

휴가를 마치고 프랫과 함께 1912년 8월 귀환한 프레스턴을 통해 이 같은 '빅딜' 소식을 접한 남장로회 선교회는 순천 선교부 개척 작업을 서둘렀다. 우선 시급한 것이 선교부 안에 선교사 사택과 양관들을 짓는 일이었다. 마침 1년 전(1911년)에 내한한 '건축 선교사' 스와인하트(R. Swinehart, 서로덕)가 있어 그를 순천에 보내 선교사 사택부터 짓도록 했다.

건축공사가 진행되면서 순천 선교부에 파송될 '개척 선교사' 진용도 확정되었다. 이미 개척 선교사로 임명된 프레스턴과 코잇 외에 새롭게

---

34) G.T. Brown, Mission to Korea, pp.93~94.

남학교를 할 크레인(John C. Crane, 구례인)과 여학교를 할 더피(L. Dupuy, 두애란), 병원을 할 의사 티몬스(H.L. Timmons, 김로라)와 간호사 그리어 (Anna L. Greer, 기안나), 여성 선교를 담당할 비거(M. Biggar, 백미다)와 주일학교를 담당할 프랫 등으로 순천 선교부 개척 선교단을 조직했 다.[35] 프레스턴과 코잇 가족을 제외한 나머지 선교사들은 모두 1911~12 년에 내한한 '신참' 선교사들이었다. 모두 왓츠 장로가 보내주는 선교비 로 사역할 선교사들이었다.

그 결과 순천 선교부는 앞서 개설되었던 다른 어떤 선교부보다 훨씬 '유리한' 조건에서 일을 추진했다. 왓츠의 충분한 재정 지원으로 순천 선 교부는 전국에서 유일하게 자체 전기와 수도 시설까지 갖춘 '완벽한' 선 교부로 출발할 수 있었다.[36] 1913년 4월 제출한 광주 선교부의 뉴랜드 (S.T. Newland)의 선교보고에서 순천 선교부 분위기를 읽을 수 있다.

> 새[순천] 선교부는 대단히 성공적인 한 해를 보냈다. 복음을 들
> 으려는 주민들이 꾸준히 모여와 출석 교인 수가 크게 늘었다. 각
> 교회마다 열기가 넘쳐나고 있다. 지역[순천읍] 교회는 옛 건물을 크
> 게 늘려 지었는데도 여전히 공간이 좁은 실정이다. 제일 멀리 떨어
> 진 곳에서도 각계각층 사람들이 몰려들고 있다. 지난 1년 선교부
> 사역은 준비 작업에 몰두했고 금년[1913년] 가을에 정식으로 선교
> 부 문을 열 예정이다.[37]

그러나 순천 선교부 개설이 수월하게 이루어진 것만은 아니었다. 개 척 선교사 가족의 희생이 따랐다.

---

35) J.C. Crane, "The Evangelistic Work of Soonchun Station", *KMF*, Jul., 1936, 136; G.T. Brown, Mission to Korea, pp.94~95.

36) J. Kelly Unger, "The City of Soonchun", *KMF* Nov. 1925, p.249.

37) S.T. Newland, "Kwang-Ju Station", ARFM 1913. p.32.

4. '불세례' 후 전개된 순천 선교부 사역

1912년부터 시작된 스와인하트의 건축 공사는 해를 넘겨 1913년 봄이 되어 어느 정도 윤곽을 드러냈다. 1913년 4월, 광주에 있던 프레스턴과 코잇 가족이 선발대로 순천으로 떠났다. 코잇 가족은 아직 공사가 끝나지 않은 사택에 들어가 서재에서 지냈다. 거기서 코잇의 두 아이, 네 살짜리 아들(Thomas)과 두 살짜리 딸(Roberta)이 이질에 걸려 하루 사이에 죽었다. 이들은 순천 매곡동 뒷산 '아다무락'에 묻힌 첫 번째 선교사 가족이 되었다.

그 때 두 아이를 간호하던 코잇 부인도 같은 병에 걸려 목숨이 위태로운 지경에 처했다. 이 같은 상황에서 순천 선교부와 남장로회 소속 선교사 뿐 아니라 교파를 초월하여 내한 선교사들의 연합 기도회가 각처에서 열렸다. 한 달 후 코잇 부인은 건강을 회복하였다. 코잇은 동료 선교사들에게 감사 편지를 보냈다.

> 우리 부부는 이번 기회에 한국에서 함께 사역하고 있는 수많은 친구들에게 감사를 표하고자 합니다. 여러분은 슬픔에 잠긴 우리에게 진심으로 깊은 동정심을 보여주었습니다. 여러 친구들의 간절한 기도가 없었더라면 우리는 두 어린 아이를 잃은 아픔을 견뎌내지 못했을 것입니다. 우리 선교부 뿐 아니라 다른 선교부 친구들로부터도 편지와 전보가 쇄도하였는데 그것에서 우리는 큰 위로를 받았고 또 믿음에 큰 힘을 얻었습니다. 내 아내의 건강이 회복될 조짐을 보이고 있는 것으로도 하나님께 깊은 감사를 드립니다. 아내는 죽음 문턱까지 갔다가 선교사와 토착 교인들의 간절한 기도로 되돌아왔습니다. 모든 영광과 찬송을 하나님께 올립니다. 놀라운 하나님의 은총과 사랑을 깨달은 소중한 날들이었습니다. 우리가 기도하는 바는 이 모든 것을 통해 더욱 가르침을 받아 온전하신

하나님의 뜻을 깨닫는 것입니다.[38]

　　선교사들은 이 사건을 '불의 시련'(fires of affliction) 혹은 '불세례'(baptism of fire)라 불렀다.[39] 이 같은 시련을 겪으면서 선교사 공동체 안에 연대 의식이 더욱 공고해졌음은 물론 선교사 가족의 희생을 지켜본 한국 토착교인들의 선교사에 대한 존경과 신뢰도 깊어졌다. 이런 분위기에서 1913년 가을 선교사 사택과 학교, 시약소 건축이 끝나면서 광주에서 대기하고 있던 나머지 선교사들도 순천으로 이주하였다. 순천에서 본격적인 선교 사역이 시작되었다. 그렇게 해서 진행된 1914년도 순천 선교부 사역을 비거가 자세히 보고하였다. 그는 우선 '불의 시련'을 통과한 후 순천 선교부 분위기를 이렇게 증언하였다.

　　　　1년 전 혹독한 불의 시련을 겪으면서 우리 모두는 지치고 약해
　　졌습니다. 우리는 선교부를 개설하는 과정에서 혹시 잘못을 한 것
　　이 있지나 않았는지 돌아보기도 했습니다. 하지만 우리는 모두 포
　　기할 수 없는 사명감으로 뭉친 군사들이었습니다. 그처럼 힘든 일
　　을 당했음에도 [프레스턴과 코잇] 두 가족은 여름 내내 여기 머물러
　　서 교인들 찾아다니며 격려하였습니다.[40]

　　코잇과 프레스턴 가족은 '불세례' 가운데서도 선교부에서 떠나지 않고 순천지역 순회 선교를 계속했다. 그리고 가을에 광주로부터 선교사들이 내려와 합류하면서 본격적인 사역이 시작되었다. 가장 먼저 착수한 것이 '교육 사역'이었다.

---

38) "Notes and Personals", *KMF* Jun. 1913, p.154.
39) G.T. Brown, Mission to Korea, p.94.
40) "Korea Mission Annual Report", ARFM 1915, p.51.

그런 중에도 새로운 일을 시작하였으니 곧 교사 몇 명을 데리고 우리가 사는 선교부 아래 동네에 살고 있는 불신자 자녀들을 위한 주일학교를 시작했습니다. 학교 건물이 완성되지도 않았는데 벌써 1천여 명에 가까운 아이들이 구경하러 왔습니다. [1913년] 연례회를 마친 후 순천 선교부 소속 선교사들은 모두 순천으로 이주하여 본격적으로 일을 시작했습니다. 남학교와 여학교를 시작하면서 교회에 대한 관심과 열정이 더욱 고조되었는데 열기는 지금까지 지속되고 있습니다.[41]

신앙 여부를 떠나 순천 지역사회의 '신교육에 대한 열기'를 확인할 수 있었다. 프랫이 불신자 자녀들을 위해 주일학교를 시작했는데 교인 자녀들을 위한 것이라기보다 불신자 가정의 자녀를 대상으로 하였다. 모험적인 시도였으나 반응이 좋아 1년 만에 순천읍과 주변 지역 교회에 8개 주일학교가 설치되어 매주일 평균 40여 명이 모여 기초 학문과 성경을 배웠다. 프랫은 주일학교와 관련하여 순천 지역사회의 반응과 변화를 이렇게 증언하였다.

가장 어려운 문제는 물론 모임 장소를 구하는 것이고 그 다음은 학생들을 꾸준하게 출석시키는 것이다. 한 번 온 학생들이 꾸준히 나오도록 해야 한다. 모임 장소는 전에 한문을 가르치던 서당 건물을 사용하기도 하고 교인들이 별도 주일학교 건물을 마련하거나 선교부 지원으로 마련하기도 한다. 어떤 경우는 마을 주민이 자기 집을 빌려 주어 한 주일에 한 두 차례 모여 공부할 수 있도록 배려한다. 기독교에 대한 편견이 해소되면서 장소를 구하는 일이 한결 수월해졌다.[42]

---

41) ibid., p.51.
42) Charles H. Pratt, "Sunday Schools in Soonchun Station", *KMF* Aug. 1915, p.226.

주일학교를 통해 지역 주민의 '신교육과 기독교'에 대한 관심과 열의를 확인한 선교사들은 정식으로 매일학교(day school)를 시작하였다. 남자학교는 크레인이 순천읍교회 구내의 초가집에서 교인 자녀들을 모아 가르치는 것으로 시작했다.[43] 근대학문을 가르치는 선교사 학교에 대한 지역 주민들의 반응도 좋았다.

선교부 남학교는 "처음 창설할 때에는 은성학교'(恩成學校)라는 일홈을 띠고 낫타낫섰다. 인가도 잇섯다. 그래서 생도수도 꽤 만핫고 선생들도 열심히 가르친 고로 몇 해 동안은 예상외의 성적을 가지고 발전하였다."[44] 남학교가 성공적으로 출발하자 더피도 여학교를 시작했다. 순천에서는 처음으로 시작한 여학교에 대한 반응이 뜨거웠다.

> 학교 사업이야말로 우리의 기쁨이자 자랑입니다. 약간 어려움이 있었지만 지난[1914년] 가을 작은 한옥에서 여학교를 시작했습니다. 다행히 평양 숭의여학교 졸업생을 교사로 채용했는데 뛰어난 실력으로 학생들을 지도하여 한 명도 결석하지 않고 학교에 나오고 있습니다. 우리는 19명으로 학교를 시작했는데 1년 만에 재학생이 36명으로 늘어났습니다.[45]

이러한 교육 열기는 교회와 복음에 대한 관심으로 이어졌다. 그 결과 교회에 출석하는 교인들이 급증했다.

> 집회 참석자들은 예배당의 수용 능력을 이미 초과했습니다. 그래서 교인들은 건물 밖, 마당에 서서 예배를 드려야 합니다. 믿지 않는 사람들도 우리를 찾아와서 '우리가 여기 온 들 들어갈 방이

---

43) C. Crane, "The Boy's School and Industrial Work", *KMF* Jul. 1936, p.144.
44) 「순천 매산학교」, 『기독신보』 1922.6.14.
45) "Korea Mission Annual Report", ARFM 1915, p.52.

없는데 무슨 소용이 있겠소?' 라고 합니다. 우리에게 새 건물이 시
급히 필요합니다. 이미 교인들은 건축비의 반 정도를 부담하겠다
고 약속했습니다. 건축 헌금을 열심히 하고 있으니 금년 가을이면
건축을 시작할 수 있을 것 같습니다. 지금 출석 교인이 250명인데
그 중 72명이 학습인이고 21명이 금년에 세례를 받았습니다. 교인
들이 생활비를 전담하는 전도인 한 명이 있어 지난 해 전도 사역에
만 전념하였습니다.[46]

순천읍교회 주일예배 참석자 250명을 수용할 새 건물이 필요했다. 교
인들은 건축비의 반을 이미 헌금하였고 토착 전도인의 생활비까지 전담
하였다. '자립'(self support) 교회로 자리를 잡았다. 예배당 공간만 확보
되면 "나오겠다"는 불신자들의 방문이 끊이지 않았다. 선교사들은 지방
순회를 하면서도 교인들의 전도 열정과 '자립 의지'를 확인하였다.

지방 순회사업도 고무적입니다. 두 개 구역의 모든 교회들을 적
어도 두 차례 둘러보았는데 중요한 곳은 수차례 방문했습니다. 가
장 바람직한 것은 흉작에다 경제 형편이 궁핍한 중에도 교인들은
기꺼이 헌금한다는 점입니다. 각종 명목으로 드린 헌금이 지난 해
더욱 늘어났는데 매 달 네 명의 토착인 전도자들의 생활비를 대고
도 남습니다. 지난 해 2,275명 교인이 헌금한 액수가 2,523원이었으
니 교인 1명 당 1원 정도씩 헌금한 셈입니다. 지난 해 새로 설립된
교회는 세 곳에 불과하지만 다른 세 곳에서도 교회 설립을 준비하
고 있습니다. 남자 사경회는 8회 실시하였는데 지방에 있는 교인들
이 대거 참석했습니다.[47]

순천 선교부 관할 지역교회 교인들은 이미 2천 명이 넘었고 그들은

46) ibid., p.52.
47) "Korea Mission Annual Report", ARFM 1915, p.52.

모두 헌금을 하는 교인들이었다. 매년 농한기에 실시하는 사경회는 교인들의 축제처럼 진행되었다. 이런 상황에서 선교사들은 지역 주민과 불신자 전도를 위해 '책방 전도'(bookstore mission)를 시작하였다.

> 책방을 지난 3월에 열었습니다. 9백 원어치 서책을 마련했는데 권서 7명이 매달 1,500권을 팔면서 전도하고 있습니다. 책방은 교인들의 도서실로도 이용되고 있으며 주일에는 불신자를 위한 주일학교 교실로 이용하고 있습니다.[48]

서원과 서당이 많았던 순천에서 서점은 인기를 끌었다. 서점은 주일에 불신자를 위한 주일학교로 활용되었다. 권서들은 서점을 찾아오는 손님들에게만 전도하는 것이 아니라 지방을 순회하면서 성경과 기독교 서적을 팔며 전도하였다. 선교사들도 종종 권서와 함께 지방으로 나가 전도하였는데 '장날 전도'가 효과적이었다.[49] 이런 지방 전도를 통해 선교사들은 한국인들에게 복음을 전할 뿐 아니라 지역 주민들과의 접촉을 통해 한국의 고유문화와 정서를 터득해 나갔다.

순천 선교부에서 교육 다음으로 추진한 것이 의료 선교였다. 의사 티몬스는 선교부 안에 마련한 단층 진료소(dispensary)에서 진료를 시작했다.

> 우리 선교부의 의료 사업은 몇 가지 사소한 일들이 있었지만 잘 진행되고 있습니다. 18×28피트짜리 건물에서 진료실과 사무실, 응접실, 수술실, 일반병동 등 모든 것을 해결하고 있습니다. 그 좁은 곳에서 3,814회 진료를 하였습니다. 수술도 국소 마취로 67회, 전신 마취로 23회 실시하였으며 치료비로 686원 83전을 받았는데 이는 1회 당 16원 정도 되는 셈입니다. 이 의료 보고는 지난 7개월 동안

48) ibid., p.52.
49) Charles H. Pratt, "Preaching in the Market", KMF Oct. 1915, pp.265~266.

이루어진 것입니다.[50]

또한 여선교사들은 순천에 도착한 즉시 여성 사역을 시작하였다.

> 지역 여성을 위한 사역이 고무적입니다. 교회 부인들은 주일 학
> 교 외에 매주 화요일 아침 성경공부 모임을 갖고 있습니다. 출석부
> 를 보면 참석자들이 자기 이름 옆에 자기를 따라 온 불신자 친척이
> 나 이웃 이름을 적어놓고 이들을 위해 기도합니다. 공부를 마친 후
> 에는 다락방에 모여 기도회를 하는데 그 결과가 좋습니다.[51]

선교부 안에서 이루어지는 '부인 기도회'를 지도하였던 비거는 종종
지방으로 순회 전도를 나가 복음을 전하였다. 그 결과도 좋았다.

> 한 번은 우리 선교부 소속 선교사 한 사람이 지방에 갔다가 길
> 옆 구덩이에 병들어 집 밖으로 쫓겨나 버려진 어린 소녀를 발견했
> 습니다. 선교사는 그 가련한 소녀를 데려다 시약소에서 치료를 받
> 도록 하였습니다. 그 후 선교사가 그 지방을 다시 방문했는데 어떤
> 부인이 선교사를 찾아와 '당신이 그 가련한 아이를 구해준 사람이
> 요? 당신네 기도방 모임에 나도 가고 싶소' 하였습니다. 그때부터
> 그 부인은 빠지지 않고 기도 모임에 참석하고 있습니다. 진실로 우
> 리는 행함으로 그리스도를 전할 수 있습니다.[52]

'선한 사마리아인'과 같은 여선교사들의 "행함으로 전도하기"(preaching
Christ by action)로 봉건적 사회 분위기에서 집 밖으로 나오기를 꺼려하
던 지방 여성들이 용기를 얻고 교회에 나오기 시작했다. 그렇게 해서 교

---

50) "Korea Mission Annual Report", ARFM 1915, p.52.

51) ibid., p.52.

52) ibid., p.52.

회에 나오기 시작한 부인들을 상대로 사경회를 열었다. 사경회 기간은 1주에서 10일 정도 걸렸는데 사경회에 참석한 부인들이 글을 모를 경우 한글부터 가르쳤다.

글을 깨친 부인들에게는 성경과 기독교 기초교리 뿐 아니라 가정생활에 필요한 과학 상식도 가르쳤다. 예를 들어 1915년 2월 16일부터 27일까지 순천 선교부에서 열린 제2회 순천지방 여자사경회에는 예상 외로 지방에서 올라온 부인들이 많아 총 220명이 참석, 남학교 교실까지 빌려야했다. 강사로는 순천 선교부의 프레스턴 부부와 더피, 그리어 외에 전주 선교부의 테이트 부인도 내려와 참여하였다.

매일 아침 경건회를 가진 후 수업은 오전, 오후로 나누어 실시했는데 "부인들에게 가장 인기 있는 과목 중 하나는 그리어(Greer)의 지도하에 그의 어학 선생이 가르치는 위생학이었다. 강의는 한국 여성들에게 꼭 필요한 것들로 구성되는데 '자기 몸 씻기', '어린아이 목욕시키기', '질병 예방법' 등과 같은 과목이었다. 듣는 자세가 참으로 진지하였다."[53]

이런 식으로 봉건시대 '교육 사각지대'에 살았던 여성들이 교회에 나오고 기독교인이 되면서 글을 깨치고 과학 교육을 받았다. 그 결과 '문맹'(文盲)과 '무지'(無知)에서 벗어난 교회여성들이 가정과 교회 뿐 아니라 사회에서도 공개적 활동을 전개하였다. 봉건적 가부장제 굴레에 매여 살다가 기독교를 통해 근대적 여성의식을 갖게 된 교회여성들은 '여전히' 봉건사회 인습과 굴레에 매여 있는 부인들을 깨우치기 위해 전도 활동에 나섰다. 그렇게 해서 자발적인 전도부인(Bible woman)이 나왔다. 비거는 그렇게 전도부인이 된 노인을 소개하였다.

이 지역에서 가장 뛰어난 인물을 꼽으라면 광양에 사는 김씨 부

---

53) Lavalette Dupuy, "Soonchun Women's Bible Class", *KMF* Jun. 1915, pp.173~174.

인인데 나이가 72세입니다. 그녀는 5년 전부터 교회에 출석하였는데 지치지 않고 열심히 한글을 깨친 후 자기 집에서 25마일 떨어진 곳에서 열린 사경회에 빠지지 않고 참석합니다. 전에 80마일 떨어진 광주에서 개최된 사경회에도 걸어서 참석했습니다. 그녀는 자기 동네 사람들에게 전도할 뿐 아니라 주변 마을을 찾아다니며 전도하고 있는데 그 거리는 75마일이나 됩니다.(52)

이렇듯 순천 선교부는 남장로회 선교부 가운데 제일 늦게 설립되었음에도 3년 만에 앞서 설립된 선교부에 뒤지지 않은 선교 결과를 얻었다. 다음은 순천 선교부가 개설된 지 4년, 미국 남장로회가 한국 선교에 착수한 지 20년 되는 1917년 당시 남장로회 한국선교회 소속 각 선교부별 교세 통계 상황이다.[54]

| 선교부 | 지역 | 전주 | 군산 | 목포 | 광주 | 순천 | 합계 |
	개설연도	1896년	1896년	1898년	1905년	1913년	
사역자	선교사	21	13	14	19	12	89
	한국인	31	13	27	23	14	108
교회	조직교회	14	7	6	5		32
	미조직교회	147	73	56	81	48	405
교인	세례교인	2,376	1,700	1,266	1,348	1,148	7,838
	등록교인	4,468	3,691	2,947	3,222	2,459	16,787
교육선교	주일학교	71	40	37	59	37	244
	주일학생	2,050	1,913	1,149	2,273	2,300	9,685
	매일학교	18	16	14	17	15	80
	매일학교학생	496	412	470	592	352	2,322
의료선교	병원	1	1	1	1	1	5
	시약소	2	4	2	2	2	12
	진료회수	15,320	38,311	16,677	21,037	6,981	98,326
	진료비(달러)	3,223	8,301	2,142	2,930	1,513	18,109

54) "Korea Mission Stations", ARFM 1917, pp.82~83.

III. 순천 선교부 사역과 지역사회 반응

1. 순천 선교부 선교사 진용의 변화

순천 선교부는 1920년대 들어서도 지속적인 발전을 이룩했다. 순천 선교부 발전의 배경에는 왓츠의 지속적인 후원이 있었다. 왓츠는 약속한 대로 매년 '13명 선교사 가족 생활비'를 보내주는 것 외에 특별 헌금도 자주 하였다. 1920년 내한해서 폐교중인 순천 매산학교 재건을 위해 상당한 액수의 기부금을 내놓았고 1930년 가을에도 순천을 방문하여 병원과 학교 시설비로 8만 달러를 기부했다. 왓츠가 별세한 후에도 그 부인이 지속적으로 순천 선교부에 필요한 비용을 보내주었다.

가히 순천 선교부는 '왓츠기념선교부'(Watts Memorial Mission Station)라 부를 만하였다.[55] 그래서 다른 지역 선교사들에게 순천 선교부는 선망의 대상이 되었다. 내한 선교사들의 영문 잡지 *The Korea Mission Field*는 1936년 7월호를 순천 선교부 특집으로 꾸몄는데 그 서문에서 프레스턴은 순천 선교부와 순천지역 교회 성장의 배경을 이렇게 설명했다.

> 순천 선교부의 특징적인 면은 첫째, 처음부터 충분한 인력을 갖춘 상태에서 개설되었으며 그런 상태를 계속 유지하고 있다는 점이다. 지금 순천 선교부 안에 주재 선교사가 15가족에 이른다. 둘째, 충분한 시설을 갖춘 상태로 개설되었다. 선교부 시설들은 왓츠가 별세한 후에도 그 미망인이 보내준 기금으로 계속 보충되었다. 그 외에도 여러 곳에서 선물이 들어와 병원 건물과 설비 등을 마련했다. 이런 식으로 개설된 순천 선교부였기에 순천 지역에서 교회는 급속한 변화와 발전(rapid changes and development)을 이룩할 수

---

55) "Soonchun", The Korea Mission Yearbook, pp.106~108.

있었다.[56]

1920년대 들어서 순천 선교부 소속 선교사 진용에 적지 않은 변화가 이루어졌다. 순천 선교부 개척과정에서 미국을 방문, 왓츠 후원금을 얻어 옴으로 순천 선교부가 개설과 운영에서 안정적 기반을 마련하는데 결정적 역할을 담당했던 프레스턴(변요한)은 선교부 개설 후, 1940년 일제에 의해 강제 추방되기까지 순천 선교부 대표로서 순천지역 복음전도 사역을 담당했다. 그는 1922년 10월 순천노회가 창설될 때 부노회장으로 선출되었고 1923년에는 노회장을 2회에 걸쳐 역임하면서 순천노회 발전과 부흥을 이끌어냈다.

순천노회는 이런 그의 공로를 기려 1929년 2월 20일, 순천읍교회에서 '변요한 박사 선교 25주년 기념식'을 성대하게 개최하였고 그 소식을 『동아일보』도 자세히 보도하였다.[57] 그만큼 프레스턴을 비롯한 순천 선교사들의 동정과 사역은 교회 뿐 아니라 일반사회로부터 주목을 받고 있었다.

프레스턴과 함께 순천 선교부 개척자로 활약했던 코잇(고라복)도 1929년 질병으로 귀국하기까지 순천지역 복음전도와 성경학원 사역을 지도하였다. 그는 수시로 지방을 순회 전도하면서 교인 뿐 아니라 지역주민들의 어려운 형편을 돌아보았다. 그는 지역주민의 '민원'까지도 해결해 주었다. 1926년 9월 코잇이 조선총독부 철도국에 신설되는 광려선(광주-여수) 철도역을 구례까지 연결해 달라는 청원을 낸 것이 대표적인 예다.

이것에 대하여 『동아일보』는 "외국인이 철도 연장 청원을 한 것은 조선

---

56) J.F. Preston, "Introduction", *KMF* Jul. 1936, p.135.
57) 『동아일보』 1929.2.27.

철도국이 생긴 이후 처음 잇는 일이라"며 그 내용을 자세히 소개했다.[58]
이처럼 교회와 지역사회로부터 호평을 받았던 코잇은 1929년 10월, 갑자기 건강이 악화되어 치료를 위해 귀국하였다. 이에 순천읍교회는 제직회 명의로 그가 그동안 보여주었던 자선 행위를 적어 『기독신보』에 기고하였다.

> 그이[고라복]는 자선심이 만흔 천성을 가진 고로 만일 불행한 사람을 보면 량심상 견댈 수가 업서 자기의 당한 것과 갓치 알고 자기의 닙엇던 옷을 벗어주며 빈궁한 자에게 동정의 눈물을 흘리며 자기의 먹을 음식까지 내여다 준 일이 한두 번이 아니라 한다. 그 뿐 아니라 자기 지방에 순회할 때에 길에서 늙은이나 병신이 허덕 거리며 거러가는 것을 보면 참아 볼 수 업다 하야 자기의 자동차의 정원을 볼고하고 십여인식 실고 다닌 일이 잇서 경찰에 주의 밧은 일도 여러 번이라 한다. 혹은 길에서 병으로 신음하는 자를 보면 측은히 녁이는 마음을 금치 못하야 자동차로 안력산병원에 실어다 두고 치료비는 자기 월급에서 지불하며 그 외에도 예산업시 쓰는 일이 만흠으로 생활비까지 문제가 되어 양식[洋食]을 먹지 못하고 조선 밥과 김치로서 지내는 고로 위병까지 걸니엇다는 말이 잇다.[59]

코잇은 귀국 후에도 건강을 회복하지 못하고 1932년 5월 노스캐롤라니아 솔즈베리에서 별세하였다.[60] 그의 죽음을 애도하여 순천노회 교인

---

58) 코잇이 구례에 철도역 개설을 요청한 것은 그 무렵 지리산 노고단에 조성된 선교사 수양관에 선교사들의 접근을 용이하도록 하려는 데도 목적이 있었지만 일본이나 중국에서 오는 외국인들을 지리산 관광으로 유도하려는 의도도 있었다. 이런 그의 노력으로 구례구역(求禮口驛)이 설치되어 오늘까지 이르고 있다. 「철도 부설을 진정」, 『동아일보』 1926.9.19.
59) 「선교사 고라복씨」, 『기독신보』 1929.10.30.
60) Donald W. Richardson, "In Memoriam: Rev. Robert Thornwell Coit, D.D.," KMF Apr. 1933, p.80.

들은 1934년 2월 20일 순천 선교부 안 성경학원 구내에 '고라복 목사 선교기념비'를 세웠다.[61] 그리고 그의 전도로 설립된 광양읍교회는 1938년 4천원 경비로 석조 예배당을 건축하고 '고라복 목사 기념예배당'이라 칭하였다.[62]

프레스턴, 코잇과 함께 1913년 순천 선교부에 입주한 개척 선교사 진영에도 변화가 있었다. 우선 1911년 안식년 휴가를 맞아 귀국했던 프레스턴과 함께 미국에서 모금활동을 하다가 그와 함께 내한해서 순천 선교부에 배속되었던 프랫(안채륜)은 고흥지방을 맡아 순회 전도여행을 하면서 여러 교회를 세웠다. 그러나 그는 기후와 풍토가 맞지 않아 1918년 선교사직을 사임하고 귀국하였다.[63]

그리고 여선교사 더피(두애란)도 1914년 순천 선교부 안에서 여학교를 시작했지만 1915년 조선총독부에서 발표한 개정사립학교 규칙에 의거하여 학교에서 성경교육을 실시할 수 없게 되자 학교 사역을 포기하고 군산 선교부로 옮겨갔다.[64] 크레인(구례인)이 담당했던 남자학교도 같은 운명으로 폐쇄되었다.

그러나 크레인은 남학교가 폐쇄된 후에도 순천을 떠나지 않았고 1937년 평양 장로회신학교 교수로 임하기까지 순천지역에서 교육과 복음전도 사역에 임하였다.[65] 그리고 크레인의 여동생(Janet Crane, 구자례)도 1919년 선교사로 내한해서 전주 기전여학교 교사로 활약하다가 순천 선교부로 옮겨 매산여학교 교사로 활약했다.[66]

---

61) 「고라복목사 선교기념비제막식」, 『기독신보』 1934.4.4.
62) 오석주, "순천노회 보고", 「조선예수교장로회 총회 제27회 회록」, 1938, 122쪽.
63) G.T. Brown, Mission to Korea, 241.
64) ibid., p.241.
65) J.C. Crane, "The Evangelistic Work of Soonchun Station", KMF Jul. 1936, pp.136~138; "Notes and Personals", KMF Oct. 1941, p.124.
66) G.T. Brown, Mission to Korea, p.242.

1913년 더피와 함께 순천 선교부에 와서 여학교와 여성 사역을 시작한 비거(백미다)는 여성 전도인(전도부인) 양성에 주력하여 1919년부터 후에 '달성경학교'(月聖經學校)로 불렸던 여자성경학교를 시작하였다. 그리고 1921년 매산여학교를 다시 연 후에는 교장직도 맡았는데 그는 시골출신 가난한 학생들을 위해 학교 안에 '노동부'를 설치하고 학생들로 하여금 스스로 일(직조)해서 수업료와 생활비를 마련하도록 하였다. 순천노회에서는 1929년 12월에 '백미다양 선교 20주년 기념식'에[67] 이어 1934년 12월에 '백미다 교장 선교 25주년 기념식'을 순천읍교회에서 개최하였는데 그의 사역을 『동아일보』에서 자세히 보도하였다.

> [백미다 양은] 1908년에 광주에 도착하여 전도하다가 그 후 순천
> 으로 와서 사립 순천매산여학교를 설립하고 한편으로 전도와 교육
> 을 일생의 노고를 바치고 노력하는 중 농촌의 무산 여자들을 가라
> 치기 위하야 매산여학교 부속으로 노동부를 두고 교육에 열성을
> 진취하야 노동을 하며 공부하여 성공한 여자가 만타 하며 현재 직
> 조부(織造部)에선 만흔 학생을 수용케 하야 성적이 아주 우승하다
> 고 한다.[68]

순천 선교부의 의료 선교사 진용에는 변화가 많았다. 우선 1913년 순천 선교부에 와서 시약소를 차리고 진료를 시작한 티몬스(김로라)는 1915년 아들(John Redden)을 얻었으나 어려서 죽어 매곡동 묘지에 묻었고 1919년 그 자신도 건강이 악화되어 선교사직을 사임하고 귀국했다. 귀국 후 건강을 회복한 티몬스는 1922년 다시 선교사로 내한했으나 순천이 아닌 전주 예수병원에서 4년 동안 사역했다.[69] 티몬스를 도와 순

---

67) 「백미다양 선교 20주년 기념식」, 『동아일보』 1930.1.20.
68) 「순천 백미다양의 선교 25주년기념」, 『동아일보』 1934.12.11.
69) Notes and Personals", *KMF* May. 1915, 153; G.T. Brown, Mission to Korea, p.242.

천 병원에서 간호사로 사역했던 그리어(기안라)는 20년 동안 순천 안력산병원에서 사역하다가 1932년 워커(G.W. Walker)와 결혼한 후 1935년 귀국하였다.[70]

이들 '개척' 선교사들의 뒤를 이어 다양한 분야의 신참 선교사들이 순천 선교부에 파송되어 왔다. 1917년 의사 로저스(James M. Rogers, 노제세)와 간호사 휴슨(Georgia F. Hewson, 허우선)이 부임해서 안력산병원 사역에 참여하였다. 그리고 1918년 여선교사 마사 데이비스(Martha V. Davis)가 부임해서 매산여학교 교사로 사역하였고 같은 해 존 레이놀즈(John Boling Reynolds, 이보린)가 와서 순천 선교부 선교사 자녀교육을 담당하였다. 존 레이놀즈는 남장로회 한국 선교 개척자였던 윌리엄 레이놀즈(William D. Reynolds, 이눌서)의 아들로서 순천에 부임한 최초 '2세 선교사'였다는 점에서 특별한 의미가 있었다.[71]

계속해서 1920년 간호사 루이즈 밀러(Louise B. Miller, 민유수)가 와서 안력산병원에서 근무를 시작하였고 엉거(James Kelly Unger, 원가리)도 함께 와서 폐교되었던 매산학교를 재건하고 교장으로 사역하였다. 1921년 여선교사 해티 녹스(Hattie O. Knox)가 부임했지만 1년 후 닷슨(S.K. Dodson)과 결혼하면서 떠났고 메리 닷슨(Mary L. Dodson)과 프롤렌스 휴즈(Florence P. Hughes), 루스 밀러(Ruth H. Miller), 엘라 레이놀즈(Ella T. Reynolds), 마가렛 벨(Margaret K. Bell), 미리암 프레스턴(Miriam W. Preston), 사라 워커(Sarah N. Walker), 오린 윌킨스(Aurine Wilkins, 위겸손), 치과 의사인 제임스 레비(James K. Levie, 여계남), 2세 선교사인 플로렌스 프레스턴(Florence S. Preston)과 윌슨 남매(R.M. Wilson Jr.과 S.E. Wilson) 등도 길지는 않았지만 1920-30년대 순천 선교부에 와서 사역하였다.[72]

---

70) G.T. Brown, Mission to Korea, p.241.

71) ibid., pp. 241~242.

72) ARMF 1924-1927; G.T. Brown, Mission to Korea, pp.241~244; 『朝鮮在留歐美人調査錄

1926년부터 광주에 있던 의료 선교사 윌슨(Robert M. Wilson, 우월손)이 순천 선교부로 자리를 옮겼다. 윌슨은 1905년 내한해서 광주 제중원을 설립, 운영하면서 1911년 설립된 광주나병원 원장직도 맡고 있었는데 광주나병원이 1926년 여수반도 율촌면에 새로운 병원과 자활시설을 마련하고 '애양원'(愛養園)으로 발전함에 따라 윌슨도 애양원 원장으로서 근무지를 옮겼다.

이때부터 윌슨은 순천 매곡동 선교사 사택에서 여수 애양원으로 출퇴근하면서 한센병 환자 진료와 구호활동을 벌였다. 그리고 광주에서 태어난 윌슨의 아들(Robert Manton Wilson Jr.)이 미국에서 대학 공부를 마치고 1938년 '2세 선교사'로 내한해서 아버지의 애양원 사역을 돕기 시작하였다.[73] 이렇게 '대를 이어' 선교사역에 임하는 선교사 가족들에게 순천지역 교인과 주민들은 존경을 표했다.

순천 선교부의 1930년대는 한 독신 여선교사의 장례식으로 시작되었다. 순천 안력산병원에서 간호사로 사역하던 선교사 델마 덤(Thelma B. Thumm)의 죽음이었다. 미국 버지니아주 찰스턴 출신인 덤은 1929년 존스홉킨스대학 간호학과를 졸업한 후 한국 선교를 지원하여 1930년 3월 29일 순천에 도착하였다. 그가 순천에 도착했을 때 이미 긴 항해로 건강이 여의치 않는 상태였다. 그런 상태에서도 덤은 도착하자마자 어학공부와 병행하며 곧바로 병원 사역에 임했다.

그는 순천 병원만 아니라 목포와 광주, 전주 등지 병원에서 도움을 요청하면 달려갔고 수시로 순천 주변 지방을 돌면서 환자들을 진료하였다. 신앙심이 깊었던 그는 육신의 질병만 고치는 것이 목적이 아니라 환

1907-1942』, 영신아카데미 한국학연구소, 1981, 650~653, 770~773쪽; 김승태 · 박혜진 엮음, 『내한선교사 총람』, 한국기독교역사연구소, 2007.

73) "Directory of Children of Missionaries in Active Service", *KMF* Dec. 1940, pp.203~208; "Second Generation Missionaries in Korea" *KMF* Apr. 1941, pp.61~63.

자의 영혼 구원을 위해 복음 전하는 일에 매진하였다. 결국 자신을 돌보지 않는 사역으로 건강이 악화되었고 그런 상황에서 홍역에 걸린 아이를 돌보다 그 병에 감염되어 1931년 5월 25일 숨을 거두었다. 당시 나이 29세, 순천에 도착한 지 14개월 만이었다.[74]

순천 매곡동 선교사 묘역에서 거행된 덤 선교사 장례식에는 동료 선교사 가족과 순천지역 교인 수백 명이 참석하여 애도하였다. 매곡동 선교사 묘역에는 이미 앞서 어려서 죽은 코잇 부부의 두 아이와 티몬스 부부의 아들, 크레인 부부의 두 아이 등 아이들의 무덤이 있었지만 성인(成人) 사역자로는 덤이 첫 주인공이었다.

그 후로도 1938년 순천 선교부에 부임한 사우솔(Thompson B. Southal, 서도열) 부부 사이에 태어난 첫 아이(Lillian Andrus)도 하루 만에 죽어 이곳에 묻혔다. 사우솔 부인(Lillian Crane)은 크레인의 딸로서 아버지의 뒤를 이어 순천에서 사역한 '2세 선교사'였다.[75] 1세 선교사들이 그러했듯이 그도 순천에 와서 첫 아이를 희생하는 것으로 선교사로서 '통과의례'를 거쳐야 했다.

그렇게 매곡동 선교부는 고향을 떠나 온 선교사들의 주거와 활동 공간이었을 뿐 아니라 풍토병으로, 과로로, 사고로 죽은 선교사 가족들의 무덤이 있는 '구별된' 공간이었다. 순천 주민들이 매곡동 '선교사 동네'를 외경(畏敬)의 눈으로 바라보게 된 이유다.

---

74) "In Memory of Miss Thelma Thumm", *KMF* Oct. 1931, pp.221~222.
75) 순천 매곡동에 있던 선교사 묘역은 해방 후 선교부 주변 일대가 재개발되면서 1979년 광주 양림동 선교사 묘역으로 옮겨졌다. 이덕주, 『광주 선교와 남도 영성 이야기』, 도서출판 진흥, 2008, 80~81쪽.

2. 복음전도와 순천노회 조직

1920~30년대 순천 선교부 사역은 복음전도와 교육선교, 의료선교 등 3개 분야에서 추진되었다. 여기에 여성선교와 사회구제 사역도 추진되었지만 이것은 기존의 3개 분야 사역에 포함되어 전개되었기 때문에 별도로 언급하지는 않겠다.

우선 복음전도 사역(Evangelistic Work)에 관하여. 1913년 내한하여 순천 선교부의 복음전도 사역을 담당하게 된 크레인은 1936년 보고에서 이렇게 정리하였다.

> 다른 선교부와 비슷하게 복음전도 사역을 추진하고 있는데 천막 집회와 지역 교회의 특별전도 집회, 개인전도, 사경회와 성경학원, 교회 제직과 목회자 양성과 훈련, 기독교 문서보급, 그리고 성서공회의 권서 사업부와 연계해서 복음서를 전 지역에 배포하고 있다. 한반도남부와 남서부 도서지방은 주변교회 사역자들이 쉽게 접근할 수 없어 여러 가지로 불편을 겪고 있다.[76]

크레인은 복음전도 사역의 궁극적인 목적이 복음이 들어가지 않은 마을에 교회를 설립하는 것에 있음을 지적하면서 그 구체적인 방법과 단계를 이렇게 정리했다.[77]

> 1) 마을 입구에 천막을 치거나 나무그늘 아래서 전도 집회를 열고 복음에 관심을 표명한 사람들이 생겨나면 그 중 한 사람의 집에서 매주 모임을 갖는데 인근에 있는 교회 지도자가 가서 집회를 지도한다.

---

76) J.C. Crane, "The Evangelistic Work of Soonchun Station", *KMF* Jul. 1936, pp.136~137.
77) ibid., p.137.

2) 구도자 집회의 참석자들이 늘어나거나 종교적 관심이 높아지면 그 모임을 기도처 혹은 교회로 발전시킨다.

3) 때로는 복음이 들어가지 않은 마을에 교인 가정이 이주하여 마을 사람들을 접촉하며 전도한 결과 신도들이 생겨나면 선교사나 목사를 초청하여 기도처 혹은 교회로 세운다.

4) 신앙 있는 청년이 마을에 들어가 학교를 설립한 후 학생과 학부모들에게 신학문과 함께 성경과 교리를 가르치고 주일마다 학교에서 집회를 열어 교회로 발전시킨다.

5) 의도적으로 전도사를 파견하여 교회를 설립하고 전도한다.

유교와 불교를 비롯한 토착종교와 민간신앙이 강했던 시골지역에서는 전도인이나 선교사의 접근이 어려웠지만 상대적으로 '근대화' 영향을 받았던 도시에서는 전도와 교회 설립이 수월했다. 이처럼 순천과 인근 도시와 지방에서 복음전도와 교회 개척이 이루어지면서 필요한 것이 전도인과 목회자였다. 교단 차원에서 조직, 운영하는 신학교가 평양에 있었지만 4년 이상 수업을 받고 1년에 20명 안팎의 졸업생을 내는 신학교로는 지방교회의 급증하는 목회자 수요를 채울 수 없었다. 그런 상황에서 선교사들은 성경학교를 설립, 신앙심이 깊은 지방교회 평신도 지도자들을 모아 성경과 기독교 기초교리, 전도와 설교 방법을 가르쳐 전도자나 목회자로 육성했다. 수업 기간은 겨울 농한기를 택해 한 달간 기숙사에 머물면서 집중 교육을 시켰다.

그렇게 해서 '달(月)성경학교'로 불린 단기 성경학교가 순천 선교부 안에 설립되었다. 여자성경학교가 먼저 시작되었다. 즉 순천 선교부의 여성사역을 담당한 비거가 1920년 4월 여자성경학교를 시작했는데 성경과 기독교 교리 외에 일본어를 가르친다는 조건으로 정부당국의 인가를 얻었다. 재학생 19명 중 13명이 지방에서 올라온 기혼여성들이었고 비거 외에 크레인 부인이 학생들에게 수예와 재봉 기술을 가르쳤다.[78] 순천

여자성경학교에서 교육을 받은 여성들은 대부분 전도부인과 지방교회 주일학교 교사로 활동하였다.

이렇게 시작된 여자성경학교는 꾸준하게 발전하였다. 1933년 4월에는 "순천지방 여성경학원 졸업식을 성대히 거행한바 우등생은 송귀내(宋貴內) 차은덕(車恩德) 정복남(鄭福男) 3인이라"는 소식과 "순천읍교회 내에서 3월 22일 18년간 사역한 전도부인 윤순성(尹順成) 전도부인의 표창식과 새로 부임한 전도부인 림춘자(林春子)씨 환영회가 있었다."는 기사가 『기독신보』에 실렸다.[79]

남자성경학교는 여자성경학교보다 1년 늦게 1921년부터 시작했다. 남자성경학교도 역시 농한기에 한 달 동안 집중 수업을 하였는데 호응이 높았다. 학생수가 늘어남에 따라 교실과 기숙사가 필요하였다. 마침 미국 더럼제일교회 교인들이 '왓츠 장로 40주년 봉직 기념' 헌금을 보내 와 1929년 1월 기숙사 건물을 마련하였다. 그 무렵 순천 남자성경학교는 교장 프레스턴과 교사 8명이 학생 96명을 가르치고 있었다.[80]

순천 선교부에서 독창적으로 시작한 복음전도 운동 가운데 하나가 '확장 주일학교'(Extension Sunday School) 운동이었다. 이 운동은 순천 선교부 개척자 프레스턴이 1912년 순천 선교부 개척자금을 마련하기 위해 미국을 방문했을 때 배워 온 것이다. 당시 미국 시카고의 저명한 부흥운동가 무디는 가정형편 때문에 제대로 배우지 못한 소년 노동자와 고아들을 위해 주일마다 교회에서 주일학교를 열고 기초 학문과 성경을 가르쳤는데 그 효과가 좋았다.

1912년 가을 귀환한 프레스턴은 확장주일학교를 순천에서 곧바로 시작했다. 마침 순천 선교부 건축공사를 맡아 하고 있던 평신도 선교사 스

---

78) Lois H. Swinehart, "Our Educational Work", *KMF* Nov. 1921, p.230.

79) 「순천교회 소식」, 『기독신보』 1933.4.5.

80) "Station Brevities", *KMF* Feb. 1928, 39; 「순천 남성경학원 졸업」, 『기독신보』 1929.2.20.

와인하트도 주일학교 운동에 관심이 깊어 프레스턴을 적극 도왔다. 프레스턴은 우선 순천읍교회를 비롯하여 순천 주변 세 개 교회에서 주일학교를 열고 불신자 자녀들을 모아 가르치기 시작하였다. 그리고 1년 만에 지방의 모든 교회들에서 확장주일학교를 설립, 운영하였다.

그 결과 1918년에 이르러 순천 선교부 관할 지방에 44개 주일학교가 설립되어 1천여 명에게 한글과 성경, 창가, 수학 등을 가르쳤다.[81] 확장주일학교운동은 순천 선교부의 대표적인 복음전도 사역이 되었다. 크레인은 1936년 선교보고에서 확장주일학교 결과를 이렇게 증언했다.

> 지방의 교회 부속학교 학생들과 목회자들에 의해 꾸준히 진행되고 있는 확장주일학교 운동은 순천읍과 근방 지역에 새로운 신도 모임을 만들었을 뿐 아니라 젊은 남녀 청년들을 지방으로 내보내 시골에서도 비슷한 운동이 전개되고 있다. 한 곳에서는 십여 명의 남자 청년들만 모이고 있었는데 전도부인 한 명이 그 곳에 가서 확장주일학교 운동을 벌인 결과 스무 명의 여자 청년들이 합류하였다. 순천 선교부 안에 있는 소학교를 다니던 학생 한 명이 시골에 가서 전도한 결과 모두 여섯 개 마을에 주일학교가 설립되었고 교회도 설립되어 교인들로 가득 찼다.[82]

이렇게 순천 선교부에서 전개한 복음전도와 확장주일학교 운동은 지방교회 개척과 부흥을 일궈냈다. 이런 과정을 거쳐 자연스럽게 순천은 전라도 지역 교회 부흥과 성장의 구심점이 되었다. 실제로 순천 선교부 개설 작업을 추진하기 시작한 1912년 당시 조선예수교장로회 통계를 보면, 전라남북도를 총괄하는 전라노회에 목사 26명, 장로 26명, 세례입교인 8,125명, 총교인 14,747명, 조직교회 26처 예배당 377처였는데 1917년

---

81) J. Fairman Preston, "The Extension Sunday School", *KMF* Jun. 1919, pp.111~112.
82) J.C. Crane, "The Evangelistic Work of Soonchun Station", *KMF* Jul. 1936, p.138.

전라노회를 전북과 전남, 두 노회를 분할한 후 전남노회에만 목사 7명, 선교사 12명, 장로 42명, 입교인 4,180명, 총교인 10,260명, 조직교회 30 처, 미조직 교회 136처, 기도처 89처, 예배당 165처에 달했다.[83] 이후에도 전남노회는 계속 부흥하여 1922년에 이르러 선교사 14명, 목사 11명, 장로 72명, 입교인 4,561명, 총교인 13,882명, 조직교회 44처, 미조직교회 164처, 기도처 143처, 예배당 163처로 성장했다.

이에 전남노회는 1922년 9월 14일, 서울 승동교회에서 개최된 조선예수교장로회 제11회 총회에 '노회 분립'을 헌의하였고 총회는 이를 받아들여 "전남노회를 전남노회와 순천노회로 분립하되 구례와 곡성, 순천, 광양, 보성은 순천노회, 장성과 영광, 광주, 나주, 고창, 순창, 담양, 화순, 함평, 무안, 장흥, 영암, 강진, 완도, 진도, 제주, 해남은 전남노회로 나누어 조직하기로" 결의하였다.[84] 이로써 군(군) 단위 명칭의 노회로는 전국에서 두 번째, 남한에서는 첫 번째 노회로 순천노회가 조직되었다.[85]

이러한 총회 결의에 따라 1922년 10월 2일 순천 매곡동 선교부 안에 있던 순천 남자성경학교에서 선교사 2인, 목사 4인, 장로 10인이 모여 순천노회 조직노회를 개최하고 초대 노회장에 곽우영 목사, 부노회장에 프레스턴(변요한), 서기에 강병담, 회계에 이기홍 등을 선출하였다.[86]

그리고 1년 후 1923년 9월 신의주교회에서 개최된 조선예수교장로회 제12차 총회에서 새로 노회장이 된 프레스턴은 순천노회 상황에 대하여 "감사할 것은 1) 지난 1년 동안 하나님의 풍성한 은혜로 지경 각교회가

---

83) "통계표", 「조선예수교장로회총회 제1회 회록」, 1912; "통계표", 「조선예수교장로회 총회 제6회 회록」, 1917.

84) 「조선예수교장로회총회 제11회 회록」, 1922, 41~42쪽.

85) 군 단위 명칭을 사용한 노회로는 1918년 평북의 의주노회가 처음이고 1922년에 순천노회와 함께 평남의 안주노회와 평양노회가 조직되었다. 『朝鮮耶蘇敎長老會年鑑』, 1940, 73~83쪽.

86) 「순천로회 제1회 상황」, 『기독신보』 1922.12.20.

평안히 지내엿사오며 2) 본 로회 거년 총회에 분립된 후 1년 동안 각 교회가 진보하엿사오며 3) 금년 동안 새로 지은 예배당이 3처요 학교가 1처이오며 4) 새로 설립된 교회와 남녀 청년회도 만사오며… 학교 형편은 1) 미슌회에서 설립한 매산 남녀학교는 잘 되어 가오며 2) 각 교회의 사숙과 야학과 갓흔 것도 잘 되어 가오며… 장래경영에 대하여 1) 특별히 예배당과 목사 사택 건축부를 설치하야 만히 건축 일을 힘쓰오며 2) 본 로회 지경 안 곡성 등지에 전도목사를 파송하기로 하옵고 3) 학교를 확장하며 교회 일군을 양성하기로 작정하옵나이다"라고 보고하였다.[87]

이렇게 1922년 순천노회가 설립된 이후에도 교회는 계속 부흥, 성장하였다. 다음은 노회 설립 이후 순천노회의 교세 변화 상황이다.[88]

연도	선교사	목사	장로	입교인	총교인	조직교회	미조직교회	예배당
1923	3	5	24	216	4,684	15	25	60
1929	4	9	23	1,803	10,121	13	9	80
1934	15	12	26	2,232	6,523	15	12	84
1939	13	13	47	2,381	6,825	12	12	99

남장로회 한국선교회가 순천 선교부 개설을 처음 결정하였던 1909년 당시 순천과 그 인근 지역 10여 곳에서 1백여 명 신도가 회집하고 있었는데 그 후 30년이 지난 1939년에 이르러 1백여 교회에 등록 신도가 7천여 명에 이르는 결과를 얻었다. 다음은 1939년 당시 순천노회에 등록된 99개 교회 명단이다.[89]

---

87) "순천로회 보고", 「조선예수교장로회총회 제12회 회록」, 1923, 123~124쪽.
88) 「조선예수교장로회 총회 회록」, 1923~1939.
89) 『朝鮮耶蘇敎長老會年鑑』, 1940, 493~500쪽.

군	교회
순천	順天中央 昇州 月山 東山 槐木里 鶴口 上三 德岩 鴨谷 佳谷 大垈 馬輪 月谷 二美 七洞 洛水 壯安 水坪 德林 大峙
고흥	高興邑 寒洞 鳳棲 過轉 松山 花溪 南悅 新平 道陽中央 吉頭 油芚 五泉 堂島 丑頭 新錦 柯也 鹿洞 新興 洞井 南星 內鉢 天嶝 大山 舟橋 鳳北 道川 火德
보성	寶城 武萬 五峰 筏橋 玉岩 德山 栗浦 禮洞 烏城 天峙 平村 天嶺 洛城
여수	麗水邑 長川 鳳山(栗村面) 猫島 西村里 羅陳 平村 鳳山(麗水邑) 德忠 龍珠 牛鶴 郡內 鳳陽 九谷 德陽 新豐
곡성	谷城邑 石谷 元亭 鴨綠
광양	光陽邑 新黃 大芳洞 熊洞 光東中央 院洞 官洞 水坪(多鴨面) 水坪(玉谷面) 栢岩 鶴洞 烏沙 金湖 太仁
구례	求禮邑 月山 潛水 院村 良文

이렇듯 1920~30년대 이루어진 순천노회의 부흥과 발전의 배경에 순천 선교부의 복음전도 사역이 있었음은 물론이다. 순천노회와 순천 선교부 는 공간을 함께 사용하며 복음전도와 교회 개척, 목회자 양성과 훈련, 주일학교와 여성 선교, 교회부속 사립학교 설립과 지원 사역에서 협력 하였다.

3. 매산 남녀학교의 실업교육

순천 선교부가 복음전도 사역 다음으로 중시한 것이 교육 사역이었 다. 이것을 통해 지역사회와 불신자 가정에 복음이 확산될 수 있었기 때 문이다. 순천 선교부는 이미 1912년 '은성학교'란 명칭으로 남녀학교를 설립한 적이 있었다. 하지만 1915년에 총독부에서 발표한 개정 사립학 교규칙으로 학교에서 성경공부와 종교교육을 실시할 수 없게 되었다. 총독부의 이런 지시에는 한말 이후 기독교계 사립학교에서 추진해 온 '민족주의 신앙교육'을 억압하려는 의도가 담겨 있었다.

이런 상황에서 순천 선교부는 학교 폐쇄를 결정하였다. 이에 대하여 훗날(1922년) 선교부 관계자는 "선교사들 뿐 아니라 일반교회와 밋지 안

는 사람들까지라고 이 학교에 대하여 만흔 기대를 가지고 잇섯다. 어느
새에 경관의 날낸 시선(視線)은 이 학교로 향하게 된 후 그네들의 오해
는 점점 깁허졋다. 그러케 되어서 난지 불과 2년이 못된 이 은성학교는
폐교의 운명을 당하엿다."[90] 하여 학교 폐쇄가 총독부의 '민족주의 사립
학교 탄압' 정책과 연관이 있었음을 암시하였다.

그렇게 순천 선교부의 은성 남녀학교는 설립된 지 2년 만에 문을 닫
았다. 그런 상태에서 1919년 3·1운동이 일어났다.[91] 3·1운동을 겪은
후 총독부는 무단통치에서 '문화통치'로 정책을 바꾸었고 기독교계 사립
학교에 대해서도 강압적인 정책을 바꾸어 총독부에서 지정하는 교과과
정(일본어 포함)을 수용하는 조건으로 성경교육과 교내 종교 활동을 허
락하였다. 이런 상황 변화에 따라 1920년 학교를 재건하자는 논의가 남
장로회 선교회 안에서 이루어졌다. 그런데 선교사들은 재정과 운영 부
담이 적은 초등학교를 우선 재건하고 총독부에서 주시하는 고등학교 재
건은 미루기로 했다. 이런 소식을 접한 순천지역 교회 지도자들이 "고등
학교도 재건하라"고 선교회에 요구했다. 그 사실을 『동아일보』가 자세
히 보도하였다.

전남 순천군 야소교당 내에 재하던 고등학교는 마풍(魔風)의 습
격에 의하야 비참히 폐교한 지 5·6성상의 장세월을 신음 중이더니

---

90) 「순천 매산학교」, 『기독신보』 1922.6.14.
91) 3·1운동이 일어났을 때 유독 순천만 잠잠했던 이유도 은성 남녀학교의 폐쇄에서
원인을 찾을 수 있다. 3·1운동 때 군산과 전주, 광주, 목포 등 다른 지역에서는 만
세시위가 일어났는데 이는 군산의 영명학교, 전주의 기전여학교와 신흥학교, 광주
의 숭일학교와 수피아여학교, 목포의 영흥학교와 정명여학교 등 선교부에서 운영하
는 학교 교사와 학생, 졸업생들이 독립선언서 제작과 전달, 만세시위 모의와 주도적
역할을 감당했기 때문이었다. 이덕주, 「호남지역 기독교 선교와 민족운동 유산」, 『전
라남도 선교유산의 세계유산 추진을 위한 학술회의: 기독교 선교와 유산』, 한국선
교유적연구회, 2017.4, 25~31쪽.

천운이 순환하사 생명풍이 흡래(恰來)하여 학제가 개정된 결과 선교사의 열성 하에 보통과 급(及) 고등과의 학교를 여전히 부활키 위하야 금번 광주에 개최된 선교사회에서 이 문제를 협의할 터인 바 경비의 관계로 고등교는 의문이라는 선교사의 논의가 유함으로 지방 교유측(敎諭側)에서 분기하야 경비 약간을 부담하고 기필코 고등학교를 설립키로 목사 이기풍, 장로 오영식, 유지 김양수 3씨를 선발하야 광주 선교사회에 파견하얏다더라.[92]

마침 그 무렵(1920년) 순천 선교부의 '든든한' 후원자 왓츠 장로가 순천을 방문해서 남학교 재건과 건축 지원을 약속함으로 남장로회 한국선교회는 고등과를 포함한 '순천 남녀학교'를 재건을 결정하였다. 그에 따라 순천 선교부는 총독부에 사립학교 설립(설립자 크레인) 허가를 신청하여 1921년 4월 15일 인가를 받았다. 학교 명칭은 과거의 '은성'(恩成) 대신 지역 명칭을 따라 '매산'(梅山)이라 하였다. 5년 만에 다시 문을 연 매산학교에 학생들이 몰려들어 불과 1년도 안 되어 남학교는 보통과(6년) 207명, 고등과(2년) 33명이 등록하였다. 같은 시기 5년제 학교로 재출발한 여학교에도 105명이 등록하였다.[93]

재건 후 매산학교가 순탄하게 운영된 것만은 아니다. 다시 수업을 시작한 매산학교에 대한 지역사회의 기대가 컸고, 3·1운동을 겪은 후 한층 고조된 '민족적 자존심'을 바탕으로 기독교계 사립학교에 요구하는 바가 컸다. 게다가 3·1운동 직후부터 한국사회에 퍼지기 시작한 사회주의(공산주의) 사조에 영향을 받아 진보적 청년학생 계층의 선교사 배척, 반(反) 기독교운동이 일어나기 시작했다.

이런 상황에서 매산학교에서도 학생들이 주도한 '동맹휴학'과 선교사

---

92) 「順天高校 復活乎」, 『동아일보』 1920.6.28.
93) Lois H. Swinehart, "Our Educational Work", KMF Nov. 1921, p.230; 「순천 매산학교」, 『기독신보』 1922.6.14.

교사 배척운동이 일어났다. 1922년 3월, 새 학기를 시작하면서 매산학교 고등과 학생들은 "교사가 부족해서 배울 것이 없으니 교원 일동을 개선하야 달라" 요구하며 동맹휴학을 단행했다.[94] 동맹휴학 사태는 오래 지속되지 않았지만 교사 임용과 같은 학사 문제에 개입하려는 학생들의 요구에 선교사들은 적지 않은 충격을 받았다.

조선공산당이 조직되고 사회주의 계열의 반기독교운동이 가장 치열하게 전개되었던 1925년에도 매산학교는 어려운 일을 많이 겪었다. 우선 1925년 9월, 가을학기를 시작하면서 매산여학교 학생들이 일본인 교사(久保)에 대하여 "실력이 없고 조선 여학생들에게 비하하는 말투로 교육한다"는 이유로 파면을 요구하며 동맹휴학을 단행했다.[95] 그리고 한 달 후 10월에는 매산학교 5학년 학생(지덕선)이 등록금을 납부하지 못해 학교에서 퇴학을 당한 것에 대하여 『동아일보』는 "기독애(基督愛)를 압복(壓伏)하는 금력(金力), 월사미납(月謝未納)으로 퇴학(退學) 순천 매산학교의 박덕(薄德)한 처사(處事)"라는 제목의 비난 기사를 실었다.[96]

이런 소식을 듣고 흥분한 학생들은 "1) 교육에 무성의한 것, 2) 생도를 구타한 것, 3) 조선 사람을 멸시한 것" 등을 이유로 엉거 교장의 사퇴를 요구하며 전교생 동맹휴학을 단행하여 한 달 넘게 등교를 거부했다.[97] 이 사태도 한국인 교사들의 설득으로 해결되기는 했지만 학생들로부터 비난을 받았던 엉거와 선교사 교사들은 충격이 컸다. 1928년 2월에는 순천 선교부 안에서 엉거 교장이 자기 아내를 찾아온 주민을 "엽총으로 위협하며 부상을 입힌" 사건까지 터졌다.[98] 이런 일련의 사건들로 인해 엉

---

94) 「순천학생 맹휴」, 『동아일보』 1922.3.3.
95) 「매산여고 맹휴」, 『동아일보』 1925.9.10.
96) 『동아일보』 1925.10.26.
97) 「미인교장 배척으로 매산학교생 맹휴」, 『동아일보』 1925.12.13.
98) 사건의 내역을 이러했다. 순천읍 미싱회사 사무원 김대인(金大仁)의 부인 김망래(金望來)가 전에 남편의 구타를 피해 선교사들에게 왔을 때 선교사들은 그를 선교부

거와 순천 선교부 선교사들은 지역주민들로부터 비판과 공격을 받았다. 선교가 중단되는 상황까지는 아니었어도 순조롭게 진행되어 오던 순천 선교부 사역에 위기가 닥친 것만은 분명했다.

이런 상황에서 엉거와 순천 선교부 선교사들은 움츠러들기보다는 보다 적극적인 자세로 대처해 나갔다. 선교사와 기독교에 대해 반감을 갖고 비판하는 사회주의, 공산주의 지지자들의 주요 관심사는 사회적 소외계층, 빈곤문제, 노동과 실업 문제였다. 이에 대하여 엉거는 보다 구체적이고 실질적인 방법으로 빈곤문제, 실업문제의 해결을 모색하였다.

그는 1925년 매산학교 교장으로 취임하면서 자신의 교육신조를 "일함으로 말미암아 일할 줄 알게 되는 대로 일하라. 모든 것은 하느님의 영광을 위하야 일하라."로 정할 정도로[99] 노동과 교육을 중요시하였다. 사실 엉거는 한국에 선교사로 나온 직후부터 한국사회의 빈곤과 실업 문제를 심각하게 고민하고 있었다. 그는 자신이 선교사로서 한국사회의 빈곤과 실업 문제에 관심을 갖게 된 배경을 이렇게 설명했다.

> 모두가 그런 것은 아니지만 한국에서 사역하는 대부분 선교사들은 도착 즉시 찾아오는 한국인들의 빈곤한 상황을 목격하고 가슴 아파한다. 시간이 흐를수록 그 정도가 심해져 선교사들은 가난한 한국인들을 위해 뭔가 해야만 한다는 생각을 갖게 된다. 한국은 기

안에 살게 하면서 선교부 일을 돕도록 했다. 그러고 얼마 후 남편 김대인이 화해를 한다면서 선교부로 아내를 찾아왔다. 이에 여인을 보호하려는 엉거와 부인을 데려가겠다는 김대인 사이에 실랑이가 벌어졌고 결국 엉거는 사냥용 엽총으로 김대인을 위협하는 과정에서 충돌이 빚어졌다. 부상을 입은 김대인은 순천 도립병원에 입원하여 선교사를 고소하겠다 하였고 이영춘(李榮春)과 한태선(韓泰善), 오한길(吳漢吉), 박영진(朴永震), 강기형(丨姜基馨), 오만규(吳萬奉), 한덕영(韓德榮) 등 순천지역 사회주의 계열 사회단체 대표들이 시내 노동회관에 모여 대책위원회를 결성하고 선교사비판 토론회를 개최하였다. 「訪妻한 男便을 銃으로 亂打 重傷」, 『동아일보』 1928.2.5. 「원가리 폭행사건」, 『중외일보』 1928.2.6.
99) 「중고등학교 교장들의 신조」, 『동아일보』 1935.1.1.

본적으로 자원이 풍부하지 않다. 산이 많아서 경작하기도 어렵다. 지방 도시들은 이미 사람들로 넘쳐나고 있으며 거주 인구는 계속 늘어나고 있다. 농사만으로는 식구를 먹여 살리기 힘들다. 가내 수공업으로 할 수 있는 일도 별로 없으며 질도 떨어져 외국에 내다 팔수도 없다. 정부 경제만으로 국민을 먹여 살릴 수 없는 형편이다. 상점에는 외국에서 들여온 상품들로 넘쳐 나 국민들은 그것을 살 수밖에 없는데 반대로 내다 팔 수 있는 것이 없어 경제적 상황은 더욱 어렵게 되었다.[100]

선교와 복음전도의 궁극적인 목적이 '영혼구원'인 것은 분명하지만 그렇다고 교인들이 당면한 빈곤문제, 경제문제를 도외시할 수도 없었다.

우리가 지방에 나가 전도하는 사람들은 대부분 가난하고 절망적이며 비참한 형편의 사람들이다. 우리는 물질적인 빈곤 상태에 처해 있는 이들에게 예수를 믿으라고 전도해야만 하는 것이 과연 옳은 일인지 고민하게 만든다. 물론 예수 그리스도를 믿고 구원을 받게 하는 것이 가장 중요하고 시급한 일이다. 그렇지만 그리스도께서도 백성들이 필요로 하는 것을 무시하시지는 않았다. 우리는 그동안 영적인 메시지를 전하는 것만으로 복음 전도의 사명을 다한 것으로 생각해 왔다. 그러나 그것만으로는 복음을 온전히 전파했다고 할 수는 없다.[101]

영혼 구원을 이루기 위해서라도 당장 시급한 물질 문제를 해결해 주어야 하는 것이 선교사로서의 마땅한 역할이라 여겼다. 그런 맥락에서 엉거는 자신이 담당한 매산학교에서부터 그 문제를 해결하고자 노력했다. 매산학교 학생들도 대부분 빈곤계층 출신이어서 등록금을 제대로

---

100) J.C. Unger, "Fine Rabbits for Food and Fur", *KMF* Mar. 1930, p.53.
101) ibid., p.53.

내기 어려운 형편이었다. 이에 엉거는 매산학교에서 '기독교 실업교육' (Christian Industrial Education)을 실시하기로 했다. 학교 안에 '실업부' (Industrial department)를 설치하고 학생들이 스스로 일해서 학비와 기숙사비를 마련하도록 일감을 마련해 주었다.

이를 위해 엉거는 1929년 안식년 휴가를 떠났다가 귀환하는 길에 미국에서 친칠라와 앙골라 토끼를 몇 쌍을 구입했다. 토끼 사육이 비교적 쉬울 뿐 아니라 넓은 공간이 없어도 되고, 또 토끼 고기와 모피를 미국에 수출해서 경제적 수익도 창출할 수 있었다.[102] 그래서 엉거는 미국에서 가져온 토끼를 번식시켜 학생들에게 분양한 후 직접 기르도록 하였다.

엉거는 토끼 사육 외에 유기(놋그릇) 제작도 도입하였다. 마침 매산학교는 1930년 11월 왓츠가 보내온 후원금 2만 3천 원으로 3층짜리(270평) 벽돌 교사를 마련하고 시설을 확충하면서 학교 안에 대규모 양토장(養兎場)과 유기공장(鍮器工場)을 만들어 학생들이 스스로 운영하도록 지도하였다. 이런 엉거의 '실업 교육'은 교회 뿐 아니라 지역사회에서도 호평을 받았다. 얼마 전까지만 해도 엉거와 선교사들에 대해 비판적이었던 일반 언론도 매산학교의 실업교육에 대해서는 호의적인 기사를 썼다. 1930년 11월 『동아일보』 기사다.

> 지금 있는 교장 원가리씨는 청년 사업가로서 1925년에 이 학교 교장으로 취임한 후 자기는 조선인의 장래가 무엇보다도 실업이 가장 필요하다고 생각하고 자기 학교 학생에게도 과학을 가르치는 동시에 한편으로 실업부를 두어 조선의 명물 유기공장(鍮器工場)을 설치하야 오후 하학한 후 학생들로 하여금 유기를 맨들어서 미국으로 송출을 시키며 또 한편으로는 양토원(養兎園)을 설치하여 미

---

102) ibid., p.54.

국에서 털(毛)로 아주 비싸고 잘 팔리는 진칠나라는 토끼를 사드리어 학생으로 양토케 하는대 지금 성적이 아주 조타 하며 이 토끼 가죽 한 장 값이 미국에서는 최하 5원이상 16원까지 한다고 한다. 그럼으로 이 학교 학생들이 학교를 졸업하고 나갈 때에 자시 집에서 양토를 하게 하야 그 피물(皮物)을 학교로 가져오면 미국으로 수출시킬 계획이라 한다.[103]

이후 매산학교의 실업교육은 그 내용과 범위가 계속 늘어나 1936년에 이르러 놋그릇 제작과 토끼 양육 외에 목공소가 추가되었고 염소 사육과 버터 및 통조림 제작도 이루어졌다. 그리고 수원 농림학교 출신 교사가 와서 현대식 농사법을 가르치면서 과수와 채소 재배법을 집중적으로 가르쳤다. 그 결과 매산학교 실업부를 통해 학생들이 1년 동안 올린 수익이 5천원을 넘겼다.[104]

이런 매산학교의 '실업 교육'은 같은 선교부 안에 있던 매산여학교에서도 실시하였다. 1921년 학교 재건 이후 교장직을 맡은 비거(백미다)도 학교 안에 '실업부'를 만들고 여학생들의 노동 교육을 추진하였다. 남학생들처럼 토끼 양육을 주로 하였고 그 외에 직조부(織造部)를 두고 학생들이 직접 비단을 짜서 팔도록 하였다. 이를 위해 선교 산자락에 뽕나무 7,500그루를 심고 누에를 길렀다.

비거는 그렇게 "학교에서 이루어지는 기독교 신앙과 실업 교육을 통해 한국 소녀들은 뛰어난 기독교 교사와 가정주부로 바뀔 것"을 기대하였다.[105] 이렇게 순천 매산 남녀학교의 실업교육을 통해 "일하면서 공부하는" 학생 풍토가 조성되었다. 이런 순천 매산학교의 실업교육 전통은

---

103) "3층 양옥으로 매산교 신축", 『동아일보』 1930.11.9.
104) C. Crane, "The Boy's School and Industrial Work" KMF Jul. 1936, p.144.
105) Meta L. Bigger, "Christian Education and Industrial Training for Girls", KMF Jul. 1936, p.143.

순천노회 내 다른 지역의 교회부속 학교들에도 영향을 끼쳤다.

순천 선교부는 선교부 안에 있는 매산 남녀학교 외에 지방에 산재해 있는 초등과정(보통과) 교회부속 학교들도 적극적으로 재정지원을 하였다. 그 결과 다른 선교지역에서 보여주었던 "교회 옆에 학교, 학교 옆에 교회" 현상이 순천노회 지경에서도 확인되었다. 다음은 1936년 9월 총회 때 보고된 순천노회 지경내의 26개 교회부속 사립학교 명단이다(서당과 강습소 포함).106)

학교	주소	교장	교사		학생		졸업생 누계	
			남	녀	보통과	고등과	보통과	고등과
매산(梅山)학교	순천군 순천읍 매곡리	변요한	7	4	349	134	320	
매산여학교	순천군 순천읍 매곡리	백미다	4	5	229	54	150	9
상삼(上三)학교	순천군 해룡면 상삼리	강성봉	1		30		2	
순흥(順興)학교	순천군 해룡면 하사리	양동준	2		103		5	
삼성(三聖)학교	순천군 해룡면 도농리	박경주	1	1	152		47	
학구(鶴口)학교	순천군 서면 학구리	김병수	1		63			
월산(月山)학교	순천군 송광면 월산리	장정렬	1		55		17	
섬거(蟾居)학교	광양군 진흥면 섬거리	김순권	1		32		36	
광신(光新)학교	광양군 진상면 신황리	박희원	1		28		131	
웅동(熊洞)학교	광양군 진상면 황죽리	장기용	1		17			
도사(道士)학교	광양군 다압면 도사리	강윤성	1		40		23	
육영(育英)학교	광양군 골약면 태인리	이충헌	1		40		7	
명신(明信)학교	광양군 골약면 금호리	강학수			18			
오사(烏沙)학교	광양군 진월면 오사리	양용근		1	37			
영천(永泉)학교	고흥군 금산면 오천리	오현규	2		60		22	
영신(永信)학교	고흥군 금산면 신평리	오중구	2		53		30	
봉전(鳳田)학교	여수군 율촌면 봉전리	강민수	1		29		33	
덕양(德陽)학교	여수군 소라면 덕양리	박인석	1		53		2	
여흥(麗興)학교	여수군 율촌면 장천리	이기홍	1		30		58	
영신(永信)학교	여수군 여수읍 서정	조의환	1	1	152		214	
봉산(鳳山)학교	여수군 여수읍 서정	정근모	2		160		36	
덕충(德忠)학교	여수군 여수읍 동정	조의환	2		65			
석곡(石谷)학교	곡성군 석곡면 석곡리	송한용	1		35		13	
옥암(玉岩)학교	보성군 보성면 옥암리	이용준	1		45			
보성(寶城)학교	보성군 보성읍	정해성	1	1	55			
월전(月田)학교	구례군 양문면 원전리	이재구	1		33			

106) "학무부 보고", 「조선예수교장로회총회 제25회 회록」, 1936, 112~124쪽.

그러나 1937년을 계기로 순천 선교부와 순천노회 소속 기독교학교의 분위기는 급속도로 냉각되었다. 신사참배 문제 때문이었다. 총독부는 1936년부터 각 선교부에서 운영하는 기독교 학교들에도 신사참배를 노골적으로 강요하기 시작했다. 이런 상상에서 1937년 2월 내한한 남장로회 해외선교부 총무 풀턴(C. Darby Fulton)은 "신사참배가 '우상숭배'에 해당하는 반 기독교적 행위임으로 학교를 폐쇄할지언정 신사참배를 수용할 수 없다."는 입장을 표명하였다.

이런 선언에 따라 순천 뿐 아니라 군산과 전주, 광주, 목포 등지의 남장로회 계통 학교들은 폐쇄 절차에 돌입했다.107) 순천 매산학교도 예외는 아니었다. 한국교회와 지역사회로부터 "학교를 계속해 달라"는 요청과 항의가 없지 않았지만 설립과 운영 주체인 선교회가 폐쇄를 결정했기 때문에 되돌릴 수는 없었다.

그런 상황에서 1937년 9월 총회에서 순천노회장 김상두 목사는 "본 노회 안에 있는 교육기관으로 사립학교, 사숙, 야학, 유치원은 여전하게 지내는 중 특히 매산 남녀학교는 금년 봄에 사정에 의하여 신입생을 모집하지 않고 여학교는 실업부를 폐지한 고로 활기가 없이 지내는 중이오며"라고 보고하였고108) 1년 후, 1938년 총회에서 노회장 오석주 목사는 "미슌회 경영인 매산학교는 폐교되었아오며"라고 우울한 보고를 할 수밖에 없었다.109) 그와 함께 2백여 명이 넘는 십대 소년소녀 학생들로 활기찼던 순천 선교부 분위기가 침울하게 바뀐 것은 당연했다.

---

107) G.T. Brown, Mission to Korea, pp.148~156.
108) 김상두, "순천노회 상황보고", 「조선예수교장로회총회 제26회 회록」, 1937, 149쪽.
109) 오석주, "순천노회 보고", 「조선예수교장로회총회 제27회 회록」, 1938, 122쪽.

4. 안력산병원과 애양원의 의료와 구제사역

순천 선교부의 의료선교는 티몬스(김로라)와 간호사 그리어(기안나)가 1914년 3월 순천 매곡동 선교부 안에 스와인하트가 건축한 작은 시약소 건물에서 진료를 시작한 것에서 출발하였다. 순천에 처음으로 '사양식' 병원이 시작되었다는 소문을 듣고 지방에서 환자들이 몰려왔다. 티몬스는 1914년 1년 동안 3,814회 진료를 하였고 1915년 3,888회, 1916년 6,981회 진료 결과를 보고하였다.

이처럼 환자들이 늘어나고 입원 환자까지 나오게 되면서 제대로 시설을 갖춘 병원건물이 필요했다. 그런 가운데 미국의 독지가 알렉산더(Alexander)가 병원 건축비를 보내와 그 돈으로 티몬스는 2층짜리 서양식 병원건물을 마련했다. 선교사들은 새로 지은 병원을 후원자 이름을 따 '알렉산더기념병원'(Alexander Memorial Hospital)이라 칭하였고 한국인들은 '안력산병원'(安力山病院)이라 불렀다.

1916년 3월 1일 거행된 안력산병원 낙성식에 관하여 『기독신보』는 "내외국 내빈이 다수히 모혀 성대한 례식을 거행하였다."고 전한 후 "그[티몬스]는 근본 건축학가인 고로 자기의 호부를 발휘하여 최신식으로 이층 양옥을 굉대히 건축하엿는대 그 건축의 주밀한 제도는 조선 선교회 병원 중 제일이 되겟고 모든 설비가 완전하더라"고 보도하였다.[110] 『기독신보』가 보도한 대로 안력산병원은 30개 병상을 갖춘, 당시로서는 한국에 있던 외국 선교회 병원 가운데 건물 규모나 시설에서 제일 좋았다.

그러나 정작 티몬스는 새로 지은 병원에서 오래 활동하지 못했다. 과로로 건강이 악화되어 병원을 지은 지 2년 만인 1918년 2월 선교사직을 사임하고 귀국하였다. 그 대신 안력산병원을 1917년 10월에 내한한 로

---

110) 「순천에 미슌병원 락성」, 『기독신보』 1916.3.22.

저스(노제세)가 맡게 되었다.[111] 로저스를 도와 간호사로 안력산병원에서 사역한 이는 그리어 이후 덤과 휴슨(Georgia Hewson) 등이 참여하였는데 휴슨은 병원 안에 간호사 양성소를 설치하고 한국인 간호사들을 육성하였다. 치과의사 레비가 와서 안력산병원 안에서 치의학 과정을 만들어 한국인 치과 의사들을 양성하기도 했다. 그리고 안력산병원의 한국인 의사로는 정민기와 윤병서 박사가 티몬스 시절부터 봉직하였다.[112]

그러나 안력산병원 사역이 순조롭게 진행된 것만은 아니다. 1920년대 중반 매산학교가 '반기독교, 선교사 배척운동'에 영향을 받아 '맹휴'(盟休) 시련을 겪었듯, 안력산병원도 비슷한 시련을 겪었다. 즉 1924년 1월 안력산병원의 한국인 직원과 간호사들이 로저스 병원장을 찾아가 "월급 13, 14원으로 생활하기 어렵다."면서 "봉급을 올려 달라." 요구하면서 동맹파업을 단행하였다.[113]

간호사들의 동맹파업은 한국인 의사 정민기의 중재로 하루 만에 해결되었지만 이 사건은 앞선 매산학교 학생들의 동맹휴학, 엉거 교장의 폭력시비사건과 함께 순천 지역사회에 반(反) 선교사 분위기를 확산시킨 계기가 되었다. 그러나 매산학교처럼 안력산병원도 이후 적극적인 '빈민선교'와 '구제활동'으로 병원과 선교사에 대한 사회적 인식을 바꾸어 놓았다. 그 결과 안력산병원은 가난한 환자를 무료로 치료해 주는 '자선병원'으로 소문이 났다. 1932년 9월 『동아일보』 기사다.

　　미국 기독교 선교사들이 조선에 건너와 선교의 목적으로 순천에

111) "Notes and Personals", *KMF* Feb. 1918, p.48.

112) J.F. Preston, "A Close-up View of the Medical Missionary", *KMF* Jul. 1936, p.139.

113) 「順天 安力山病院의 看護婦 盟罷」, 『동아일보』 1924.1.13; 「順天 安病院 盟罷問題 解決」, 『동아일보』 1924.1.14.

병원을 설립하얏다. 근 20여 년간을 순천 기타 인근 5, 6군의 빈궁한 병자를 병원으로 자처만 오면 치료비의 유무를 불문하고 입원 치료하야 매년 근 5만여 명의 입원자에게 무료 치료한 자가 6할 이상에 달하고 유료환자가 근근 총 입원자의 4할 밧게 되지 않아 입원자는 여사히 만흐나 매년 2천여원식 결손을 보게 된다 한다. 그리하야 려수의 뢰병원(애양원)과 가티 순천의 안력산병원은 외국인의 손으로 설립되어 병마에 걸린 동포의 수만흔 생명을 구원한 희생적 병원이라 한다.[114]

『동아일보』보다 더 '사회주의적' 경향을 띠었던『조선중앙일보』도 안력산병원의 '자선행위'를 대서특필하였다. 즉『조선중앙일보』는 1935년 4월 기사에서 안력산병원에 "무산인민(無産人民)의 3대 은인(恩人)"이 있음을 소개하였다.

> 이 병원에는 무산인민의 은인이라 할 만한 세 의사가 잇다 한다. 원장 로자쓰씨와 의사 정민기, 윤병서씨 등이다. 원장 로자쓰씨는 19년 전부터 이 병원에 근무한 이후로 항상 웃는 인상과 친절한 태도로 환자를 접촉하며 급한 환자가 잇서 일품을 요구할 때는 밤중과 새벽을 불문하고 응급치료에 응하여 주며 급한 환자가 잇서 청할 때에도 풍우를 물론하고 왕진에 응하여주며 여행 중에 병든 걸인이 길가에서 신음할 때에는 그 병인을 자동차에 실코 와서 치료실에 입원시키어 치료하였다. 그리고 의사 정민기씨는 이 병원 설립 당시부터 12년 동안을 근무하여 왔다 한다. 그동안 모든 성의로 환자를 취급하여 왔다 하며 이 병원이 이만큼 발전된 것도 정의사의 공헌이 만타 한다.[115]

---

114) 「입원자 4만에 무료가 8할」, 『동아일보』 1932.9.2.
115) 「무산자의 의료기관 순천 안력산병원」, 『조선중앙일보』 1935.4.11.

계속해서 『조선중앙일보』는 안력산병원 환자 통계에 대하여 "1932년 보통 환자가 6,030명인 가운데 무료 치료를 받은 이가 연인원 8,820명이며 1933년 보통 환자 7,305명 가운데 무료 환자 연인원 9,041명, 1934년 보통 환자 9,021명 가운데 무료 환자 연인원 11,503명"이라는 수치를 들면서 "무산인민에 대하여 얼마나 공헌이 잇는 것을 잘 알 수 있다."고 하면서 "근일에 와서는 전남 동부 각 군 유지자들은 원장 로자쓰씨와 의사 정민기 양씨에 대하야 20여 년 동안 무산인민을 위하야 노력한 공적을 포창하자는 의론이 불원간 실현을 보리라."는 기사를 냈다.[116]

이외에도 "안력산병원 증축과 3의사의 공적"이라는 『중앙일보』(1932. 12.30) 기사, "널니 인술을 베푸는 순천 안력산병원 7년 무료진료가 무려 8천 8백여 인"이라는 『매일신보』(1933.11.21) 기사, "순천 안력산병원의 절헌(切獻) 만흔 4의사"라는 『호남평론』(1935.12) 기사 등도 안력산병원과 그 의사들의 헌신적 진료와 자선사업에 대한 지역사회의 평가와 인식을 반영하였다.

안력산병원은 1932년에 병원을 다시 한 번 크게 증축하였다. 즉 1916년에 안력산병원 건축비를 보내주었던 알렉산더가 죽은 후 그 부인이 남편을 기념하여 1만 8천 원을 보내왔고, 같은 시기 순천 선교부 후원자 왓츠 장로가 별세하자 그 부인도 남편을 기념하여 1만 5천 원을 보내옴으로 안력산병원은 그 돈으로 공간과 설비를 대대적으로 증축, 증설하였다. 그 결과 안력산병원은 한국에서는 서울의 세브란스병원 다음으로 규모가 큰 선교부 병원이 되었다.[117]

그와 함께 진료 실적도 뛰어 올라 로저스 원장은 1936년도 병원 진료 상황에 대하여 "1936년은 병원 역사상 최고의 해였다. 지난 1년간 총 입

---

116) 「무산자의 의료기관 순천 안력산병원」, 『조선중앙일보』 1935.4.11.
117) G.T. Brown, Mission to Korea, 145; 「무산자의 의료기관 순천 안력산병원」, 『조선중앙일보』 1935.4.11.

원환자가 2,800명이었고 총 진료일수는 32,950일이었으며, 진료 환자가 총 34,027명이었다. 서양인 의사 1명과 한국인 의사 3명이 입원환자 수술을 1,825회 실시하였고 내방환자 시술을 총 2,050회 실시하였다."고 보고하였다.[118] 안력산병원에서 치료를 받은 환자들은 순천 선교부 관할 구역인 순천과 고흥, 보성, 구례, 곡성, 광양, 여수를 넘어 경상남도 남해와 진주에서도 찾아왔다. 그만큼 순천 선교부의 의료 선교 영역은 넓었다.

순천 선교부에서 시작한 사역은 아니었지만 1926년 여수 율촌면으로 옮겨 온 애양원 사역도 순천 선교부 관할이 되었다. 광주에서 순천 선교부로 옮긴 윌슨 원장도 애양원을 단순한 치료시설이 아닌 환자 가족들의 정착시설로 발전시켰다. 즉 광주를 방문한 바 있던 미국의 부흥운동가 비더울프(Biederwolf)가 귀국해서 모금하여 보내 준 선교비와 미국 뉴욕의 구라회, 한국에서 사역하고 있던 선교사들, 그리고 조선총독부에서 보내 온 후원금으로 여수군 율촌면 신풍리에 20만 평 규모의 부지를 확보한 후 병원과 요양원 시설 외에 남녀 환자 숙소와 치료를 끝낸 환자들을 위한 자활촌으로 꾸몄다.

정부에서 운영하던 소록도 요양원이 강압과 통제로 운영되었던 것과 달리 애양원은 환자와 그 가족들이 자율과 자치로 운영하다. 그래서 여수로 옮겨온 직후(1929년) 애양원을 방문했던 감리교 선교사 빌링스(B.W. Billings) 부인은 애양원을 둘러본 후 "이곳이야말로 진정한 의미에서 낙원(a veritable spot of paradise)이다."고 표현하였다.[119] 그 결과 애양원 가족은 계속 늘어나 여수로 옮긴지 10년이 된 1936년 애양원에는 총 730명의 한센병 환자와 그 가족들이 수용되어 생활하였다. 수용자

118) J.M. Rogers, "Alexander Hospital, Soonchun", *KMF* May 1937, pp.95~96.
119) Mrs. B.W. Billings, "At the Soonchun Leper Colony", *KMF* Mar. 1929, pp.61~62.

들은 능력에 따라 농사와 양계, 목공, 철공 등의 일을 해서 가족의 생계를 유지하였다.[120]

애양원 안에는 물론 교회도 설립되었고 주일학교와 성경학원도 독자적으로 운영하였다. 매년 절기에 따라 사경회도 개최하였는데 환자 교인들의 '성경 암송'은 선교사들을 감동시켰다. 다음은 1939년 봄에 3주간 실시한 애양원교회 사경회를 참관한 뉴랜드(L.T. Newland)의 증언이다.

> 사경회 마지막 날, 전체 요양원 식구들이 모인 가운데 끝 순서를 가졌다. 가장 감동적인 장면은 교인들이 나와서 외운 성경구절을 암송하는 것이었다. 서양인 교사들이 성경 가운데 아무 곳이나 지적하면 교인 중에 외울 수 있는 사람이 나와서 암송하는 형식이었다. 첫 번째로 나온 남자 교인은 신약 성경 전체를 암송할 수 있는 사람이었다. 그는 수년 전 요양원에 처음 들어올 때 걸인으로 왔는데 아주 폭력적이었다. 그런데 성경을 접한 후에는 전혀 다른 사람이 되어 성경을 암송하는 뛰어난 재능을 보여주었다. 그는 시력이 아주 나빴으며 손가락도 모두 잘려나갔고 턱도 반쯤 썩어 없는 상태였지만 참으로 '행복한 교인'(happy Christian)이었다. 그는 계시록을 택했고 20장을 외워보라 했더니 암송하기 시작했다. 그가 암송을 시작하자 다른 환자들이 성경을 펴놓고 짚어가면서 따라 읽었는데 한 절도 빼놓지 않고 모두 외웠다. 그의 총명이 증명되었다. 그 다음으로 앞 못 보는 노파가 나오더니 시편 23편을 외웠다.[121]

이렇듯 애양원을 한센병 환자의 '낙원'으로 만들어 가장 불행했던 환자들에게 희망과 행복감을 심어 주었던 윌슨의 사역은 교회 뿐 아니라

---

120) R.M. Wilson, "Leper Work", *KMF* Jul. 1936, 145-147; A.A. Peters, "An Eventful Day in the Biederwolf Leper Colony", *KMF* Jul. 1936, 148-149; R.M. Wilson "The Biderwolf Leper Hospital", *KMF* Mar. 1940, pp.49~50.

121) L.T. Newland, "A Bible Institute in a Leper Colony", *KMF* Jun. 1939, p.113.

지역사회의 호평을 받았다. 그래서 1933년 2월, 그의 선교 25주년을 기념해서 순천노회에서 축하식을 거행하였을 때『동아일보』는 그를 "뢰병자(癩病者)의 교주(敎主)"로 지칭하고 "사람으로는 고칠 수 업다 하야 손도 대지 안코 버려두어온 지 오래인 동안에 전 조선 방방곡곡에 그 촉수를 내밀어 수만 동포의 생명을 빼아서 갓고 또 빼앗고 있는 만고불치의 고질 뢰병(癩病)을 박멸하자는 최초의 제창자"라고 칭송하였다.[122]

그렇게 애양원 가족과 한센병 환자들의 '수호성인'으로 활약했던 윌슨은 일제말기(1940년) 총독부의 압력으로 대부분 선교사들이 한국을 떠난 뒤에도 마지막까지 남아 애양원을 지키다가 결국 견디지 못하고 1941년 봄에 순천을 떠났다. 그 때 순천 선교부에 함께 남아 있던 크레인도 동행했다.[123] 그것으로 30여년 이어온 순천 선교부의 사역도 막을 내렸다.

Ⅳ. 맺음글

선교사들이 들어오기 전 순천은 전라남도의 대표적인 '양반 고을' 가운데 하나였다. 토착 종교와 문화에 대한 자부심과 자존심이 강했던 순천 지역사회에 '서양인의 종교'로 인식된 기독교 복음을 갖고 들어온 선교사들의 사역의 역사적 의미는 무엇인가? 선교 초기에 '민족 차별'이란 오해를 받으며 배척을 당했던 경험의 소유자 엉거는 양반 고을에서 이루어진 선교사의 역할에 대해 이렇게 진술하였다.

---

122) 「우월순 박사 선교 25주년」, 『동아일보』 1933.2.9.
123) R.M. Wilson, "Christ for the Lepers", KMF Apr. 1941, 54; G.T. Brown, Mission to Korea, pp.161~162.

예로부터 순천에는 상류층 사람들(high class people)만 살았다고 한다. 그렇게 순천에는 상류층 사람들이 많이 살아서(상류층이거나 그런 집의 하인 외에는 사는 사람들이 거의 없었다) 주변 고을 사람들은 순천읍에 들어가 살기를 원했다. 그렇게 순천은 주변 지역 사람들로부터 '양반고을'(Yangbanville)로 불렸다. 선교사들이 들어와 있는 지금에도 순천이 그렇게 불리는지, 그 답은 선교사 동네를 올려다보고 있는 기도력[124] 소지자들이 어떻게 생각하는지, 그것에 맡길 뿐이다.[125]

엉거는 순천 고유의 '양반 문화', 즉 지역사회의 지도층, 상류층의 문화 전통을 순천 선교부와 교회가 계승해야 한다고 보았다. 지역사회의 지도력을 선교부와 교회가 감당하기를 기대했다. 그런 기대감은 선교사들과 함께 사역했던 경험의 한국교회 지도자들에게서도 발견할 수 있다.

벽안황발[碧眼黃髮]의 소유자 되는 타국사람들이 이 순천 북원에 대규모적 기지를 정하고 우리 조선(祖先)들은 꿈에도 보지 못하든 이상한 모형의 집을 여기 저기 건설하고 이 지방 종교사업과 자선사업을 위하여 영구히 활동하겠다 할 때에 이 지방 사람들의 깃븜과 감사함이야말로 과연 엇더타고 말할 수가 업게 되엿다. 따라서 여기 대하여 큰 기대를 가지고 잇섯다. 그럿케 하여서 학교도 생기도 병원도 생겻다. 나는 이것들이 이 지방 사람들의 기대에 합한 것인지 아닌지 또는 완전한 것인지는 여기서 이것을 비평할 처지에 잇지 못하다. 엇지던지 미순사업의 은사(恩賜)로서 학교도 생기고 병원도 생겻다.[126]

---

124) '기도력'(Prayer Calendar)이란 매년 초에 발행하던 영문 기도수첩으로 1년 동안 매일 내한 선교사 가족들을 위해 기도하도록 이름과 기도제목을 적었다. 선교사 가족과 주한 외국인, 본국의 선교 후원자들에게 배포되었다. "Notes and personals", *KMF* Jan. 1911, p.34.

125) J. Kelly Unger, "The City of Soonchun", *KMF* Nov. 1925, p.248.

선교부가 설치된 다른 지역에서도 그러했지만 순천 매곡동에 설립된 선교부는 지역 주민들에게 '근대화'를 경험하는 공간이 되었다. 선교부에서 선교사들이 추진한 복음전도 사역으로 '자유와 평등' 가치를 중시하는 기독교 복음이 지역사회에 퍼져나갔고 학교와 병원을 통해서 지역 주민들은 근대 과학과 근대 교육, 서구 문명과 문화를 경험하였다. 그결과 봉건적 사회질서와 분위기가 소멸되고 대신 근대적 시민의식과 사회질서가 형성되었다. 그러면서 순천의 지리적 환경도 바뀌었다. 순천 선교부 개척자 프레스턴은 자신이 목격한 순천지역 사회변화를 이렇게 증언했다.

> 순천선교부가 개설된 1913년에는 가마나 말이 유일한 교통수단이었다. 그러나 1918년에 이르러 신작로가 생기면서 자동차 왕래가 가능해졌다. 1930년 12월 철도가 개통됨으로 이 지역 물류가 급속도로 빨라졌다. 그리고 순천 남쪽 27마일 지점에 있는 여수항이 개발되고 수심이 깊어 시모노세키로 가는 페리호가 매일 운행되고 있다. 순천역은 전라도 남부지역 물류의 중심지로 발전했다.[127]

선교부 사역이 단지 종교, 문화적인 영역에서만 지역사회에 영향을 끼친 것이 아니다. 정치, 경제적인 면에서도 많은 영향력을 행사하였다. 선교사 코잇이 총독부 철도국에 구례역 연장을 요구하여 답을 얻어낸 것이 대표적인 예였다. 그리고 매산 남녀학교의 실업교육과 안력산병원의 빈민층 무료진료는 지역사회의 지지와 호응을 끌어냈다. 일제말기 윌슨 원장의 헌신적 애양원 사역도 지역 주민들에게 감동으로 남았다. 일제 강점기 순천 선교부와 선교사들이 전개했던 각종 사역에 대한 지

---

126) 「순천 매산학교」, 『기독신보』 1922.6.14.

127) J.F. Preston, "Introduction", *KMF* Jul. 1936, p.135.

역사회의 반응과 평가는 해방 직후 순천으로 돌아온 선교사들을 맞이하는 지역주민의 환영회에서 그대로 드러났다.

> 순천군에서는 삼십년간 선교사업과 교육사업에 많은 공헌을 한 구례인 선교사가 왜적의 폭압으로 귀국하엿다가 육십 로령에도 불구하고 해방조선을 차저왓슴으로 지난 십삼일 오후 삼시 중앙예배당에서 군민환영대회를 성대히 거행하엿다.[128]

20~30년 세월을 순천 지역에서 복음전도자로, 교육자로, 의사로 봉사하다가 일제말기 강제 출국 당했던 선교사들이 '60노구'를 이끌고 해방된 선교지로 돌아왔을 때 순천 군민(郡民)이 나서 교회에서 환영대회를 열어주었다는 사실에서 일제 강점기 순천 선교부를 통해 이루어진 선교사역에 대한 지역사회의 반응과 평가가 어떠했는지 짐작할 수 있을 것 같다.

---

128) 『자유신문』 1947.11.24.

순천지역 교육선교와 매산학교
: 선교부와 지역교회의 교제를 중심으로

박정환

I. 들어가면서

매산학교(梅山學校)의 역사와 전통은 공간적으로 순천지역과 내용적으로 미국 남장로교 선교회[1]의 교육선교와 관련을 맺고 있다. 시대마다 조금씩 다르게 표현되기도 했으나, 매산학교의 건학 정신은 "위로 하나님을 신앙하고 아래로 인류애를 실천하는 기독정신의 바탕 위에서 조국의 번영에 이바지하며 민족을 위해 봉사하는 참 그리스도인을 양성함"[2]

---

1) 미국 남장로교는 한국의 선교를 위해서 선교부를 구성하고 호남의 다섯 지역인 전주(1894/5), 군산(1896), 목포(1898), 광주선교부(1904), 그리고 순천(1913)에 선교기지(스테이션)을 설립했다.
2) 『매고신문』 창간호, 1977년 4월 5일. 또한 2005년에 매산(고등)학교의 자랑거리는 "학교 설립이념인 기독교적 교육관에 매우 충실하다는 점, 교사들의 창의적 교육의지를 극대화시킨다는 것, 그리고 뚜렷한 교육목표를 세우고 이에 매진하는 것" 등이 강조되기도 했다. 「순천매산고등학교」, 『私學』, 大韓私立中高等學校會, 2005년 여름, 87쪽.

으로 표현되었다. 이러한 건학 정신은 매산학교의 특성을 잘 드러내고 있다.

매산학교는 공식적으로 남장로회 선교부에 의해 교육선교의 일환으로 1913년 9월부터 은성학교(恩成學校)로 개교하였고 성경을 교수할 수 없게 되자 1916년 6월 자진 폐교하였다. 1921년 4월 다시 문을 연 매산학교(매산남학교 및 매산여학교)는 신사참배 거부로 1937년 9월 두 번째 자진 폐교하였다. 그 후 세 번째로 문을 연 매산학교는 1946년 9월부터 매산중학교 시기, 1950년 5월부터 매산중학교와 은성고등학교 시기, 1956년 8월부터 매산중학교와 매산고등학교 시기, 1984년 이후 매산중학교와 매산남자고등학교 및 매산여자고등학교로 현재까지 이어지고 있다.

필자는 매산학교의 역사에서 세 시기에 주목하고자 한다. 첫째는 1913년 은성학교의 개교 시기, 둘째는 은성학교가 1916년 자진 폐교한 이후 1921년 매산학교로 다시 시작한 시기, 그리고 셋째는 1937년 매산학교가 폐교한 시기이다. 이 시거에 주목하는 이유는 남장로회 순천선교기지가 건설되면서 지역에서 기독교가 널리 확장되는 계기가 되었던 바, 남장로교 선교회와 순천지역 개신교 신앙공동체의 만남과 협력과 갈등에 대한 관계를 들여다보기 위함이다.

그리하여 남장로회 순천선교기지의 개설과정에서 현지인 신앙공동체가 어떤 역할을 하였는지 그 상황과 역사적 의의를 찾아보고, 개신교 신앙공동체 가운데 하나였던 현재의 순천중앙교회와 남장로회 선교부가 어떤 관계 맺기를 하였는지 그 협력과 갈등의 함의는 무엇인지 살펴보고자 한다.

II. 은성학교의 개교(1913)

1. 개신교 자생적 신앙공동체의 성장

1) 순천지역과 신앙공동체

일찍부터 남장로회 선교사들은 전라도지역 선교를 계획하면서 순천에 다녀갔다. 1894년 4월 말 전주선교부 소속 이눌서(W. D. Reynolds)와 유대모(A. D. Drew) 선교사가 호남지방 전 지역을 선교 여행하는 중에 순천을 경유하였다. 1898년 전주선교부 소속 최의덕(L. B. Tate) 선교사가 전도여행 중에 순천을 방문하였고 장터에서 전도지를 배포하였다. 1904년 남장로회 광주선교기지가 개설되면서, 당시 선교부가 관리하는 곳 가운데 순천지역 선교담당자는 오웬(Clement C. Owen, 한국명 오기원)이었다. 그는 순천지방 선교를 위해 1905년에 지원근 조사를 파견한 적이 있었다.

1905년 이후 1910년까지 대한제국은 대단히 암울하고 절망적인 시기였다. 국운은 날이 갈수록 기울어져 갔고, 일본제국의 한반도 침략 야욕은 더욱 노골화되었다. 일제에 대한 치열한 항쟁도 전국적으로 확산되었으나 대한제국은 일제의 식민통치의 늪으로 빠져들고 있었다. 당시 순천지역은 항일투쟁이 전국적으로 가장 치열했던 곳 가운데 한 곳으로 전쟁터를 방불케 했고 성벽마저 헐리는 가운데 주민들은 불안과 공포의 나날 속에 시달리고 있었다.[3]

반면에 이 시기는 기독교가 새로운 모습으로 다가오는 때이기도 했다. 갑신정변 이후, 1885년 제중원이 개원하면서 개신교가 대중들에게 알려지기 시작했다. 꾸준히 성장하던 개신교는 오래 전부터 조선에 전래된

---

3) 순천시, 『순천시사: 정치사회편』, 순천시사편찬위원회, 1997, 563~564쪽.

천주교의 교세를 1907년을 정점으로 역전했다.[4] 개신교는 개화와 문명의 상징, 즉 근대화의 상징으로 대중들에게 다가서고 있었다. 개신교를 통해 기독교 복음을 듣고 예배하는 자생적 신앙공동체들이 생겨났다.[5]

1905년부터 순천지역에 교회가 하나 둘 설립되기 시작했다. 당시 세워진 교회들은 선교사들에 의해 세워진 것이라기보다는 현지인들이 타지에서 전도를 받아와서 스스로 시작되었다. 이에 대해『순천노회사』의 기록을 살펴보자.

> 순천노회 교회가 태어나게 된 것은 한국교회가 낯모르는 사람들에 의해 시작된 것이 아닌 한국 사람이 만주에서 복음을 받아 이들이 전도함으로 무리 없이 받아들여지고 전도가 활발하게 진행된 것처럼, 순천노회의 교회도 선교사들이나 외지인에 의한 시작이 아니라 현지인이 직접 받아가지고 와서 전도가 시작되었고 선교사들은 세례를 베풀고 이들을 신앙으로 가르치기에 이르렀으므로 획기적인 부흥과 발전을 가져왔던 것으로 판단된다.[6]

『순천노회사』에 의하면, 율촌의 조일환, 이기홍, 박경주 세 사람은 미국인이 경영하는 세브란스병원으로 피신하게 되었고, 거기서 예수 믿기로 작정하고 머리를 삭발하고 고향에 돌아와서 1905년 10월 15일 장천교회를 설립하였다. 그들은 경성에서 소개받은 목포의 선교사를 찾아가 더 깊은 진리를 배워 가족과 함께 모여 예배하기 시작하였다.[7] 벌교 무만동교회(1905)는 지원근의 전도를 받은 조상학 씨의 열렬한 전도로

4) 신광철,『천주교와 개신교, 만남과 갈등의 역사』, 한국기독교역사연구소, 1998, 46쪽.
5) 박정환,「초기 제주도 개신교 형성사」,『한국기독교와 역사』제39호, 한국기독교역사연구소, 2013년 7월, 188쪽.
6) 순천노회사료편찬위원회,『순천노회사』, 순천노회, 1992, 60쪽.
7) 위와 같음.

김일현과 정태인이 믿게 되어 설립되었다. 김일현과 정태인은 자기 마을에 교회가 필요하다는 것을 깨닫고 보성에서 마침 전도하고 있던 지원근 조사를 찾아가 예배인도를 부탁하였고 이것이 보성군 벌교무만동 교회의 시작이 되었다.[8] 그리고 광양신황교회(1905)가 시작되었다.[9]

2) 순천선교기지 개설 이전의 신앙공동체

이 외에도 1909년까지 순천지역에서 교회가 시작된 것을 『순천노회사』는 다음과 같이 제시하고 있다.

1906. 순천읍교회(순천중앙교회), 순천평촌교회, 낙안중앙교회, 고흥 옥하리교회
1908. 운동교회, 대방교회, 광동중앙교회, 고흥신흥리교회, 여천우 학리교회, 순천용당교회, 순천선평교회, 고흥금산신평교회, 광양읍교회, 구례읍교회
1909. 광양백암리교회, 광양삼거리교회, 순천대치리교회, 순천구상리 교회[10]

이렇게 순천지방은 20개 처가 넘는 많은 교회가 시작되고 있었고, 이 교회들은 대부분 순천에 남장로회 선교기지가 개설되기 전에 현지인들의 전도와 예배모임으로 시작된 개신교 자생적 신앙공동체의 성격을 지니고 있었다.

1909년에 이르러 광주선교기지 소속 변요한(J. F. Preston), 배유지(Eugene Bell) 선교사는 순회차 순천을 방문하고 50여 명이 회집하는 자

---

8) 『순천노회사』, 61쪽.
9) 『순천노회사』, 62쪽; 이양재, 「순천지역 초기 선교역사 연구: 광양 신황리교회를 중심으로」, 호남신학대학교 대학원, 2001 참조.
10) 『순천노회사』, 63쪽.

생적 신앙공동체, 곧 순천읍교회를 발견하였다. 남장로회 선교사들은 순천 방문에서 자생적으로 시작되어 예배와 기도모임이 이루어지고 있는 현장을 살펴보고 확인하였다. 이 만남이 매산등(언덕) 순천선교기지 개설로 이어졌다.

2. 순천읍교회와 남장로교 선교회의 만남

현재 매산등 기독교 유적지는 옛 남장로회 순천선교기지가 있던 곳이다. 대체로 한국에서 선교활동을 펼친 장로교 선교회의 선교사역은 큰 줄기에 있어 세 가지가 있으니, 전도사역과 교육사역과 의료사역이다. 전도사역과 의료사역을 확실하게 하려면 교육사역이 필요하다.[11] 순천선교기지가 시작될 때 전도사역은 순천읍교회와의 관련성 안에서, 교육사역은 매산학교를 통해서, 그리고 사랑과 동정과 박애의 기독교적 가치를 드러내는 의료사역이 시작되었는데, 특별히 순천읍교회는 매산학교 설립에 중요한 연결고리가 되었다.

1) 순천읍교회의 생성과 성장

남장로회 순천선교기지 전도사역의 상징적인 토대가 된 순천읍교회는 1905년 말에 시작되었다. 순천읍교회는 설립초기에 교인 3사람에 의해 서문 밖 강시섭의 집에서 예배모임이 시작되었고, 1906년 율촌과 벌교에서 온 신자들이 합세하였으며, 1906년 말에는 지방 유지들 가운데서 믿는 사람이 이 모임에 합류하게 됐다.

그런데 『순천노회사』의 기록에 의하면, 순천읍교회는 그 시작이 1906

---

11) 「전라도 선교 25년사」, 1917; Mrs, Anabel Major Nisbet, Day In and Day Out in Korea, 한인수 역, 『호남 선교 초기 역사』, 경건, 2011, 246쪽.

년으로 소개된다. '순천읍교회는 1906년에 율촌의 조일환, 조의환, 지재환, 박경주, 이기홍, 박중호 씨 등의 전도 강연과 개인전도로 최정의(희) 씨가 믿게 되고 조상학 씨의 전도로 최사집 씨가 믿으므로 강시섭 씨의 집에서 모임을 갖게 되었다'고 전한다. 또한『순천노회사』는 '무만동교회 조사 이행수와 매서인 박응삼의 전도로 많은 사람이 믿게 되었다'고 전한다. 그해에 벌교 무만동교회 교인 박응삼이 순천에 와서 율촌의 신자들과 합세하여 전도하여 많은 사람이 믿게 되었다는 것이다.

그러나 순천읍교회의 설립이『순천노회사』의 1906년보다 1년 앞선다는 증언이 있으며 사진기록물도 발간되어 있다. 특별히 처음 신자 최정희와 관련하여,『순천중앙교회100년사』편찬위원장이었던 양성호 장로가 2006년 8월 26일 박영자 권사(박경주의 막내딸)와 나눈 면담을 참조할 수 있다.

> 최정희는 원래 율촌 출신으로서 복음을 전해준 이들과 모두 한 동리에서 서로 이웃으로 살았던 죽마고우였다. … 순천의 최정희는 율촌의 친구들을 찾아가 그들 집에서 살다시피 하였고, 율촌 친구들도 자주 순천을 오가며 지냈다. … 기독교 복음을 먼저 받아들인 고향 친구들이 서둘러 찾아와 최정희에게 전도하였다. 최정희가 선뜻 믿기로 결심했다고 하는 것은 가능한 일이다.[12]

이 면담은 순천읍교회의 설립연대를 1905년으로 상정할 수 있게 한다. 또한 대한예수교장로회총회 종교교육부가 1962년에 발행한『총회50주년화보집』에 주목할 필요가 있다. 이 화보집은 순천중앙교회당 사진과 함께 교회설립연도를 1905년으로 수록하고 있다. 이는『순천노회사』

---

12) 양성호,「박영자 권사 면담 자료」,『순천중앙교회 설립 역사』1, 2011년 9월 10일, 15~16쪽.

가 편찬되기 30년 전의 기록이다.[13] 이런 정황은 순천읍교회가 1905년 말에 시작된 개신교 자생적 신앙공동체라는 가능성을 말해준다.

한편『조선예수교장로회사기』는 순천읍교회의 생성과 성장의 모습을 아래와 같이 언급하고 있다.

> 순천군읍내교회가 설립하다. 선시(1909년 이전)에 본리인 최사집 은 대곡리 조상학의 전도를 인하야 밋고 최정의(희)난 여수 조의 (일)환의 전도로 밋은 후 서문 내 강시섭 사저에 회집하다가 양생 재(양사제)를 임시예배처소로 사용하얏고 기후에 서문 외에 기지 400여 평과 초가 10여 평을 매수하야 회집 예배할 새 선교회에서 순천을 해지방선교의 중심지로 정하고 가옥을 건축하며 남녀학교 와 병원을 설립하니 교회가 점차 발전된지라 선교사와 합동하여 연와재 40평을 신축한지라[14]

『조선예수교장로회사기』는 순천읍교회에 대한 내용을 1909년을 기준 삼아 언급하는데, 위의 인용문을 통해 순천읍교회의 예배장소, 처음교 인들, 발전의 과정, 순천선교기지 개설, 남장로교 선교회와 합동하여 교 회를 건축하는 등의 몇 가지 추론이 가능하다.

무엇보다 순천읍교회 처음 신자 최정희는 율촌 장천교회 조의환(이기 홍, 박경주)에게서, 최사집은 조상학에게서, 그리고 강시섭은 이들 가운 데 누군가에게 전도를 받고 서문 내에 있는 자신의 집을 회집장소로 제 공하고 있다. 강시섭의 사저에서 예배드리던 공동체는 1907년 봄에 예 배처소를 양사재로 옮기게 된다. 아마도 장소 자체도 비좁아 예배드리

---

13) 이 사진과 내용을 제공한 사람이 김순배 담임목사인데, 당시 그는 1930년대부터 순 천노회 임원으로 봉사해 왔고 두 번이나 노회장을 역임한 순천노회의 원로였다. 순 천중앙교회의 역사에 대해서 누구보다도 잘 알고 있는 어른이었고, 설립당시를 증 언해줄 수 있는 분들에 의해서 충분히 타당성을 확인했다고 볼 수 있다.

14)『朝鮮예수教長老會史記』, 朝鮮예수教長老會總會, 1928, 270쪽.

는 것이 불편했고, 또한 10여 명 되는 남녀교인들이 함께 회집하게 되면서 당시 사회적 남녀유별의 문제를 해결하고자 했을 것이다.

이후 양사재에서 교회가 빠르게 성장하고 부흥되어 성도수가 날로 증가하면서 30명을 초과하게 되자 1908년 2월에는 교회를 다시 옮겨야 할 상황이었다. 물론 양사재를 비워주게 된 배경에는 1908년에 순천에 일본군 수비대가 주둔하게 되어 구 법원 청사 후면에 청사를 세우게 되면서 군인들이 양사재를 강점하였기 때문이기도 했다.

1905년부터 1910년까지 초창기 순천읍교회의 회집 성도수와 모임장소를 다음과 같이 도표로 제시할 수 있다.

성장단계	회집시기	성도 수	예배처소
1	1905.11 이후	3	강시섭 사저
2	1906. ~ 1907.03	7~10	강시섭 사저
3	1907.04 ~ 1908.02 초순	10~30	양사재
4	1908.02 ~ 1909.	30~50	초기 예배당

2) 순천읍교회의 성격

순천읍교회는 뚜렷하게 담임목회자가 없는 가운데 스스로 성장해갔다. 그 성장의 단초는 『순천노회사』가 언급하고 있듯이 율촌장천교회의 설립자들에게서 찾을 수 있는데, "순천노회의 교회도 선교사들이나 외지인에 의한 시작이 아니라 현지인이 직접 받아가지고 와서 전도가 시작되었고"[15]라는 언급이다.

처음 신앙인 최정희를 전도한 장천교회 조일환, 이기홍, 박경주 세 사람은 자유로운 삶을 위해 만주 이민길에 올랐다가 경성에서 일본 경찰에 의해 체포당하게 되자 피신처를 찾는 중 세브란스병원에 들어가게 되었다. 1905년의 세브란스는 제중원이 시설을 확장하고 이사한 곳이

---

15) 『순천노회사』, 60쪽.

다. 제중원은 1904년부터 남대문 밖 복숭아골(현재 서울역 맞은 편 세브란스 빌딩 자리)에 병원을 세우고 이름을 세브란스병원으로 바꾸었다. 제중원 당시부터 세브란스는 한국에서 교육과 의료선교를 포함하여 근대화의 상징이었다. 더구나 세브란스는 장천교회의 설립자들이 될 사람들에게 목포선교기지를 통해 기독교 진리를 배우라고 제시한다. 피신한 사람들을 전라도 목포지역에서 선교활동을 펼친 선교사들과 연결시킨 것이다.

순천읍교회의 시작은 장천교회 설립자들과 관련을 가지고 있었다.[16] 처음신자 최정희는 장천교회 설립자들과 죽마교우였다. 순천읍교회의 초기 교인들 역시 개신교와 교육, 의료, 복음전도를 잇는 기독교적 사업에 깊은 감명을 받았던 사람들이었다. 순천읍교회 초기 교인 최사집을 전도한 조상학은 오웬 선교사와 지원근 조사에게서 복음을 들었다. 유교 집안의 도도한 선비였던 그가 성령의 인도로 열심을 다해 전도했던 사람이 최사집이었다. 이렇게 순천읍교회는 현지인이면서 동시에 지역에서 선각자로 대변되는 계층에 의해서 기독교를 적극적으로 받아들였다. 그리고 이들에 의한 전도는 예배공동체 형성에 매우 큰 영향을 끼쳤다.

3) 남장로회 선교사들의 순천방문

순천읍교회와 선교사와의 구체적인 만남은 언제 이루어진 것인가? 이 질문은 『조선예수교장로사기』가 순천읍교회를 설명하는 "(남장로교) 선교회에서 순천을 해지방선교의 중심지로 정하고 가옥을 건축하며 남녀학교와 병원을 설립하니 교회가 점차 발전된지라"[17]라는 언급에서 추론

---

16) 윤정란, 「전남 순천지역 기독교의 수용과 확산」, 『숭실사학, 제26호』, 2011, 80쪽.
17) 『朝鮮예수敎長老會史記』, 朝鮮예수敎長老會總會, 1928, 270쪽.

138 전남동부 기독교 선교와 한국사회

할 수 있다. 그 시점은 광주선교기지 소속 선교사로서 순천지역 선교를 담당하고 있었던 오웬 선교사가 1909년 4월 3일 급성폐렴으로 별세한 이후부터라고 할 수 있다.

오웬 선교사가 갑작스럽게 사망하자 목포선교기지에 있는 변요한(J. F. Preston) 선교사가 그 후임으로 결정되었고, 이 결정에 따라 변요한 목사는 1909년 5월 20일 목포를 떠나 광주선교기지로 이동하였다. 여기서 새로운 임지로 부임한 변요한 목사는 자신의 사역 담당지역을 파악하기 위하여 순회여행을 하게 되었다. 그는 순회여행 중에 순천에서 약 50여 명의 교인이 회집하여 예배드리는 것을 볼 수 있었다. 이때의 상황을 『한국선교이야기』는 다음과 같이 소개하고 있다.

> 벨과 프레스톤은 순천 근교에 여섯 내지 일곱 그룹의 기독교인이 모임을 열고 있는 것을 발견했다. 그중에는 오십 명이 도시 안에 있는 큰 기와지붕의 공회당에서 모이는 그룹도 있었다. 이 조사 후에 두 사람은 순천에 선교기지를 세울 것을 선교부에 추천했다.[18]

배유지, 변요한 선교사 두 사람이 순천선교기지 설립을 제안한 이유는 순천에 새 신자들이 많고, 거리가 멀고, 직통로 때문에 순천이 광주로부터 고립되는데 순천이 도서 지방을 위한 '도약점'으로 사용될 수 있다는 것 때문이었다.[19]

그러나 이런 평가보다 더 깊은 것은 한국교회 자생적 신앙공동체에 대한 이들의 인식이 남달랐기 때문이다. 특별히 남장로교 선교회의 새로운 중심지인 순천선교기지 설립의 토대를 마련한 변요한 선교사는 한

---

18) 김수진 · 한인수, 『한국기독교회사: 호남편』, 187; 천사무엘 · 김균태 · 오승재 옮김, George Thompson Brown, Mission to Korea, 『한국선교이야기』, 동연, 2010, 133쪽.
19) 『한국선교이야기』, 133쪽.

국교회를 자발적 헌신이 살아있는 수준 있는 교회로 보았고, 훌륭한 지도자들과 교인들에 의해 발전하고 있다고 확신했다.[20]

여기서 순천선교기지 설립과 관련하여 변요한 선교사의 선교사역 연대표를 언급할 필요가 있다. 남장로회 선교본부에 보관된 문서에 의하면 변요한 목사는 아래와 같이 사역한 것으로 확인된다.[21]

선교기지	사역 기간
목포	1903.11. ~ 1905.10.
광주	1905.11.08. ~ 1907.10.12.
목포	1907.10.12. ~ 1909.05.19
광주	1909.05.20. ~ 1913.04 (안식년 : 1911.05.01. ~ 1912.09.20.)
순천	1913.04. ~ 1940.

이상에서 살펴 본대로, 변요한 선교사는 오웬 선교사를 잇는 광주선교기지 소속으로 1909년 순천을 방문하면서 순천읍교회가 성장하고 있는 모습을 확인하였고, 순천읍교회와의 만남을 통해 순천선교기지 계획을 구체화할 수 있었으며 순천읍교회 건축에 관여하게 되었다. 1910년과 1911년 사이에 순천지역 기독교에 두 가지 사건이 겹치고 있는데, 하나는 순천선교기지 설립의 구체화였고, 다른 하나는 순천읍교회를 신축하는 일이었다. 그 중심에 변요한 선교사가 있었다.

4) 순천지역 선교를 위한 협력

1910년 순천읍교회는 담임교역자가 없는 중에서도 성도수가 놀랍게 성장하고 있었다. 당시 선교기지 개설을 위해 순천을 답사했던 위원들은

---

20) 최영근, 「미국남장로교 선교사 존 페어맨 프레스톤(John Fairman Preston, Sr.)의 전남지역 선교에 관한 연구」, 『장신논단』 Vol.48 No.1, 장로회신학대학교, 2016.3, 86쪽.
21) 미국 남장로회 선교본부 보관 자료, 「변요한 Biographical Information in 필라델피아」, 순천중앙교회 역사자료.

순천읍교회 초신자들 몇 명에게 세례를 베풀었다. 유서백(J. S. Nisbet) 목사가 집례하였고, 순천읍교회에서는 처음 세례식이었다.[22]

여기서 한 가지 질문에 접하게 된다. 순천읍교회는 왜 서문 밖에 있는 기지 400여 평과 초가 10여 평 되는 넓은 장소를 놔두고 현재의 장소로 옮기게 되었을까? 아마도 1910년을 전후하여 남장로교 선교회의 순천선 교기지 개설위원회와 순천읍교회의 합의가 중요한 요인이었을 것이다.

> 기후에 서문 외에 기지 400여 평과 초가 10여 평을 매수하야 회 집 예배할 새, 선교회에서 순천을 해지방선교의 중심지로 정하고 가옥을 건축하며 남녀학교와 병원을 설립하니 교회가 점차 발전된 지라 선교사와 합동하여 연와재 40평을 신축한지라.[23]

위의 언급은 순천선교기지의 종교 부지를 순천읍교회와의 관련성 안 에서 찾을 수 있게 한다. 새 예배당은 티(T)형 목조와가 건물이었고, 총 공사비는 600원이었으며, 순천읍교회의 두 번째 예배당이다.

이처럼 1910년 남장로교 선교회는 위원회를 구성했고, 순천선교기지 개설계획이 본격화되어 갔다. 순천선교기지는 지금의 매산등에 위치하 게 되었다. 선교기지 부지 선택은 비용적인 면을 포함하여, 읍내를 내려 다 볼 수 있는 조망권을 가지면서 교육시설, 의료시설, 종교시설을 배치 해야 했다. 1913년 이후 매산등은 선교사들의 주택과 교회(현 순천중앙 교회)와 여학교와 남학교, 병원(알렉산더병원)과 남녀 기숙사가 속속 들 어서면서 남장로회 순천선교기지의 선교사구역이 갖추어졌다.[24]

변요한 선교사는 1911년 안식년을 맞아 순천선교기지에서 일할 인원

---

22) 『한국기독교회사: 호남편』, 188쪽.
23) 『朝鮮예수敎長老會史記』, 朝鮮예수敎長老會總會, 1928, 270쪽.
24) 순천시, 『매산등 이야기』, 35쪽.

과 원활한 전라도지역 선교를 위하여 33명의 선교사를 모집할 임무를 가지고 미국에 갔다. 평신도 왓츠(Geo. W. Watts)로부터 매년 선교사 13명이 일할 수 있는 기부를 약속받았다. 이것이 순천선교기지 건설 및 은성학교 설립과 순천선교기지 활동에 결정적인 재원이 되었다.

이런 논의를 기반으로 1910년은 자생적 신앙공동체와 선교사와의 합류가 이루어진 시점으로 보아도 무리가 없을 것이다. 1910년은 순천선교기지 장소 물색과 결정, 순천읍교회 첫 세례식 등의 사건이 진행되면서 남장로회 선교사들과 순천읍교회가 적극적으로 만나고 협력하기 시작한 해였다. 이 같은 협력은 1909년 자생적 신앙공동체와 남장로교 선교회가 서로 만난 이후 급속하게 전개되었다. 선교사들과 현지 교인들의 깊은 신뢰관계와 상호협력이 순천지역에서 기독교 발전의 이유와 증거가 되기 시작했다.

3. 사숙학교에서 은성학교로

1) 영동의 한옥과 매곡동의 천막교사(校舍)

남장로회 순천선교기지의 교육선교는 일반적으로 1913년 은성학교의 설립부터라고 여겨지고 있다. 실제로 은성학교는 변요한 선교사가 미국의 조지 와츠에게서 후원받은 재원으로 설립되었다. 학교의 이름도 George Watts School for Boys(Girls) 또는 The Watts Boys(Girls) School로 불렸다.[25] 설립순서는 1913년 여학교가 남장로교 선교회에서 승인되었고, 남학교는 1914년에 승인을 받았다.[26]

---

25) 미국식 표현으로 학교의 이름은 'Geo. W. Watts' Memorial Boys and Girls Private Schools'로서 왓츠(Geo. W. Watts)는 순천선교기지의 절대적인 재정후원자였다.

26) 「Report of the Educational Committee」, The Minutes of Twenty-second Annual Meeting (1913), 58-59; 「Report of Business Committee」, The Minutes of Twenty-third Annual

그러나 은성학교의 설립은 그 기원이 사숙(학교)의 시작에 있었다. 순천선교기지 설치가 결정되자 1910년 변요한(J. F. Preston) 배유지(Eugene Bell) 우월순(R. M. Wilson) 선교사는 광주북문안교회 김윤수를 보내 순천읍교회 김억평과 의논하여 선교기지를 설치할 대지를 매입하였다. 『순천노회사』에서 관련부분을 살펴보자.

> 호남지방의 선교는 남장로계 선교사들에 의해 이루어졌으며, 1910년 순천에 선교기지를 개설하고 선교활동을 시작하였다. 이 지역 최초로 파송된 선교사인 변요한(J. F. Preston)과 고라복(R. T. Coit) 목사에 의하여 1910년 4월 금곡동 향교 근처에 한옥 한 채를 구입하여 예배당으로 사용하면서 30명 정도의 학생들에게 성경과 신학문을 가르쳤다.[27]

위의 언급에서 두 가지 사실에 주목할 수 있다. 첫째는 남장로회가 '정식으로 순천에서 활동'을 시작한 해는 1910년이라는 사실이다. 변요한 고라복 선교사는 일종의 부임형식으로 선교활동을 시작한다. 1910년 4월에 남장로교 선교사 변요한 선교사가 순천읍교회 당회장이 되어 교회를 돌보기 시작한 것이다. 둘째는 '금곡동 향교 근처에 한옥 한 채'는 '금곡동에 소재한 향교 근처에 있는 한옥 한 채'를 말하며, 현재 영동 108번지로 당시 순천읍교회와 인접해 있었다.[28] 아마도 이곳은 남장로회 선교사들에 의하여 주로 순천읍교회 교인들, 어른 총각으로부터 나이 어린 아이들이 한데 어울려 약 30여 명을 대상으로 성경과 신학문을 가르치기 시작한 곳으로서 은성학교의 모태가 되었던 것으로 보인다.[29]

Meeting(1914), 42쪽.

27) 『순천노회사』, 41쪽.

28) 매산100년사 편찬위원회, 『매산백년사』, 2010, 168~174쪽 참조.

29) 『매산백년사』, 173쪽.

1910년 4월 금곡동에 소재한 향교 근처에 있는 한옥은 매산학교의 발원지가 된 사숙이라고 할 수 있으며, 이곳은 초기 한국교회 곳곳에서 선교를 위해 실시한 교육기관과 같은 역할을 하였다.

1911년부터 사숙은 천막학교로 이어진다. 영동 한옥 사숙에서 시작된 학교교육은 학생들이 늘어나자 더 확장되었다. 또한 안식년에서 돌아온 변요한 선교사가 선교기지에 학교건물을 건립하려는 계획의 과정이기도 했다. 영동의 한옥 사숙과 매곡동의 천막학교에서의 교육은 보조학교(subsidiary academy) 내지 문법학교(grammar school) 정도의 수준이라고 보여 진다. 사숙과 천막학교는 장차 기독교 교육기관으로서 순천지역 교육의 중핵적인 역할을 담당하는 매산학원으로 발전하는 초석이 되었다.[30]

이렇게 남장로회 순천선교기지 설립은 순천읍교회의 발전과 관련이 있었다. 선교기지가 건설되면서 이 지역 기독교는 더욱 확산되었다. 순천읍교회의 발전을 비롯하여 매산학교의 전신이었던 은성학교의 설립, 의사 티몬스(Henry L. Timmons)와 간호사 그리어(Anna Lou Greer)에 의해 시작된 오두막집 병원의 개원 등에 이르는 교육사업 및 의료사업을 통해 기독교가 뿌리를 내렸다. 1913년 선교사들의 거주지가 완공되었고, 학교와 병원도 세워져갔다.

2) 은성학교의 설립

순천읍교회는 선교기지의 종교시설을 대표하기도 했지만, 다른 한편으로 교육시설과도 연결되었다. 이미 시작되었던 사숙에서의 교육과 천막학교에서의 교육은 신학문을 동경하게 했고 근대 학문을 배우기 위해 예배당을 찾는 계기가 되기도 했다. 그래서 선교부는 1910년 영동 한옥 사숙에서 시작된 보조학교, 1911년 매곡동의 천막학교에서 운영되고 있는

---

30) 『매산백년사』, 174쪽.

문법학교를 발전시켜 인가를 받아 1913년 9월 은성학교를 개교하였다.

원대한 교육선교를 내다보고 순천선교기지 건설에 때맞춰 일제의 사립학교규칙에 준하여 인가를 받아 개교한 것이다. 은성학교는 지역민과 교회를 비롯하여 선교사들 모두 많은 기대를 가지고 출발했다. 은성학교의 설립은 순천지역 교육선교를 향한 전진이자 근대화에 대한 상징적 접점이었다. 초창기 은성학교는 현재의 초등학교 과정에 준하는 학교였다. 그래서 설립목적은 '하나님의 부르심 안에서 하나님의 일꾼이 되고, 그리스도 안에서 이웃을 위하고, 자신의 직업으로 스스로를 부양할 수 있는 사람'에 두었다고 할 수 있다.

은성학교의 교사(校舍)는 선교기지의 선교사 주택이 완성된 이후인 1916년에 건설되었다.[31] 재직자는 고라복(R. T. Coit) 선교사가 설립자 겸 초대교장이었다. 당시 순천선교기지에 배치된 선교사들은 변요한(J. F. Preston) 부부, 고라복 부부, 안채윤(Pratt, Charles Henry), 백미다(Bigger, Meta Louise), 두애란(Dupuy, Lavalette), 기안나(Walker, Anna Lou Greer), 김로라(Timmons, Henry Loyala), 한삼열(R. S. Leadingham) 부부를 포함하여 부임 4년차에는 총 82명이 순천선교기지에서 활동한 것으로 보인다.[32] 이들 외에 1913년 은성학교가 개교될 즈음 아마도 한국인 남녀 교사가 있었을 것으로 짐작된다.

3) 은성학교의 폐교

개교한지 불과 2년이 되지 못하여 은성학교는 일제의 감시의 대상이었다.[33] 그동안 일제는 1911년의 '사립학교규칙'으로 민간의 교육 사업

---

31) 문화재청, 『순천매산중학교 매산관 기록화 조사보고서』, 2006, 44. 은성학교의 교사는 현재의 매산중학교 매산관이며, 현재의 건물은 1930년 10월 30일 다시 신축한 것이다. 『동아일보』, 1930.11.9.

32) 인돈학술원 편, 『미국 남장로회 내한선교사 편람』, 한남대학교 출판부, 2007쪽.

에 대한 통제를 해왔고, 선교사들에 의하여 운영되고 있는 종교계통의
학교에 대해서도 조치를 취했다. 그런데 1915년 3월 24일 사립학교를 강
력하게 규제할 수 있는 적극적인 대책으로 조선총독부령 제24호로 '사
립학교규칙을 개정'하였다.

개정된 사립학교규칙에서는 교원에 대한 규정이 강화되었는데, 교원
의 자격 규정으로 일본어에 능통할 것이 요구되었고, 조선총독부의 교
원면허장을 소유한 자로서 일본인 교원이 채용되도록 유도하였다. 총독
부가 정한 교육과정에서 한국사나 한국지리 교육을 교수할 수 없도록
했다. 또한 선교사들이 운영해온 기독교계 사립학교에서 종교교육을 할
수 없도록 했다. 일제는 개정 사립학교규칙에 당황해하는 선교사들을
회유하기도 하고 협박하기도 했다.

일제의 이러한 조치에 어쩔 수 없는 현실론으로 인가를 받는 종교단
체도 적지 않았다. 그러나 성경을 마음대로 가르치지 못하는 학교가 선
교에 도무지 무슨 의미가 있겠는가 회의론도 우세하였다. 전국에서
1915년 직후 1년간 300개가 넘는 사립학교가 문을 닫았다.[34] 결국 은성
학교는 자진폐교를 결정하게 된다. 기독교계 교육기관인 은성학교에서
성경과목과 찬미가를 가르칠 수 없었기 때문이다.

III. 매산학교의 개교(1921)

1. 선교부와 순천읍교회의 협력

자진 폐교하였던 은성학교는 약 4년 10개월 만인 1921년 4월 15일 교

---

33) 『기독신보』, 1922.6.14.

34) 『매산백년사』, 220쪽.

명을 매산학교(梅山學校)로 하여 다시 개교하게 되었다. 폐교되었던 은성학교가 다시 매산학교로 개교하게 된 것은 1919년 3·1운동 이후 한국에 대한 일제의 유화정책에 의한 문화정치적 상황에서 이루어졌다. 1921년에 이르러 "마음대로 성경을 가르치며 학교를 운영해도 된다는 당국의 허락"을 받았다.[35] 구례인(J. C. Crane) 선교사를 설립자로 하여 1921년 3월에 인가를 받아 4월 15일 개교식을 거행했다.[36] 1922년 6월 당시 고등과 학생이 33명, 보통과 학생이 207명이었다. 여기서 매산학교의 설립배경을 전해주는 『순천시사』에 주목해 보자.

> 1920년 6월 이래 기독교계 인사들은 사립학교를 설립하는 데 힘을 모았다. 그 결과 사립순천매산학교와 사립순천매산여학교가 문을 열었다. 이 무렵 순천기독면려청년회도 활기차게 움직이기 시작했다.[37]

당시 순천기독면려청년회가 청년들의 신앙결사로서 1918년 10월 15일에 결성된 점을 감안하면, 폐교된 은성학교를 잇는 사립매산학교의 설립은 기독교계의 커다란 염원이자 순천지역의 근대화에 대한 갈망을 담고 있었다. 그 중심에 기독면려청년회가 있었고, 1920년 제3기 회장은 이기풍 목사였다. 그리고 1921년 4월 21일 기독면려청년회 총회에서 회장은 김양수, 덕육부장은 순천읍교회의 첫 교인 최정희였다. 결국 선교부와 순천읍교회가 협력하여 기독교학교(미션스쿨)를 소생시키고 있음을 보게 된다. 아래는 1922년 6월 『기독신보』의 기사이다.

---

35) 백미다(Meta. L. Bigger), 『선교보고』, 1922년 5월 5일. 『매산백년사』, 241쪽에서 재인용.
36) 『기독신보』, 1922.6.14.
37) 『순천시사: 정치사회편』, 608쪽.

때난 일작년(1920년) 봄이엿다. 정치상 변동을 긔회로 삼아 미슌과 교회난 협력하여 이 학교를 다시 소생케 하기 위하여 만흔 힘을 썻섯다. … 그 결과난 작년(1921년) 3월 말일경에 매산학교 명칭으로 인가가 되엿다. … 보통과와 고등과가 있다.[38]

2. 고등과 개설 문제

1913년 시작된 은성학교와 1921년 문을 연 매산학교의 가장 큰 차이점은 고등과의 개설이다. 매산학교가 개교할 당시 선교부는 재정적인 문제로 보통과만 설치하려고 했었다. 그러나 순천읍교회의 지도자들과 지방 유지들은 고등과 설치를 강력히 요구했다. 아래는 1920년 여름, 약 50여일 어간의 『동아일보』 기사이다.

학교를 여전히 부활하기 위하여 금번 광주에 개최된 선교사회에서 차 문제를 협의할 터인바 경비의 관계로 고등과는 의문이라는 선교사의 논의가 유함으로 지방교우측에서 분기하야 경비 약간을 부담하고 기필코 고등학교를 설립키 위하야 교회대표로 목사 이기풍, 장로 오영식, 유지 김양수 3씨를 선발하야 광주선교사회에 파견야하다더라.[39]

순천야소교 내에는 금번 보통학교 及 고등학교 설립허가원을 제출하얏는데 차에 대한 경비로는 조선교회측에서는 매년 천원식을 담당하고 기여는 미국선교사회에서 부담하기로 결정되얏다더라.[40]

---

38) 「교영학교휘보-순천매산학교」 1, 『기독신보』, 1922년 6월 14일.
39) 「순천고교부활乎」, 『동아일보』, 1920년 6월 28일.
40) 「학교설립원제출」, 『동아일보』, 1920년 8월 16일.

매산학교로 다시 개교하는 데 있어서 보통과는 설치가 가능하나 그 경비의 문제로 고등과를 설치할 수 있을 것인지 의문이라는 선교부의 말을 듣고 조선교회측에서 매산학교에 매년 천원씩을 부담한다는 것을 짐작할 수 있다. 고등과 설치 문제를 해결하기 위하여 순천지역의 대표자로 광주에서 개최되는 선교사회에 파견된 이기풍 목사, 그는 당시 순천읍교회 제3대 목사로 시무하고 있었다. 이기풍 목사는 1920년 조선예수교장로회 부총회장, 1921년 가을 제10회 총회에서 총회장으로 선출되었다. 오영식 장로는 순천읍교회 장로였다. 그리고 김양수는 순천기독면려청년회와 순천청년회의 간부였다.

3. 이기풍 목사의 역할

사실 이기풍 목사는 평양 장로회신학교 제1회 졸업생으로서 남북장로회 선교사들과 교분이 두터웠다. 출신은 평양이었지만, 사역의 대부분은 전라도 지역이었다. 그는 1908년부터 1915년까지, 그리고 1927년부터 1931년까지 두 차례 제주도에서 사역하였던 바, 남장로회 선교사들과는 깊은 교제 가운데 있었다. 제주도 첫 번째 사역은 해외선교사 자격으로, 두 번째는 제주성내교회 당회장으로 활동하였다. 1차 선교활동은 현지인의 요구가 무엇인지 응답하는 선교사역을 펼쳤다. 반면에 이기풍 목사의 제주도 2차 목회활동은 교회와 지역사회의 소통을 모색하는 데 있었다. 그래서 현지인들의 리더십을 키우고 그들로 하여금 스스로 교회를 세우고 다음세대를 위해 일할 수 있도록 '물러섬'과 '낮아짐'의 자세를 한국교회에 보여준 바 있었다.[41]

---

41) 박정환, 「제주도 자생적 신앙공동체의 생성과 성장에 관한 연구」, 장로회신학대학교, 2012, 218쪽.

이와 같은 이기풍 목사의 경험, 교회가 현지인의 요구에 귀를 기울이는 선교사역의 경험은 매산학교 개교에 있어 고등과 설치에 대한 문제에서 선교부와 순천읍교회의 긴밀한 협조를 이끌어내고 있으며, 순천읍교회 담임목사였던 이기풍 목사가 폐교되었던 은성학교를 다시 매산학교로 설립하는데 큰 기여를 하고 있다.

무엇보다 선교사들이 경비문제로 보통과만 설치하려 하자 이기풍 목사와 기독교계 지도자 그리고 지역 유지들이 경비를 일부 부담하면서 선교부에 고등과의 설치를 요구하였던 것은 매산학교 설립이 선교사들에 의해서만 이루어진 것이 아니라, 3.1운동 실패 후 좌절되었던 당시 한국인들의 구국에 대한 열망과 교육에 대한 열망이 반영된 것으로 이해할 수 있다.

IV. 매산학교의 폐교(1937)

1920년대의 매산학교는 교육을 통하여 지역에서 기독교에 대한 신뢰를 견고히 해 갔다. 처음부터 실업교육이 강조되었고, 노동을 천시하는 잘못된 '양반의식'을 교정하고 가난한 학생들이 공부할 수 있는 여건을 만들어갔다. 교육선교 현장에서도 매산학교와 지역민은 서로 영향을 주고받았다.

그러나 1930년대 중반이 되면서 매산학교는 다시 수난을 받았다. 일제의 신사참배 강요 문제가 한국교회의 당면한 가장 중요한 도전이 되었다. 남장로회 선교부는 신사참배에 있어 타협을 통한 생존보다는 폐쇄를 통한 거부를 택했다. 그리하여 매산학교는 1916년 성경 교육을 금지한다는 이유로 문을 닫았던 것과 마찬가지로, 1937년 9월 학교를 자진 폐쇄하게 되었다.

1. 미션학교와 신사참배

1) 일제의 신사참배 강요

일제는 1931년 만주사변을 일으키면서 학생들의 애국심을 기른다는 이유로 교육계에 신사참배를 강요하기 시작했다. 그러나 기독교계 학교 (미션학교)들은 이를 거부했다. 1932년 1월 전남 광주지역 미션학교는 '만주사변에 대한 기원제' 참석을 거부하였고, 그해 9월 평양에서도 '만주사변 1주년 기념 전몰자 위령제'에 미션학교도 참석하도록 했으나 이를 거부하였다.[42] 한국교회로서는 신앙적 입장에서나 민족적 양심에서나 모두 용납할 수가 없었다. 일제는 미션학교의 불참에 대해 행정기관을 통해 경고하였고, 다른 한편으로는 학교에 대한 사찰과 탄압을 이어갔다.

신사참배 강요의 전환점이 된 것은 1935년 11월 14일, 평양 숭실학교 교장 윤산온(George S. McCune) 박사의 결정이었다. 윤산온 선교사는 학교 대표로 신사에 가서 그곳에 모시는 영들에게 참배하라는 명령을 받았으나, 이를 거부했다. 두 번째 경고를 받고도, 첫째 자신에게는 종교적 의미가 있기에, 둘째 사람의 영들이 그곳에서 숭배되고 있기에, 셋째 기독교인에게 효도 이외의 조상숭배는 하나님을 거역하는 죄이기에, 넷째 이것들을 학생들에게 가르치는 교사로서 양심상의 이유 등으로 신사참배를 거부했다.[43] 신사참배를 거부한 결과, 윤산온 선교사는 정부로부터 면직되고 미국으로 강제 추방되었다.

일제의 신사참배 강요의 논리는 "신사참배는 종교의식이 아니라 국민의례이며, 예배행위가 아니고 조상에게 최대한 경의를 표하는 것일 뿐

---

42) 김승태, 『한국기독교와 신사참배 문제』, 한국기독교역사연구소, 1991, 23쪽.
43) George S. McCune, 「Can Christian Missionaries Sanction Shrine Worship?」, The Sunday School Times, June 5. 1937. 『한국선교이야기』, 209쪽에서 재인용.

이고, 교육의 목적은 학생들의 지적인 육성에만 있는 것이 아니라 학생들로 하여금 천황의 신민이 되게 하는 데 있다"는 것이었다. 이런 논리를 바탕으로 신사참배 강요는 더욱 강렬해져서 학무국을 통해 모든 미션학교의 교사들과 학생들에게 신사참배를 하도록 요구했다. 1936년 10월에는 많은 수의 무장경찰이 전국 여러 곳의 미션학교에 들어와서 신사참배를 강요하였다. 각 선교회들이 어떻게 할 것인지, 당국의 요구에 응할 것인가 아니면 학교의 문을 닫을 것인가 결정을 해야 했다.[44]

2) 존폐의 기로에 선 미션학교

일제의 압박이 증가하고 위협, 체포, 투옥과 협박이 잇따르면서, "신사참배 문제는 타협할 문제가 아니라"는 처음의 강력한 주장이 점점 힘을 잃었다. 적지 않은 사람이 설득을 당하여 "신사참배 문제에 대해 당국의 해석이 맞다"는 해석을 내놓기도 했다. 학교를 계속하여 지속하는 유일한 방법은 일본의 명령에 따르는 것이라는 데 동의하기도 했다.

더구나 지역의 비기독교인들은 학교를 계속 열어야 한다고 호소하면서 "미션학교가 없어지는 것을 한국 해방의 마지막 희망이 사라지는 것"으로 여기기도 했다. 기독교회가 현대 문명에 낙후된 한국인에게 신문화를 호흡할 길을 열어준 은혜는 고마우나, 신사참배 문제로 학교를 폐지하는 것은 찬성하지 않는 분위기가 형성되기도 했다. 아래는 『한민』(1937.02.01.)의 '학교폐지 문제에 대하여 기독교회의 반성을 촉함'이라는 기사의 한 대목이다.

> 본래 (기독)교회에서 학교를 설립한 것은 선교 사업을 위한 것이
> 며 선교 사업을 개시한 것은 한인에게 정신의 양식을 주고자 함이

---

44) 『한국선교이야기』, 209쪽.

어늘 이제 이 (신사참배) 문제로 학교를 폐함은 마치 목자가 양(羊)
의 떼를 시랑(豺狼)에게 내맡기고자함 같으니 이로 인하여 한인의
정신과 물질에 얼마나 심각한 고통을 더하랴![45]

이 기사는 계속하여 선교사회를 향하여 "한국의 교우야 어찌되든지
자기네의 신앙만 위하여 각기 고국으로 돌아가고 말 것이냐!" 항변하면
서, 세계 언론계의 십자군을 일으킴으로써 왜놈을 제재하라고 요구한
다. 더불어 캐나다장로교회와 호주장로교회는 학교를 폐지하지 아니하
였는데, 남북장로교회도 같은 태도를 취하거나 미션학교를 다른 장로회
로 인계할 수는 없는지 등을 요구하고 물었다.

3) 남장로교 선교회의 선택

신사참배 문제에 대해서 여러 교파가 연합전선을 펴지 못하고 있었
고, 현장에 있는 선교사들도 이 문제로 의견이 갈라져 있었다. 브라운
(G. T. Brown)은 당시의 상황을 아래와 같이 썼다.

신사참배 문제는 너무 혼란스럽게 되어서 교회는 분명한 목소리
를 내지 못하게 되었다. 문제를 혼란스럽게 하는 당국의 모든 시
도, '학교는 어떤 값을 치르더라도 열어야 한다는 한국 사람들의 강
한 욕망', 그리고 각 선교회 사이에 많은 다른 의견이 있었지만 남
장로교 선교회는 이 문제가 유일신교와 다신교 사이의 문제라는
분명한 결론을 내렸다.[46]

남장로교 선교회는 신사참배 문제에 대하여 강경하게 반대 입장을 표

---

45) 『매산백년사』, 369~370쪽에서 재인용.
46) 『한국선교이야기』, 212쪽.

명했다. 기독교인은 홀로 진리이시고 살아계신 하나님을 예배하며 그분만을 섬기기 때문에 신사참배에 참여할 수 없었다. 그래서 선교회는 신사에 참배하기보다는 학교를 폐교하기로 방침을 정하고 선교본부에 연락을 하였다. 남장로교 선교회의 입장은 실행위원회 총무 풀턴(C. Darby Fulton)의 방문으로 큰 힘을 얻었다. 풀턴은 선교회의 입장에 진심으로 동의했고, '신사참배 문제를 양보하는 것은 모든 기독교 선교의 목적과 프로그램을 망쳐 버린다'고 보았다.[47]

결국 풀턴이 제출한 정책보고서는 신사참배 문제와 관련하여 '선교회가 세속 분야의 교육을 계속하는 것은 불가능하다'고 했다. 이 정책보고서는 신사참배 강요가 더욱 빗발치는 당시의 상황과 미션학교가 자진폐교 이후 다시 개교할 희망을 담고 있었다. 아래는 풀턴의 정책보고서 일부이다.

> 선교회는 새로운 학생은 받아들일 수 없으나 신사참배를 강요하지 않는 이상 이미 등록한 학생들에게 계속 교육을 실시할 것이라고 했다. 또한, 이 학교들이 견지하고 있는 기독교 신앙을 따르지 않는 어떤 집단에게도 이 학교들을 팔거나 세를 주거나 넘겨주지 않을 것이라고 했다.[48]

1937년 9월 6일 남장로교 선교회 소속 거의 모든 미션학교가 최종적으로 폐교하였다. 이날은 모든 교사와 학생이 중국에서 일본군이 승리하기를 기원하기 위하여 신사참배를 하라고 지시를 받은 날이다. 선교회는 풀턴에 의해 미리 계획된 대로 미션학교의 문을 닫았다. 그리하여 선교회의 교육사역은 문을 닫게 되었다. 교육 사업을 위해 세워진 학교

---

47) 『한국선교이야기』, 215쪽.
48) 위와 같음.

건물들은 비게 되었다. 그러나 교회와 정부 그리고 국가 앞에서 선교회의 타협할 줄 모르는 신앙과 확신은 당시를 증거하는 증인으로 남게 되었다.

2. 매산학교의 자진 폐교

1937년 9월 6일 남장로교 소속의 광주숭일남중학교, 수피아여중학교, 목포영흥남중학교, 정명여중학교 등이 폐교되자 순천매산학교와 전주신흥학교 및 기전여학교 역시 존폐의 기로에 서게 되었다. 매산학교는 자진하여 폐교하기로 결정하였고, 자발적 신청에 의하여 당국의 폐교인가를 받아 그해 9월 28일 폐교식을 거행하였다. 매산학교의 재학생들은 순천보통학교로 편입되었다.

이로써 매산학교는 두 번째의 폐교를 맞이하였다. 첫 번째는 1916년 6월 성경과목을 가르치지 못하게 하는 것에 대한 거부로 폐교하였고, 두 번째는 신사참배에 대한 불복으로 인한 자진폐교였다. 이러한 선택을 하였기에 매산학교를 비롯하여 남장로회 경영의 미션학교는 오늘날 하나님과 역사 앞에 부끄럽지 않게 되었다. 결국 매산학교는 조국의 광복과 함께 또 다시 하나님과 국가와 민족의 학교로 거듭 태어나는 영광을 준비하게 되었다.[49]

3. 지역교회와 선교부의 입장

선교부 소속 선교사들과 지역교회들의 입장은 순천노회 석상에서 반대로 확인되었다. 순천노회는 1938년 4월 25일 구례예배당에서 개최된

---

49) 『매산백년사』, 371쪽.

제22회 노회에서 신사참배를 결의하였다. 당시 제22회 순천노회 회의록에 의하면, 특별사항 1~7번이 신사참배 결정에 대한 부분이며, 결의사항 10번은 선교사 변요한(J. F. Preston) 구례인(Crane, John Curtis) 원가리(Unger, James Kelly) 세 사람이 당분간 순천노회 정회원을 사면하게 되었다는 내용이다.[50]

당시 순천노회는 전국에서 두 번째로 신사참배를 결의한 노회가 되었다. 조선예수교장로회 총회가 1938년 9월 10일에 신사참배를 결의하였으니, 총회보다 4개월여 앞서서 신사참배를 결의하였다. 이 결정에 반발하여 노회에 참석하였던 매산학교의 교장 원가리 등을 비롯한 선교부 소속 3명의 선교사들이 순천노회를 탈회하였다. 이어서 그해 9월 10일 조선예수교장로회 총회가 신사참배를 결의하자 남장로교 선교회는 9월 28일 광주에서 임시회의를 개최하고 한국장로교와의 단절을 선언하고 전북노회, 전남노회, 순천노회, 제주노회 등에서 탈퇴하였다.

V. 나가면서

이 글은 1910년 이후부터 현재까지 기독교적 영성을 견지하면서 순천 지역 교육선교에 있어 상당한 역할을 감당해 온 매산학교의 역사에서 중요한 세 시기를 중심으로 전개되었다. 이 글에서 다루고 있는 세 시기는 1913년 은성학교의 개교, 1921년 매산학교의 개교, 1937년 매산학교의 폐교와 연관된 상황을 말한다. 더 구체적으로 이 세 시기의 역사적 상황에서 지역교회와 선교부는 어떻게 만났고 어떤 관계 맺기를 하였는지 살펴보고자 했다.

---

50) 『순천노회사』, 142~143쪽.

은성학교의 개교는 단순히 1913년에 순천선교기지 개설과 함께 시작된 순천지역 교육선교라는 범위보다 그 경계가 훨씬 넓다. 남장로교 선교회는 이전부터 자생적 신앙공동체로 성장해 왔던 순천읍교회의 요구와 필요가 무엇인지 알고자 했고, 현지인 신앙공동체 역시 선교회의 선교기지 설치에 적극적으로 공감하면서 협력했기 때문이다. 그 협력이 구체화되던 시기는 순천선교기지 설립을 결정하게 된 1910년이라고 하겠다. 순천읍교회가 현재의 순천중앙교회의 터로 옮겨오게 된 배경 또한 순천선교기지 개설위원회와 순천읍교회의 합의가 중요한 요인이었을 것이다. 은성학교의 개교이전의 사숙과 천막학교는 이러한 만남과 협력의 터 위에서 우선적으로 시작된 것이라고 볼 수 있다. 은성학교가 1913년에 개교하였으나 1916년에 폐교하게 된 것은 일제의 사립학교규칙 개정으로 인하여 성경과목을 가르칠 수 없었기 때문이었다. 따라서 지역교회와 선교부는 신학문 및 직업교육에 의한 새로운 가치관의 전달, 근대화에 대한 지역민의 열망, 배우고자 한다는 당위성보다 성경을 가르치는 학교라는 인식을 함께할 수 있었다.

1921년 매산학교의 개교는 3.1운동 이후 한국에 대한 일제의 유화정책에 의한 문화 정치적 상황에서 이뤄졌다. 한편으로는 지역의 기독교계 인사들이 사립학교를 설립하는 데 힘을 모은 결과이기도 했다. 선교부는 재정상의 이유로 보통과만 개설하려고 하였지만, 특별히 순천읍교회 이기풍 목사와 몇몇 교인들이 고등과 설치를 강력히 요구했다. 교회 대표로 이기풍 목사, 오영식 장로, 그리고 지역유지 김양수 등이 광주선교사회에 가서 지역민이 경비의 일부를 제공하겠다는 의견을 전달하였다. 특별히 이 시기에 조선예수교장로회 부총회장과 총회장을 역임했던 이기풍 목사는 조선교회측을 통한 재정적 지원까지 제안하였다. 이 시기 지역교회와 선교부는 정치적 변동을 기회로 삼아 협력하여 매산학교를 소생시켰으며 교회와 현지인의 소통이 교육선교를 통해 이루어진다는 데 공감할 수 있었다. 이는 교회와 학교가 결국 지역선교의 토대를 마련해야 한다는 인식을 공유한 데 있었다고 하겠다.

매산학교는 1937년 가을 신사참배 거부로 자진 폐교하였다. 당시 신사참배 문제로 미션학교가 문을 닫게 되는 상황을 안타까워하는 기독교계 인사들이 적지 않았다. 지역의 비기독교인들은 미션학교가 없어지는 것을 한국 해방의 마지막 희망이 사라지는 것으로 여기기도 했다. 한국의 교인이야 어찌 되었든지, 선교사회가 자기네의 신앙만 위하여 학교를 폐지한다는 것은 '양떼를 사랑에게 맡기는 것과 다르지 않다'는 비난으로 이어졌다. 당시 신사참배 문제는 너무나 혼란스러웠고 교회도 분열되고 있었으며, 신사참배는 종교의식이 아니라 국민의례라는 일제의 논리가 한국교회를 압박하고 있었다. 이러한 때에 남장로교 선교회는 신사참배 문제를 '유일신교와 다신교 사이의 문제'이자 '신사참배 문제를 양보하는 것은 모든 기독교 선교의 목적과 프로그램을 망쳐버린다'고 보았다. 결국 매산학교는 자진 폐교하였고, 순천지역 교회들의 모임인 순천노회는 신사참배를 결정하면서 남장로교 선교회와 다른 입장을 표명하면서 갈등하게 되었다. 선교부와 지역교회의 교제(koinonia)가 단절되었다.

그러나 남장로교 선교부의 신사참배 반대 결정과 매산학교의 자진 폐교는 역사가 흐를수록 지역선교에 새로운 빛을 던져주고 있다. 매산학교의 폐교는 당시 한국인의 열망이었던 근대화 그 이상으로 한국기독교의 미래지형을 바꾼 사건이라고 해도 과언이 아니다. 역사에서 기독교신앙이 과연 무엇인지? 기독교신앙과 그 의미를 새로운 차원에서 던져주고 있기 때문이다. 이후 남장로교 선교회의 결정은 개인적인 차원에서 신사참배를 거부하는 신앙인의 영성과 합류하였고, 전라도 기독교의 성격을 형성하는 영성적 차원으로 흡수되었다고 할 수 있다. 따라서 1937년 매산학교의 자진 폐교 결정은 학교 한 곳의 결정으로 그치지 않고 기독교의 순결성을 담보하면서 한국교회의 선교를 온전케 하는 요소가 되고 있다고 하겠다. 매산학교의 폐교는 비록 과거의 일이었지만, 앞으로도 순천지역 교육선교의 온전성을 풍부하게 해 주는 요소로 작용할 것이다.

〈참고문헌〉

1. 자료

미국 남장로회 선교본부 보관 자료, 「변요한 Biographical Information in 필라델피아」, 순천중앙교회 역사자료

양성호, 「박영자 권사 면담 자료」, 『순천중앙교회 설립 역사』 1, 2011년 9월 10일

「Report of the Educational Committee」, The Minutes of Twenty-second Annual Meeting, 1913

「Report of Business Committee」, The Minutes of Twenty-third Annual Meeting, 1914

2. 신문

『기독신보』, 1922년 6월 14일

『동아일보』, 1920년 6월 28일, 1920년 8월 16일, 1930년 11월 9일

순천매산고등학교, 『매고신문』 창간호, 1977년 4월 5일

3. 단행본

김수진·한인수, 『한국기독교회사: 호남편』, 대한예수교장로회총회 교육부, 1980

김승태, 『한국기독교와 신사참배 문제』, 한국기독교역사연구소, 1991, 23

大韓私立中高等學校會, 『私學』, 2005년 여름

매산100년사 편찬위원회, 『매산백년사』, 2010

박정환, 「초기 제주도 개신교 형성사」, 『한국기독교와 역사』 제39호, 한국기독교역사연구소, 2013년 7월

순천노회사료편찬위원회, 『순천노회사』, 순천노회, 1992

순천시, 『순천시사: 정치사회편』, 순천시사편찬위원회, 1997

신광철, 『천주교와 개신교, 만남과 갈등의 역사』, 한국기독교역사연구소, 1998

윤정란, 「전남 순천지역 기독교의 수용과 확산」, 『숭실사학』 제26호, 2011

인돈학술원 편, 『미국 남 장로회 내한선교사 편람』, 한남대학교 출판부, 2007

朝鮮예수敎長老會總會, 『朝鮮예수敎長老會史記』, 1928

최영근, 「미국남장로교 선교사 존 페어맨 프레스톤(John Fairman Preston, Sr,)의
    전남지역 선교에 관한 연구」, 『장신논단』 Vol,48 No,1, 장로회신학대학
    교, 2016년 3월

George Thompson Brown, Mission to Korea, 천사무엘 · 김균태 · 오승재 옮김, 『한
    국선교이야기』, 동연, 2010

Mrs, Anabel Major Nisbet, Day In and Day Out in Korea, 한인수 역, 『호남 선교
    초기 역사』, 경건, 2011

미국남장로회의 순천지역 의료선교와 안력산병원

한규무

Ⅰ. 머리말

널리 알려진 대로 초기에 내한한 기독교[1] 선교사들은 '선교거점'이라 할 수 있는 스테이션(station)을 설치한 지역에 교회·학교·병원 등을 설립하고 복음선교·교육선교·의료선교를 실시했다. 특히 의료선교는 정부와 민중이 기독교에 대해 갖고 있던 편견을 없애는 데 일조했다.[2] 미국남장로교 한국선교부(이하 '남장로회'로 약칭) 역시 예외가 아니었다.

이들 중 복음선교와 교육선교에 대해서는 많은 연구가 진행되었으나, 상대적으로 의료선교에 대한 성과는 그렇지 못했다. 그 이유는 무엇일까. 여러 가지가 있겠지만 교회·학교와 달리 병원은 그 명맥을 유지한 사례가 많지 않기 때문인 듯하다. 영리가 목적이 아닌 기독교계 병원은

---

1) 이 글에서 '기독교'는 '개신교'를 뜻한다.
2) 한국기독교역사학회 편, 『개정판 한국기독교의 역사』 1, 기독교문사, 2011, 149쪽.

적자에서 벗어나기 어려워 폐쇄되기 쉬웠으며, 교회의 교인이나 학교의 학생과 달리 병원의 환자들은 결속력도 거의 없어 역사를 정리하려는 노력도 그만큼 부족했던 것은 아닐까. 그리고 의료선교 분야는 의학적 지식이 있어야 정리가 가능할 것 같은 선입견도 한몫 했을 것이다.

한국선교에서 의료선교는 매우 중요한 분야였다. 그 의의에 대해서는 다음의 글에 잘 정리되어 있다.

> 한국의 기독교 의료는 초기에 비록 선교사들이 추진한 것이기는 하나 한국이 근대화를 지향하던 시기에 나타난, 개화의 가장 중요한 분야이면서 방편의 하나였다. 기독교가 한국에 수용되는 과정에서 동반자로 나타난 기독교 의료는, 당시 한국인이 서양과 기독교에 대해 갖고 있던 편견을 제거하고 선교의 문을 여는 방편으로서 공헌하였다. 기독교 의료는 그 뒤 그것 자체로서 선교적인 역할을 감당했을 뿐만 아니라 한국인의 건강을 증진시키고 서양의 문화를 도입하는 통로 구실을 감당하게 되었다.[3]

이같은 인식은 이미 당시의 기독교인들도 갖고 있었다. 기독교가 영혼을 구원뿐 아니라 육신의 치료도 중시했으며, 병원의 설립이 효과적인 선교방법이라는 것을 보여주는 자료는 매우 많다. 다음 글도 그같은 사례이다.

> 우리쥬 예수의 도는 진실노 사름의 령혼을 구원ᄒᆞ는 도라 그러ᄒᆞ나 사름의 령혼과 육신을 아조 ᄂᆞ호와 말ᄒᆞ기 어려온 곳시 잇스니 가스 사름이 말ᄒᆞ기를 나는 령혼만 위ᄒᆞ고 사름의 육신은 아지 못ᄒᆞ노라 ᄒᆞ면 이런 사름은 예수교의 본뜻슬 ᄌᆞ셰히 알지 못ᄒᆞᆷ이라 예수ᄭᅴ셔 세상에 계실 쌔에 령혼의 도와 육신의 리익을 다 말ᄉᆞᆷ

---

3) 이만열, 『한국기독교의료사』, 아카넷, 2003, 5쪽.

ᄒᆞ셧스니 ··· 이러ᄒᆞᆷ으로 예수교 젼파ᄒᆞᄂᆞᆫ 곳에ᄂᆞᆫ 의술과 병원이
함ᄭᅴ 도음으로 도쳐에 흥왕ᄒᆞ여지고 ᄯᅩ 병원을 셜시ᄒᆞᆷ이 젼도ᄒᆞᄂᆞᆫ
ᄃᆡ 묘ᄒᆞᆯ ᄲᅮᆫ 아니라 ᄯᅩᄒᆞᆫ 예수ᄭᅴ셔 사ᄅᆞᆷ을 ᄉᆞ랑ᄒᆞᄂᆞᆫ ᄆᆞᄋᆞᆷ을 베프ᄂᆞᆫ
법이니라[4]

따라서 복음선교·교육선교와 더불어 의료선교[5]에 대한 연구도 어느
정도 궤도에 오를 때 한국의 의료사 및 교회사의 종합적인 정리가 가능
하다고 할 것이다. 또 그 대상이 되는 지역의 역사를 보완하는 데도 기
여할 것이다.

남장로회는 군산(1895)·전주(1896)·목포(1898)·광주(1904)·순천(1913)
등 스테이션에 병원을 설립하고 전남지역에서 의료선교를 시작했다.[6]

---

4) 『그리스도신문』 1906.01.11 「의약으로 도를 젼홈」.

5) 병원(hospital)의 어원이 중세 때 교회에서 병자·부랑자를 환대(hospitality)하여 자선
   시설에 수용한 데서 유래했다고도 한다(이준태, 「교회활동으로서 의료사업의 역사
   적 고찰」, 『의사학』 1-1, 대한의사학회, 1992, 13쪽).

6) 황상익·기창덕의 연구에 따르면, 한말-일제강점기에 활동한 '선교의료인'은 총280
   명으로 내한한 '서양의료인' 311명 중 90%를 차지했다. '선교의료인' 중 의사는 138,
   약사는 6명, 간호사는 136명이었다고 한다. 이들 중 남장로교 소속은 의사 22명, 간
   호사 16명 등 총 38명이며, 이들 중 전남지역에서 활동한 '선교의료인'은 의사 13명,
   간호사 11명 등 총 25명으로 집계된다(황상익·기창덕, 「조선말과 일제강점기 동안
   내한한 서양 선교 의료인의 활동 분석」, 2, 11~12쪽). 그리고 한말부터 1980년대까지
   를 조사한 인돈학술원에 따르면 남장로교의 '의료선교사'는 남자 51명, 여자 66명 등
   총117명이며, 이들 중 한말-일제강점기 전남지역에서 활동한 '의료선교사'는 의사 16
   명, 간호사 14명, 기타 3명 등 총 33명으로 집계된다(인돈학술원 편, 『미국 남장로회
   내한선교사 편람: 1982-1987)』, 한남대학교 출판부, 2008). 즉 황상익·기창덕에 따르
   면 '선교의료인' 25명, 인돈학술원에 따르면 '의료선교사' 33명이 한말-일제강점기 전
   남지역에서 활동한 것으로 파악된다.
   이 같이 차이를 보이는 이유는 이를 종합적으로 정리한 선교부 측 자료가 없으며,
   '의료선교사' 또는 '선교의료인'의 기준이 모호한 경우도 있기 때문이다. 즉 연구자·
   편집자들은 남장로교 총회록을 비롯한 각종 자료에서 해당내용을 선별·정리했는
   데 참고한 자료의 종류나 분류 기준이 다를 경우 차이가 나타날 수 있다. 또다른
   이유는, 의료선교사들이 특정 지역에서만 활동하는 것이 아니라 남장로교 선교지역
   (전주·군산·광주·목포·순천) 내에서 자주 이동하며 또 휴가를 떠나는 사례가 많
   아 파악이 쉽지 않기 때문이기도 하다. 또 의사·간호사는 아니지만 병원에서 보

이 글에서는 순천에 설립된 안력산병원(安力山病院, Alexander Hospital)을 중심으로 한 남장로회의 의료선교에 대해 살펴볼 것이다. 이에 대해서는 George Thompson Brown[7]과 김수진[8] · 이만열[9] · 윤정란[10] 등의

조 · 행정 · 회계 · 전도 등 업무를 맡은 선교사들을 어떻게 분류할 것인가의 문제도 까다롭다. 이밖에 인돈학술원의 자료에서는 농업선교사 에비슨(G. W. Avison)과 교육선교사 웅거(J. K. Unger)를 '의사'로, 황상익 · 기창덕의 연구에서는 의사인 포사이트(W. H. Forsythe)를 '간호사'로 표기하는 등 오류가 보이기도 한다.

이 같은 점을 염두에 두고 위의 두 자료를 종합하여 대한제국기-일제강점기 전남지역에서 활동한 남장로교 의료선교사(의사 · 간호사)들을 정리하면 다음과 같다.

직능	번호	성명	내한/이한	목포	광주	순천
의사	❶	Birdman, Ferdinand Henry	1908/1909	1908-1908		
	❷	Brand, Louis Christian	1924/1938		1930-1938	
	❸	Forsythe, Wiley Hamilton	1904/1911	1909-1911		
	❹	Gilmer, William Painter	1923/1927	1923-1926	1927-1927	
	❺	Harding, Maynard C.	1911/1913	1911-1913		
	❻	Hollister, William	1927/1937	1928-1931		
	❼	Leadingham, Roy Samuel	1912/1923	1912-1918		
	❽	Levie, James Kellum	1922/1959		1923-1924/40	1925-1958
	❾	Nolan, Joseph Wynne	1904/1907	1904-1907	1905-1907	
	❿	Owen, Clement Carrington	1898/1909	1898-1904	1904-1909	
	⓫	Owen, Georgiana Whiting	1900/1923	1900-1904	1905-1923	
	⓬	Preston, John Fairman/Jr.	1939/1947		1941-1946	1940
	⓭	Rogers, James McLean	1917/1947			○
	⓮	Tillman, Ruby Theresa	1912/1925			1913-1922
	⓯	Timmons, Henry Loyola	1912/1925			1912-1919
	⓰	Wilson, Robert Manton	1908/1948		1908-1925	1925-1940
간호사	①	Bain, Mary Rachel	1921/1927	1921-1926	1926-1927	
	②	Bibbar, Meta Louise	1910/1952		○	○
	③	Boyer, Elizabeth Ann	1931/?		○	
	④	Cumming, Laura Virginia Wright Kerr	1927/1958	1927-1938		
	⑤	Greer, Anna Lou	1912/1935		1912-1913	1913-1929
	⑥	Harding, Gertrude Fisher	1911/1913	1911-1913		
	⑦	Harrison, Margaret Jane Edmunds	1903/1930	1908-1912		
	⑧	Hewson, Georgiana Florine	1920/1946	1926-1930	1920-1925	1931-1946
	⑨	Lathrop, Lillie Ora	1912/1931	1912-1917		
	⑩	McCallie, Emily Cordell	1907/1930	1909-1930		
	⑪	Metthews, Esther Roswell	1916/1928	1925-1928	1916-1924	
	⑫	Pritchard, Margaret Frances	1930/1970		1931-1938	
	⑬	Shepping, Elizabeth Joanna	1912/1934		1912-14/19-34	
	⑭	Thumm, Thelma Barbara	1930/1931			1930-1931

7) George Thompson Brown, Mission to Korea, 1962: 조지 톰슨 브라운 지음, 천사무엘 · 김균태 · 오승재 옮김, 『한국선교이야기: 미국 남장로교 한국 선교 역사(1892-1962)』, 동연, 2010.

논저에 부분적으로 정리되어 있다. 이들이 교회사학계 또는 일반사학계의 연구라면 의료사학계의 연구로는 황상익·기창덕의 논문이 있다.[11] 또 한남대학교 인돈학술원에서는 『남장로교 의료선교 자료집』[12]을 편찬했다.

기존 연구에서는 대부분 선교사들이 작성한 자료를 활용했으며, 이는 당연한 현상이다. 의료선교의 담당자인 그들이 생산한 자료이므로 그만큼 사료적 가치가 높고 분량이 방대하며 내용도 풍부하기 때문이다. 그럼에도 한국인들이 작성한 자료들이 많이 활용되지 못한 점은 아쉽다. 선교사측 자료가 편파적인 것은 아닐지라도, 한국인 측 자료도 보완된다면 더욱 종합적인 접근이 가능할 것이기 때문이다.

이에 이 글에서는 『그리스도신문』·『예수교회보』·『기독신보』 등 교계신문과 『동아일보』·『조선일보』·『조선중앙일보』 등 일반신문도 참고할 것이다. 또 『조선사회사업요람』처럼 일본인들이 작성한 자료도 활용하려 한다.

II. 남장로회의 순천 진료소 및 '순천병원' 설립

순천지역의 의료선교는 1913년 의료선교사 티몬스(Henry Loyola Timmons, 김로라: 1912~1919)[13]와 그리어(Anna Lou Greer, 기안라: 1913~1929)[14]

---

8) 김수진, 『호남선교 100년과 그 사역자들』, 고려글방, 1992.
9) 이만열, 『한국기독교의료사』, 이카넷, 2003.
10) 윤정란, 「전남 순천지역 기독교의 수용과 확산」, 『숭실사학』 26, 숭실사학회, 2011.
11) 황상익·기창덕, 「구한말과 일제강점기 동안 내한한 서양 선교 의료인의 활동 분석」, 『의사학』 3-1, 대한의사학회, 1994.
12) 이 자료집은 남장로교 연례회의록인 Minutes of Annual Meeting of Southern Presbyterian Mission in Korea(1907-1940)와 The Missionary Survey(1911-1943)에서 발췌한 것이다.

간호사가 순천에 진료소를 개설하면서 시작되었다. 그 계기는 "한국의 풍토병인 이질에 감염된 코잇 선교사 가족의 치료"였으며, 앞서 언급된 "작은 판잣집"은 순천선교부 공사 감독을 위해 설치된 3m×3m 크기의 목재 건물이었다고 한다.15)

1913년 순천선교부 개설을 위해 광주에서 이주한 코잇(Robert T. Coit: 고라복)의 부인과 자녀들은 이질에 감염되어 사경을 헤맸는데, "전주선교부의 의사가 와서 치료"했다고 한다.16) 이 선교사는 티몬스가 확실하며, 그 시기는 1913년 4월경으로 추정된다. 코잇의 두 자녀 로베르타(Roberta, 1911.09.07. 생)와 토마스(Thomas, 1909.07.14. 생)와 각각 1913년 4월 26일과 27일 사망했기 때문이다.17)

그런데 티몬스의 아들 헨리(Henry, 1911.01.07. 생) 역시 그 해 1월 10일 사망했다. 티몬스는 자신의 아들을 잃은 직후 동료 선교사의 자녀가 숨지는 현장에 있었던 것이다.

티몬스가 코잇의 자녀들을 치료한 장소가 바로 그 "작은 판잣집"이었는지는 확인하기 어렵다. 또 티몬스가 언제부터 이 "작은 판잣집"을 진료소로 삼아 의료선교를 시작했는지도 분명하지 않다. 오래된 회고라 착오가 있을 수 있지만, 다음 기록을 보면 코잇 자녀들의 사망 전에 그

---

13) 미국 사우드캐롤라이나주 출생. 노드캐롤라이나 의과대학을 졸업하고 1912년 남장로회 선교사로 부인과 함께 내한, 1913년 순천에 부임했다(김승태 · 박혜진 엮음, 『내한 선교사 총람』, 한국기독교역사연구소, 1994, 498쪽).

14) 미국 텍사스주 출생. 1912년 남장로회 선교사로 내한했다(김승태 · 박혜진 엮음, 『내한 선교사 총람』, 271).

15) 우승완, 「도시의 기억을 찾아서⑪)선교사가 만든 근대 도시 순천: 안력산병원」, 『순천광장신문』 2015.04.17.

16) 탈마지 부인(Mrs. Sara Elizabeth Talmage)의 증언: 차종순, 『양림동에 묻힌 22명의 미국인』, 호남신학대학교, 2000, 69쪽.

17) 코잇 남매 사진과 묘비명은 차종순, 『양림동에 묻힌 22명의 미국인』, 67 · 71쪽에서 옮긴 것이다. 토마스와 로베르타는 광주 선교사묘역에 안장되어 있다.

코잇 남매 사진　　　　　　　　코잇 형제 묘비(광주선교사묘역)

코잇 남매 묘비명　　　　　티몬스의 아들 헨리의 묘비(전주선교사묘역)

리어, 후에 티몬스가 순천에 부임한 것으로 보인다.

　　A. 1913년에 백미다 양과 뚜 부인과 기 간호원장과 변요한 목사
가족과 고라복 목사 가족이 와서 주택을 건축하는 중에 하층에서
림시로 생활하게 되니 그 생활의 불완전함과 참담함은 말할 수 없
엇을 것이다. 그러는 중에 불행히도 고라복 목사의 두 아기는 세상
을 떠나게 되엇다. 여러 선교사들 식구가 한 집에 몰려 잇서서 먼
저 변목사 집과 고라복 목사의 집을 건축하게 되엇고 그해 가을에
구례인 선교사 가족이 나오섯다.[18]

────────────

18) 『기독신보』 1933.02.08 「조선예수교장로회 남장로파 선교 40년사⑧」.

이 진료소가 알렉산더병원, 즉 '안력산병원(安力山病院)'으로 불리게된 것은 남장로회 의료선교사 알렉산더(John A. Alexander, 安力山·戛力山, 1875~1929)[19]가 병원 설립 기금을 희사했기 때문이다. 1902년 의료선교사로 내한하여 군산선교부의 구암병원에서 근무하던 그는 1903년 부친상을 당해 귀국했다.[20] 이후에도 한국선교에 관심을 끊지 않던 그가 설립 기금을 희사한 것이다. 다음은 이에 대한 자료들이다.

　　B. 전남 순천군 ①알력산병원은 미국인 「알력싼드」 씨가 다대한 자금을 드리고 ②미국 야소교 남장로파 미순회 보조금을 합하야 총공비 2만여 원으로 조선인 의료기관을 위하야 설치된 병원으로 ③이래 19년간 조선사람을 위하야 노력하든 병원인데 원사의 협착을 늣기고 ④고 알력싼드 씨의 부인이 자긔 남편의 별세한 긔념으로 1만4천 원 와쓰 장로 부인도 역시 자긔 남편 별세의 긔념으로 1만5천 원을 내여 총공비 3만 원으로 증축 중이든 바 ⑤지난 11월 말에 준공되엇는데 …[21]

　　C. 전남 순천군 안력산병원은 10수년 동안에 순천은 물론이오 전조선을 통하야 잘 알게 되엿섯다. ①서력 1914년에 미국인 알렉산드 씨가 조선에 의료기관이 업슴을 유감으로 생각하야 이 병원을 설립한 것이다. 순천군 서편 란봉산 하에 웃둑 서 잇는 사층 석조건물이다. 력사를 살펴보면 ②1914년 3월 16일에 처음 설립되는 동시에 환자가 년년히 증가됨을 따라 병원이 협착함으로 이것을 유감으로 생각하든 중에 ③알렉산드 씨 부인이 자긔 남편의 별세를 기념으로 1만8천 원과 와쓰 장로 부인 또한 자긔 남편의 별세한

---

19) 알렉산더는 '안력산병원'은 '알력산병원'이라 불리기도 했다(『동아일보』 1929.05.23 「인부중상」).
20) 우승완, 「(도시의 기억을 찾아서⑪)선교사가 만든 근대 도시 순천: 안력산병원」.
21) 『중앙일보』 1932.12.30 「안력산병원 증축과 삼의사의 공적」.

긔념으로 금 1만5천 원의 긔부가 잇섯슴으로 남장로 미순회의 감
독하에 ④1933년에 병원 일부의 증축을 하엿다 한다.[22]

　D. 전남 순천군 안력산병원이라 하면 전조선을 통하야 그 아름
다운 이름이 알려지고 있다. 이 병원의 위치는 순천읍 만봉산 하
白楊靑松이 욱어진 아레 사층 석조건물이 곳 안력산병원이니 이
병원의 유래를 개괄적으로 소개하면 ①距今 22년 전 미국인 안력
싼드 씨가 조선의 의료기관이 부족함을 크게 유감으로 생각하고
②동년 3월 15일에 설립하야 전남도지사의 허가를 얻어 개업을 하
게 되엿으나 환자는 年年히 증가하야 병원의 협착을 느끼게 되자
다시 ③안력싼드씨 부인이 1만5천 원과 와쓰 장로 부인이 1만6천
원의 희사로 증축을 하게 되는 동시에 순천, 광양, 여수, 구례, 보
성, 고흥, 장흥, 하동, 남해 등 10군 환자는 물론이어니와 其外 遠地
方에서까지 안력산병원을 차저오는 환자가 수백 명에 달한다고 한
다.[23]

　C-②(1935년)에서는 "1914년 3월 16일 처음 설립"이라 명시하고 있으
나, B-③(1932년)의 "이래 19년간", D-①(1935년)의 "거금 22년"은 1913년
일 가능성도 보여준다. 하지만 조선총독부에서 펴낸 『조선사회사업요람』
에 그 설립시기가 "서력 1914년 3월 16일"·"대정 3년 3월 16일"[24]으로 나
온 것을 볼 때 C-②의 기록이 확실하다고 여겨진다.
　티몬스와 그리어는 이들은 6개월 동안 "작은 판잣집"에서 진료하다
5.4m×8.4m 규모의 개량 한옥으로 이전했으며, 이후 7개월 동안 3,814명
의 환자를 진료하고 (68명을 수술했다.[25]

---

22) 『조선중앙일보』 1935.04.11 「무산자의 의료기관 순천 안력산병원」. 『매일신보』
　　1933.11.21 「널니 인술을 버푸는 순천안력산병원」에도 같은 내용이 실려 있다.
23) 一記者, 「順天 安力山病院과 切獻많은 四醫師」, 『湖南評論』 1-7, 1935.12, 46쪽.
24) 조선총독부 내무국 사회과, 『조선사회사업요람』, 조선총독부, 1933·1936.

| 1913년 순천 최초로 의술이 행해진 가설 건축물 | 1914년 개원한 순천 최초의 병원인 '순천병원' |

*출처: 우승완, 「(도시의 기억을 찾아서⑪)선교사가 만든 근대 도시 순천: 안력산병원」, 『순천광장신문』 2015.04.17.

"작은 판잣집"에서 개량 한옥으로 이전한 후 이 병원이 바로 안력산병원으로 불렸을지는 의문이다.[26] 개량 한옥을 구입하는 데 알렉산더가 희사한 기금이 사용되었는지, 그리고 D-②에 나오듯이 "전남도지사의 허가를 얻어 개업"했는지, 했다면 그 명칭이 무엇이었는지 확인되지 않기 때문이다. 이 병원이 안력산병원의 전신인 것은 분명하지만, 일단 당시의 명칭은 '순천병원'이라 부르고자 한다.

Ⅲ. 안력산병원으로의 발전과 시련

알렉산더의 기부금과 남장로회의 보조금 등 "총공비 2만여원(B-②)"으로 설립된 안력산병원의 낙성식은 1916년 3월 1일 거행되었다. 다음은 이에 대한 기사이다.

---

25) 조지 톰슨 브라운, 『한국선교이야기』, 145쪽; 이만열, 『한국기독교의료사』, 412~413쪽.
26) 그 때문에 우승완도 "순천선교부의 선교병원인 순천병원이 개원한 것은 1914년"이라 한 것 같다(우승완, 「(도시의 기억을 찾아서⑪)선교사가 만든 근대 도시 순천 2: 안력산병원」).

1916년 건축된 안력산병원의 초기 모습
*출처: 우승완, 「(도시의 기억을 찾아서⑪)선교사가 만든 근대 도시 순천: 안력산병원」, 『순천광장신문』 2015.04.17.

E. 순천은 전라남도 남단에 잇ᄂᆞᆫ 큰 고을인ᄃᆡ 거금 팔구년 전에 남장로미순회 남부선교위치가 되어 선교ᄌᆞ들이 다슈히 쥬직ᄒᆞ며 선교ᄒᆞᄂᆞᆫᄃᆡ 의ᄉᆞ 림돈 씨가 작년브터 병원건츅ᄒᆞ기를 시쟉ᄒᆞ야 임의 쥰공이 되매 본월 일일에 락셩식을 거ᄒᆡᆼᄒᆞᄂᆞᆫᄃᆡ ᄂᆡ외국 리빈이 다슈히 모혀 셩대ᄒᆞᆫ 례식을 거ᄒᆡᆼᄒᆞ엿더라. 김의ᄉᆞᄂᆞᆫ 근본 건츅학가인 고로 ᄌᆞ긔의 호부를 발휘ᄒᆞ여 최신식으로 이층양옥을 굉대히 건츅ᄒᆞ엿ᄂᆞᆫᄃᆡ 그 건츅의 쥬밀ᄒᆞᆫ 제도ᄂᆞᆫ 죠션선교회병원 즁 뎨일이 되겟고 모든 셜비가 완전ᄒᆞ더라[27]

30개 병상을 갖춘 3층 건물인 안력산병원의 1916년 당시 원장은 티몬스였고 그리어 간호사가 관리를 맡았으며, 티몬스 부인은 마취의로서 남편과 함께 의학생들을 훈련시켰다. 이밖에 6명의 한국인 조수와 세브란스의전 학생인 박승봉이 업무를 보조했다. 1919년 티몬스가 과로로 귀국하자 윌슨(Robert Manton Wilson, 우일선·우월순, 1880-1963)이 광주-순천을 왕래하며 진료했으며, 그리어 간호사와 임시면허증을 가진 한국인 의사가 진료하기도 했다.[28]

---

27) 『기독신보』 1916.03.22 「슌텬에 미슌병원 락셩」.

1917년 10월 의료선교사 로저스(James McLean Rogers, 노제세, 1917~?)가 원장으로 부임하면서 안력산병원의 명성은 더욱 높아졌다.[29] 로저스는 의료선교의 중요성에 대해 다음과 같이 밝혔다.

> F. 이곳은 미션병원이다. 따라서 우리의 주된 목적은 말과 행위로 우리 주요 구주이신 예수 그리스도의 복음을 선포하는 것이다. 우리는 예수님의 지상명령에 교육과 설교뿐 아니라 치유도 포함된다고 믿고 있다. 예수님도 자신을 구주로 믿지 않는 많은 사람을 치유하셨다고 믿는다. … 따라서 우리를 향한 주님의 뜻은 우리가 할 수 있는 모든 사람을 치유하되 우리가 할 수 있는 최선의 서비스를 제공하고 현대과학적 의술이 제공하는 모든 것을 활용해야 한다고 느낀다. 그것이 미션병원의 전문적인 면을 구성한다. 우리는 우리의 수고가 많은 사람을 그리스도의 구원하시는 지식으로 향하게 할 것을 믿는다. … 환자들은 이미 개인적인 그리고 전문적인 관심에 감명을 받고 있으며, 병이 좋아짐에 따라 계속적인 가르침을 듣고 마음에 받아들이는 시간을 갖고 있다 한 마디로, 이는 복음의 메시지를 위한 기름진 땅이다.[30]

안력산병원은 환자들로부터 큰 인기를 끌었다. 순천 · 광양 · 여수 · 구례 · 고흥 · 보성 · 장흥의 및 경남 하동 · 남해, 서남해안 도서지방에서도 환자들이 답지했다.[31] 안력산병원이 환자들로 북적였다는 것은 순천을 비롯한 전라도 동부지방의 질병상황이 심각하고 의료시설이 열악했다는 점을 보여준다. 이에 대해서는 안력산병원 어느 의사의 다음과 같은

28) H. L. Timmons, "The Opening of Alexander Hospital, Soonchun, Korea", The Missionary Survey 1916.7, pp.501~502; 이만열, 『한국기독교의료사』, 412~413쪽.
29) 김수진, 『호남선교 100년과 그 사역자들』, 435쪽.
30) 조지 톰슨 브라운, 『한국선교이야기』, 177쪽.
31) 『조선중앙일보』 1935.04.11 「무산자의 의료기관 순천안력산병원」.

진술이 참고 된다.

G. 先者에 物質上으로 北西鮮에 10배로 比ㅎ얏지마는 醫學上으로 論ㅎ면 질병도 10배로 計ㅎ겟도다 何人이 無無病之地方이리오 마는 就中 特彼南鮮中 광양 · 순천 · 고흥 · 여수 · 보성 此等地에는 皮膚病이 最多ㅎ딕 …32)

로저스는 헤아리기 어려울 정도로 많은 환자를 진료 · 수술했는데, 1918년 여름 기독교인이 된 지 1년 정도 된 나이든 여성이 그녀의 14번째이자 유일하게 생존해 있는 아들을 병원에 데려왔다. 그는 오랫동안 위암을 앓고 있었는데, 첫눈에 보아도 아무런 희망이 없었고, 어떤 시도도 소용없어 보였다. 그럼에도 그는 여인에게 수술의 과정을 설명했고 여인은 고민 끝에 수술을 결정했다. 그녀는 로저스에게 기도의 힘을 믿느냐고 물으며, 수술하는 동안 자기가 계속 기도하고 있으면 아들이 완쾌될 것이라고 말했다.

다음날 오후 수술하는 동안 여인은 병원 2층 베란다(sun parlor)에서 병원이 울릴 정도로 크게 기도하기 시작했다. 수술은 2시간만에 끝났고 아들은 3주 뒤 퇴원했다. 그리고 2년 뒤 완쾌되어 로저스와 만날 수 있었다. 로저스는 여인의 신앙과 기도가 살아날 가능성이 없는 아들을 살려낸 '기적'을 일으켰다고 생각했다.33)

다음의 〈표 1〉은 남장로회 선교부 자료에 보이는 1914~1923년 안력산병원의 현황이다.

---

32) 『기독신보』 1918.05.01 「南鮮一瞥談(某醫師談)」. 이 의사는 "전남 순천에 美順經營으로 건설ㅎ 병원에서 1개년 출근ㅎ던 의사 모씨"였는데, 정민기가 아닐까 짐작된다.

33) J. M. Rogers, "Medical Work in Korea", The Missionary Survey 1922.08, p.598.

<표 1> 순천 안력산병원 현황(1914-1923)

연도	외국인		한국인				진료	입원	수술	수입 (엔)
	의사	간호사	의사	조수	전도사	의학생				
1914	1	1	0	3	1	1	3,184	-	90	636.00
1915	1	1	0	3	1	0	3,888	-	71	688.76
1916	1	1	0	6	2	1	5,501	97	162	747.13
1917	1	1	1	13	2	1	6,122	384	209	3,248.17
1918	1	1	1	13	2	1	7,023	-	186	2,434.00
1919	1	1	0	15	2	2	2,573	490	175	5,868.70
1920	0	1	0	20	2	2	6,195	595	464	10,404.00
1921	0	1	1	15	2	0	6,308	506	430	12,993.00
1922	1	1	1	15	2	0	7,750	830	462	10,435.00
1923	1	1	1		2	0	6,994	568	600	8,795.00

*자료: 이만열, 『한국기독교의료사』, 413쪽.

1930년대에 들어 안력산병원은 서울의 세브란스병원에 이어 두 번째 규모의 기독교계 병원으로 성장했는데,[34] 이 같은 발전은 원장 로저스의 노력과 실력에 힘입은 바 컸다. 1940년 안력산병원을 방문한 프라이스(William Price)는 로저스를 '위대한 외과의사'라 칭찬하며 그가 한국에서 "썩고 있는" 것을 안타까워했을 정도였다. 그는 인품도 뛰어나 '작은 예수'라 불렸다고도 한다.[35] 총독부에서도 그의 공로를 인정하여 1935년 '施政25周年'을 맞아 표창하기도 했다.[36]

환자가 격증하자 1932년에는 3만여 원을 들여 병원을 증축했다.[37] 공사비는 알렉산더의 미망인과 순천선교에 크게 공헌한 와츠(George Watts)의 미망인이 희사한 '3만 원'으로 충당되었다(B-④·⑤, C-③·④, D-③).[38] 안력산병원에서는 아동들의 건강에도 관심을 갖고 1933년에는

---

34) 조지 톰슨 브라운, 『한국선교이야기』, 203쪽; 이만열, 『한국기독교의료사』, 685쪽.
35) 조지 톰슨 브라운, 『한국선교이야기』, 203쪽; 이만열, 『한국기독교의료사』, 690쪽.
36) 『조선총독부시정25주년기념표창자명감』: 한국역사정보통합시스템(http://www.korean history.or.kr).
37) 『동아일보』 1932.12.24 「순천안력산병원 병사를 증축」; 『동아일보』 1932. 12. 30 「안력산병원 증축과 3의사의 공적」.

순천의 유치원아들을 위해 무료검진을 실시했으며,[39] 1935년에는 소아과를 설치했다.[40]

안력산병원은 1932년 "빈궁병자들은 병원으로 차저만 오면 치료비의 유무를 불문하고 입원치료하야" 매년 약 5만여 명의 환자 중 60% 이상이 무료환자였고, 그 결과 매년 2천여 원의 결손을 보는 "희생적 병원"으로 알려졌다.[41] 예컨대 1932년에는 유료환자 6,030명에 무료환자 8,820명, 1932년에는 유료환자 7,820명에 무료환자 9,041명, 1934년에는 유료환자 9,021명에 무료환자 11,103명을 기록하는 등[42] 무료환자가 유료환자보다 더 많았고 그 수도 매년 늘어났다. 그 결과 안력산병원은 "공적 위대한 의료기관"·"무산자의 의료기관", 로저스와 한국인 의사 정민기

1932년 증축된 안력산병원(매산고등학교 은성관)
*출처: 우승완, 「〈도시의 기억을 찾아서⑪〉선교사가 만든 근대 도시 순천: 안력산병원」, 『순천광장신문』 2015.04.17.

38) 두 미망인이 희사한 금액에 대해, 알렉산더 부인은 1만4천 원·1만8천 원·1만5천 원, 와츠 부인은 1만5천 원·1만5천 원·1만6천 원 등 자료에 따라 차이를 보인다.
39) 『동아일보』 1933.11.11 「안력산병원 무료진찰」.
40) 이만열, 『한국기독교의료사』, 737쪽.
41) 『동아일보』 1932.09.02 「입원자 4만에 무료가 6할」.
42) 『조선중앙일보』 1935.04.11 「무산자의 의료기관 순천안력산병원」.

『조선중앙일보』 1935.04.11

(鄭瑠基)·윤병서(尹秉瑞) 등은 "무산인민의 은인"이란 칭송을 받았다.[43]

1936년에는 외국인 간호사 1명과 한국인 간호사 22명이 근무했는데, 로저스는 한국인 조력자들의 능력을 높이 평가했다. 1930년대에 들어 남장로회 소속 병원들이 1910년대보다 의료사업이 축소된 것과 대조적으로 안력산병원의 1936~1937년 진료인원은 1913~1914년의 5.7배, 입원환자는 1915~1916년의 7.8배로 증가했다. 환자의 절반은 앞서 언급한 것처럼 무료환자였다.[44] 다음은 1935년 안력산병원에 대한 글이다.

H. 동병원의 환자취급ㅇ황을 조사한 바에 의하면 소화6년(1931)경 유료환자 延人員이 5천8백36인에 무료환자가 7천1백23인이며 동7년도 무료환자가 8천8백20인 동8년도에는 무료환자 9천28인 동9년도에는 실로 1만2백35인이라는 돈없는 환자의 생명을 건지어 놓았으니(혹 죽은 자도 있으나) 우리는 설립자 안력싼드 씨에게나 현재 醫療任에 당하고 있는 네 분 의사선생의게 감사의 意를 表하지 않을 수 없는 것이다. 더욱히 恒常喜顏으로 환자를 대하며 수만의

---

43) 『매일신보』, 1933.11.21 「널니 仁術을 베푸는 순천안력산병원」; 『조선중앙일보』, 1935. 4. 11 「무산자의 의료기관 순천안력산병원」.

44) 이만열, 『한국기독교의료사』, 690쪽.

무료환자를 救療하기 20년 동안 하로와 같이 지내여온 원장 로자쓰 선생과 鄭瑨基 선생에 대하여는 그 불멸의 공적을 영원히 기념하기 위하야 탑이나 동상을 세우자는 여론이 자자함으로 불원간 실현을 보리라고 하니 우리는 쌍수를 거하야 속성을 기대하야 말지 안는 바이다[45]

이처럼 안력산병원은 지역 의료기관으로서 순천 및 인근 주민들로부터 신망을 얻고 있었으며, 무료진료로도 명성이 높았다. 다음의 〈표 2〉는 일제 측 자료에 보이는 1933·1936년 안력산병원의 현황이다.

〈표 2〉 순천 안력산병원의 현황(1933 · 1936)

항목		순천안력산병원	
연도		1933	1936
소재지		전남 순천군 순천읍 금곡리 58번지	전남 순천군 순천읍 금곡리 58번지
경영주체		미국 야소교 남장로파 美信會	미국 야소교 남장로파 美信會
개설		서력1914년 3월 16일	대정3년(1914) 3월 16일
종교별		야소교	야소교
원장/대표자 또는 주무자		미국인 魯濟世	未詳
현황	종사원	46인	〃
	수용정원	45인(施療部)	〃
	현재수용인원	40인	〃
	外來實費 1일평균 환자수	〃	〃
	外來施療 1일평균 환자수	〃	〃
	병실/병상	〃	〃
	진료과목	내과·외과·X선과 외 각과	내과·외과·X선과 외 각과
	외래受付시간	4-9월: 오전 9:00-오후 4:00 10-3월: 오전 9:30-오후 4:30	未詳
	휴일	-	〃
	요금	무료	〃
	입원수속	무료진료권 발행	〃
	예산	약 10,000엔	〃

---

45) 一記者, 「順天 安力山病院과 切獻많은 四醫師」, 『湖南評論』 1-7, 1935.12, 46쪽.

재원	유료환자/美信會 보조/각 사회단체 및 8개인의 의연금	〃
시설용지	-	〃
시설건물	-	〃
주요설비	-	〃
수익재산	-	〃
예산 또는 결산	-	〃
연혁	대정3년(1914) 3월 16일 미국인 安力山씨가 창설하면서 施療部 사업 개시	대정3년(1914) 3월 16일 미국인 安力山씨가 창설하면서 施療部 사업 개시

*자료: 조선총독부 내무국 사회과, 『조선사회사업요람』, 조선총독부, 1933 · 1936.

안력산병원의 한국인 의사로는 정민기(鄭錥基)와 윤병서(尹秉瑞)가 있었다. 정민기는 안력산병원 개원 당시부터 근무했으며 "전남동부와 경남서부 10여 고을 사람들은 거의가 정의사의 의은(醫恩)을 받지 안흔 사람이 별로 없다"46)로 할 정도로 오랫동안 활동했다. 1938년 안력산병원 주최 동아일보 순천지국 및 각단체 후원으로 '25주년기념식'이 열렸을 때는 군수를 비롯한 각계 대표들이 참석하여 축하했으며, 순천지역 유지들이 조직한 '정씨25주년기념찬하회'에서는 그의 공적을 기리기 위해 기념비를 세우기로 계획하기도 했다.47) 1930년 1월 순천기독청년회 운영 유치원 원장에 선임되었다.48) 윤병서는 선천 신성중학교와 평양 숭실전문학교, 일본 이와테현립의학전문학교(岩手縣立醫學專門學校)를 졸업하고 경성제국대학 의학부를 수료한 뒤 수피아여학교 교사를 거쳐 안력산병원에서 근무했다.49)

---

46) 『동아일보』 1938.01.16 「정의사 기념식」.
47) 『동아일보』 1938.02.08 「정의사 기념식」.
48) 『동아일보』 1930.01.13. 「순천기청총회 원만히 마쳐」.
49) 『대한민국행정간부전모』: 한국역사정보통합시스템(http://www.koreanhistory.or.kr). 해방 후 그는 전라남도 화순군 보건후생과장(1947) · 전라남도 화순전재민구호진료소장(1951)을 거쳐 여수에서 병원을 개업했고 이어 갱생원 의무관(1956) · 갱생원 의무과장(1957)을 거쳐 광주구호병원(1958)에서 근무했으며, 여수구호병원 원장(1959)을 역임했다.

한국인 직원으로는 황두연(黃斗淵, 1905년생)이 주목된다. 전주 신흥중학교를 졸업하고 일본대학 법학전문부를 중퇴한 그는 안력산병원 서무과장으로 근무했다.[50] 그는 일제 말기에 신사참배 반대단체인 원탁회를 주도하다 "신궁과 천황에 대한 모독"이라는 죄목으로 3년간 복역한 항일경력이 있다.[51]

안력산병원의 발전 과정에서 시련도 없지 않았다. 당시로서는 현대적 병원이었다 해도 시설·장비·인력 모두 충분치 못했으며, 환경 또한 열악했다. 이에 대해서는 다음의 증언이 참고 된다.

> I. 1923년 7월 6일, 가만히 앉아 있어도 등에서 땀이 줄줄 흘러내리는 무더위가 기승을 부리는 날이었다. 전남 순천 매곡리에 있던 안력산병원은 진한 소독약 냄새와 이곳저곳에서 신음하고 있는 환자들의 울부짖음이 뒤범벅되어 성한 사람마저 병원 안에 들어갔다가 구토증이 나서 허둥지둥 밖으로 나와버릴 지경이었다.[52]

때로는 선교사와 한국인 직원들 사이에 갈등도 있었다. 예컨대 1924년 1월 한국인 사무원과 간호사들이 월급 인상을 요구하며 동맹파업을 벌였다. 그들은 월급이 적은 데다 근무시간에 조금만 늦어도 퇴직을 강요하고, 또 기구를 파손하면 그 비용을 월급에서 차감하는 등 "여러가지 학대와 압제"나 "인격을 무시"하는 데 대해 불만을 품고 있었다. 이들은 로저스를 찾아가 월급 인상을 요구했으나 월급을 더 받으려면 다른 병

---

50) 『대한민국행정간부전모』: 한국역사정보통합시스템(http://www.koreanhistory.or.kr). 이후 그는 고흥 영천학교 교장과 순천기독청년연합회 회장, 순천시 부시장, 제헌국회위원(대한독립촉성국민회) 등을 역임했다.
51) 「黃原斗淵 등 4인 판결문」, 昭和17년 刑公合 제25호(광주지방법원, 1942.9.30.).
52) 이사례, 『이기풍: 순교로 삶을 마감한 한국교회 최초의 선교사』, 기독교문사, 2008, 116쪽.

원으로 가라는 대답을 듣고 동맹파업에 나선 것이다. 다음은 이에 대한 기사이다.

> J. 전라남도 순천군 미국사람이 경영하는 안력산병원에서는 사무원과 간호부가 단결하야 지난 9일에 동맹파업을 하엿다는대 그 원인을 드른 즉 그 병원에서는 사무원과 간호부를 사용하되 월급은 8원으로부터 최고가 23원임으로 그러한 적은 월급을 밧고는 1개월 동안에생활을 할 수도 업슬 뿐만 아니라 출근시간에 조금만 즉게 오면 무조건하고 퇴직을 식히는 일도 종종 잇섯스며 긔구를 사용하다 파손이 되면 그 물품갑을 배상을 식히되 월급 중에서 제감하는 일과 그 외에 여러 가지로 학대와 압제 밧든 일이 만흔 중에 미국인 간호부가 더욱 심하게 한다 하며 작년 년말에 상여금이라고 매명하에 1원씩을 주엇슴으로 밧기는 바덧스나 인격을 너무나 무시함으로 일동은 분히 녁이엇든바 지난 9일에 사무원과 간호부가 서로 회의하되 우리는 죽도록 고생만 하고 매월에 13·4원의 월급으로는 생활할 수가 업슨 즉 병원댱 로제세에게 진정이나 하여 보자 하고 병원댱을 차저서 월급을 승급하여 달나고 한 즉 원댱과 미국인 간호부가 말하기를 당신들에게 월급을 더 줄 수는 업슨 즉 월급을 더 바드랴고 생각하면 다른대로 가서 근무하는 것이 죳타고 하엿슴으로 일동은 동맹하고 해 병원을 하직하게 되얏다더라.53)

이 같은 분쟁에 어느 쪽에 더 큰 책임이 있었는지는 판단하기 어렵다. 신문기사가 한국인 직원들만의 입장을 반영한 것일 수도 있다. 평소 로저스는 한국인 조력자들에 대해 "그들 모두는 적극적이고 신실한 기독교인들"54)이라며 신뢰하고 있었다. 그렇다고 해서 이같은 분쟁 자체를 부정할 수는 없다. 모든 선교 현장에는 언제나 외부로부터의 시련과 내

53) 『동아일보』 1924.01.13, 「순천안병원의 간호부 맹파」.
54) J. M. Rogers, "Medical Work in Korea", The Missionary Survey 1922.08, pp.597~598.

부에서의 갈등이 공존하고 있었기 때문이다. 이 문제는 한국인 의사 정민기가 중재하고 양측에서 조금씩 양보하여 4일만에 사무원·간호사들이 다시 출근함으로써 해결되었다.[55]

1939년에는 안력산병원의 폐원이 거론되었다. 남장로회가 신사참배에 불응하여 매산학교가 폐교되는 등 일제와 선교사 관계가 악화되었기 때문이다. 그럼에도 "1939년 도립순천의원과 알렉산더병원의 입원 환자수를 살펴보면 도립순천의원이 1만 3,557명인 데 반해 알렉산더병원은 약 2배에 이르는 2만 7520명"[56]일 정도였다. 일제로서도 한국인들의 건강·위생·생명과 직결된 병원까지 폐원하지는 못했을 것으로 짐작된다. 하지만 1940년 국내의 모든 선교사들이 강제추방되면서 안력산병원 역시 폐원의 시련을 겪게 되었다.

Ⅳ. 맺음말

이상에서 남장로회에서 설립한 순천 안력산병원에 대해 살펴봤다. 1913년 "작은 판잣집"에서 진료소로 시작된 남장로회의 순천 의료선교는 1914년 개량 한옥으로의 이전('순천병원'), 1916년 안력산병원으로의 개칭과 이전 등을 통해 전남 동남부 일대로 확산되어 질병치료와 보건 향상에 크게 기여했다.

특히 기독교 신앙 여부에 관계없이 환자들의 상당수가 무료진료·치

---

55) 『동아일보』 1924.01.14, 「순천안병원 맹파문제 해결」; 『조선일보』 1924.01.14, 「안력산 병원의 맹파문제 해결」. 또 1928년에는 간호사가 극약을 먹고 자살하여 파문을 일으키기도 했으나 이유는 알려지지 않았다(『동아일보』 1928.03.24, 「안력산 간호부 의문의 자살」).

56) 우승완, 「(도시의 기억을 찾아서㉓ 선교사가 만든 근대 도시 순천: 순천도립병원」, 『순천광장신문』 2015.07.15.

료의 혜택을 받았던 점은, 의료선교가 이 지역에 끼친 중요한 공헌이었다. 그리고 안력산병원은 "선교병원의 영향으로 도립순천의원의 설립을 촉진되는 계기"[57]가 되기도 했다.

비록 일제의 탄압과 선교사의 철수로 1940년 폐원되었지만 최근인 2017년 10월 「안력산 의료문화센터」가 개관되고 「순천안력산의료봉사단」이 조직되어 다시 그 역사적 명맥이 이어졌다. 안력산병원을 통해 남장로회 선교사들과 한국인 의료진이 뿌렸던 피땀과 눈물은 소중한 결실을 맺으며 순천의 발전에 크게 기여했다.

---

57) 우승완 · 이석배 · 이서영, 「근대 순천의 도시발전 동인에 따른 도시변화 과정에 관한 연구」, 『한국도시설계학회지』 10-1, 한국도시설계학회, 2009, 34쪽.

미국 남장로회 순천선교기지 선교마을들

우승완 · 남호현

I. 서론

1. 연구 배경 및 목적

순천선교부는 1882년 이후 미국 북장로교와 감리교, 영국 성공회, 오스트레일리아 빅토리아장로교에 이어 한국을 다섯 번째로 방문한 미국 남장로회의 선교부로, 전주, 군산, 목포, 광주에 이어 마지막에 설립되었다. 1912~1913년에 순천선교부의 주거용 건축이 완료되면서 전남 동부 지역과 경남 하동과 남해에서 활동하였으며, 1970년 이후 순천선교부의 재산 정리가 시작될 때까지 그 틀이 유지된다.

순천선교부의 건축은 1930년대 중반 신사참배 반대로 선교부 교육기관 폐교를 결정한 이후에도 계속된다. 일본의 전쟁 참여로 선교부의 기능은 잠시 멈추지만 광복과 함께 다시 회복되고 선교시설의 보완이나 확장도 지속된다.

순천선교부의 선교마을은 일제강점기에는 순천 매산 등의 선교마을,

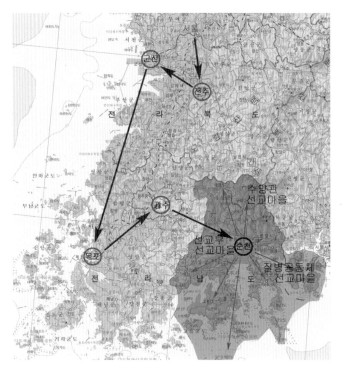

미국 남장로회
선교 거점 도시와
순천선교부
선교영역

지리산 노고단의 수양관 마을, 여수 애양리의 공동체 마을이 조성되었
고, 광복 이후에는 순천 조례동의 순천 기독 결핵 재활원, 호두리의 로
이스 보양원, 지리산 왕시리봉의 수양관 등이 독립된 마을로 건립되었
다. 선교마을은 건립 시기도 다르지만 마을이 조성된 배경과 목적도 달
라서, 독립된 마을의 수만큼 마을 각각의 시간과 공간 궤적에 대한 다양
한 연구가 필요하다.

2. 연구의 범위 및 방법

순천선교부는 100년이 넘는 역사와 공간적 범위에서 짐작할 수 있듯

이 선교정책과 그 필요에 따라 다양한 선교마을을 구축했다. 선교활동을 근간으로 모인 선교마을은 선교활동이 집중된 곳에 각종 시설을 집약하여 구축되었다. 선교마을은 조성 배경에 따라 제한적이거나 폐쇄적으로 운영되는 등 마을의 개성이 뚜렷하다.

이번 연구는 순천지역 선교마을 가운데 실측 조사된 순천 매산등의 선교부 선교마을, 여수 애양리의 질병 공동체 선교마을, 지리산 왕시리봉의 수양관 선교마을로 한정하였다. 연구를 위해 1872년의 지방도, 토지조사 당시의 지적도와 토지대장, 국가기록원의 기록물, 문화재청의 기록화 조사보고서, 기타 선교 관련 논문이나 문헌 등을 참고하였다.

주요 선행 연구 비교

구분	연구(조사)자	제목		비고
선교부 선교마을	남호현	근대 순천지역 선교사 마을의 배치와 공간 수법에 관한 연구	2000	선교사 선교마을의 공간
	도선봉	한국 근대건축 형성 과정에서 나타난 미국 장로회 선교건축의 특성	2002	장로회 선교건축의 형성과정
	우승완	순천의 근대기 도시화에 관한 연구	2009	근대기 순천의 도시 변화
질병 공동체 선교마을	최정기	일제하 조선의 나환자 통제에 대한 일연구	1994	일제강점기 한센인 관리조직
	정근식	'식민지적 근대'와 신체의 정치	1997	일제강점기 한센인 실태
	임윤택	호남지방의 사회복지 발전에 관한 연구	2005	기독교 사회복지
	손종식	한센병 정착촌 거주 아동 어머니의 자녀 양육 부담감에 관한 연구	2006	애양리 마을의 자녀 양육 문제
	새한건축사 사무소 편	애양교회 및 애양병원 실측조사 보고서	2004	등록문화재 기록화 조사 보고서
	우승완, 남호현	질병 공동체 '애양리 마을'의 형성과 공간 변화에 관한 연구	2009	애양리 마을 공간 변화
수양관 선교마을	지리산 선교유적지 보존연합	지리산 선교사 유적 조사와 문화재적 가치 연구	2009	지리산 선교사 유적 조사

선행 연구로 선교부 선교마을 관련 연구는 남호현(2000), 도선봉(2002), 우승완(2009)의 연구가 있고 질병공동체 관련 연구는 최정기(1994), 정근식(1997), 임윤택(2005), 손종식(2006), 우승완·남호현(2009) 등의 연구가 있다. 그리고 수양관 선교마을은 '사단법인 지리산선교유적지보존연합'의 의뢰로 한국근대건축보존회(도코모모코리아)가 제출한 지리산 선교사 유적 조사와 문화재적 가치연구(2009)가 있다.

II. 미국 남장로회 순천선교부 설립

1. 순천선교부 설립

순천지역의 기독교 선교는 1893년 남장로회가 선교지 분할 협정에서 전라도와 충청도 일부를 맡게 되면서 각 지역별 선교부를 중심으로 전

1910년대 순천의
도시영역과
순천선교부

개된다.

　순천지역을 처음 방문한 선교사는 레이놀즈와 드루인데 1894년 4월 30일 호남 지역 선교를 위한 답사 여행을 하던 중 벌교를 거처 순천을 방문한 것이다.[1] 이후 순천지역을 대상으로 하는 선교활동은 1904년 광주에 선교부가 개설되면서부터이다.

　순천에 선교부를 설치하는 제안은 1904년에 전킨 선교사의 발의에서 시작된다. 그리고 1909년 프레스톤 선교사와 벨 선교사가 지리적인 여건 때문에 순천에 선교기지를 개설해줄 것을 선교 본부에 요청한다. 1910년 선교회에서 니스벳, 프레스톤, 윌슨, 해리슨으로 4인 위원회를 구성하고 선교기지 개설 위치를 고민하는데, 순천이 지역 교통의 중심지가 될 것으로 예상하여 개설 장소로 결정한다. 당시 순천은 1909년에 순천읍성에 교회가 설립되어[2] 교세를 확장하고 있었는데 프레스톤, 벨, 윌슨 등이 은행에서 선교자금을 차용하여 광주 북문안교회의 김윤수와 순천의 김억평으로 하여금 선교부지를 매입케 한다.[3] 1910년 가을에 프레스톤과 코잇 선교사가 매입된 부지를 확인하고 1911년 안식년으로 귀국한 프레스톤과 프레트 선교사가 새로운 선교사를 모집한다.

　1912년 순천선교부 선교사로 프레스톤, 코잇, 프레트, 리딩햄과 미혼 여성인 비거, 듀푸이, 그리이 등이 결정되고 티몬스 의사 부부도 함께 배정된다.[4] 선교에 필요한 재정은 레이번 목사의 소개로 조지와츠로부터 13명의 선교사 지원과 건축비로 1만3천 달러를 지원받는다.

　프레스톤과 스와인하트 선교사는 광주에서 순천으로 교대로 공사를 감독하던 중, 공사 중이던 1913년 4월 거주에 문제가 없다고 판단하고

---

1) 김수진, 『호남선교 100년과 그 사역자들』, 고려글방, 1992, 431쪽.
2) 양사재를 이용하기 전에는 서문 안에 있던 교인 강시섭의 사저를 이용함.
3) 일본인의 도시 집중으로 토지 가격이 상승할 것을 예견하고 미리 구입한 것임.
4) 순천노회사료편찬위원회 편, 『순천노회사』, 대한예수교장로회순천노회, 1992, 41쪽.

교회와 학교로 이용된
양사재

코잇과 프레스톤 선교사 가족이 먼저 순천에 이주한다. 프레스톤 선교사의 서재에서 거주했던 코잇 선교사의 두 자녀가 위생과 주거시설 미비로 이질로 사망한다. 코잇의 부인도 감염으로 위독하게 되자, 감염을 우려해 프레스톤 가족은 광주로 돌아가고 티몬스 의사가 코잇 선교사 부인을 간호한다.

이 사건으로 수개월 동안 순천 선교가 중단되고 가을에서야 프레스톤 가족과 광주에서 대기하고 있던 선교사들이 순천으로 내려와 활동한다. 프레스톤과 코잇은 복음선교, 티몬스와 그리이는 의료선교, 크레인과 듀푸이는 교육선교, 비거는 부인전도를 각각 분담해서 활동한다.[5]

2. 선교마을의 건축

1) 선교부 선교마을

일제강점기에 구축된 순천선교부 선교마을은 면적은 순천읍성의 면적과 단순 비교하더라도 성곽 도시의 약 92%를 차지하며 상당한 규모의

---

5) 순천노회사료편찬위원회 편, 『순천노회사』, 42쪽.

순천선교부 건축용
자재 운반

미국식 마을로 조성되었다. 규모 면에서 뿐만 아니라 동시대의 사회나 문화, 생활과 밀착되어 있어서 마을의 역사적 특성을 이해하는 것은 이 지역의 역사를 이해하는 전제 조건이다.

1911년 코잇 선교사가 미국 남장로회 선교본부에 보낸 편지를[6] 보면 선교부가 예정한 공사기간은 1년이었다. 편지는 재료 조달방법과 공사 인부들의 구성 등이 나타나 있어 당시 건축공사 현장을 이해하는 데 중요한 단서를 제공하고 있다. 석공은 한국인, 중국인, 일본인으로 구성되었고, 석재운반은 석공과 다른 매우 낮은 임금의 한국인 그룹이 담당했다.[7] 공사는 건축공사와 도로를 개보수하는 토목공사로 나누어 진행되었는데, 건축공사는 돌공사, 목공사, 타일공사, 벽돌공사 등으로 구분되어 동시에 진행되었다. 이처럼 건축공사가 동시 다발적으로 여러 공종이 진행된 것은 현장 제작에 따른 공종 간의 공사 간극을 조정하기 위한 것으로 생각된다.

6) 등대선교회, 『등대의 빛』 제16호, 2000, 27쪽.
7) 남호현, 「근대 순천 지역 선교사마을의 배치와 공간수법에 관한 연구」, 『대한건축학회연합논문집』 2권 4호, 2000, 20쪽.

선교부 선교마을은 건물 외벽의 석재를 현장 주변이나 순천 가까운 곳에 있던 아름답고 질 좋은 돌[8]을 사용하였다. 타일과 벽돌은 현장에서 직접 구워서 조달하고 임목 벌채공사와 회분 운반공사가 있었는데, 임목 벌채공사는 다시 벌목공과 운반공으로 분리되었다. 목재는 광양 백운산에서 벌채한 후 현장 가공 후 강을 통해 배로 운반하고, 회분은 30마일이나 떨어진 다른 곳에서 한국인 인부들이 150파운드씩 등에 메고 걸어오는 방법을 택한다. 공사에서 회분 운반공의 임금이 매우 낮았음에도 추수 이후에 마땅한 근로 기회가 없었기 때문에 한국인들이 선호했던 것으로 나타난다. 그 밖에 국내에서 생산되지 않는 시멘트, 미국산 목재, 기타 건축재와 페인트 등은 미국에서 직접 배로 운반하여 조달한다.

공사를 착수한 시점은 대지 구입이 1911년에[9] 이루어진 것과 1911년 보고서에서 4월 입주를 예상하고 있는 것으로 보아 1911년 가을 무렵으로 추정된다. 공사가 가을 추수 이후에 진행된 것은 농한기를 이용한 인력수급과 제대로 정비되지 못한 도로 사정이 고려된 것으로 보인다.

순천선교부는 설립 결정과 동시에 선교사들이 활동하는데 초기에는 시설을 임대하거나 임시시설을 이용한다. 학교의 경우 향교에서 임대한 양사재에서 교회와 병행하여 운영하면서 여학교를 신축하고, 남학교는 한국인 주택으로 이전하여 지금의 매산중학교 매산관 자리에 매산관보다 훨씬 작은 규모로 학교를 세운다. 병원은 공사 감독관용 가설건물에서 시작되어 선교병원인 순천병원을 조지와츠 기념관 북쪽에서 운영하다가 안력산병원을 신축하면서 이전한다. 서문 인근의 개인주택에서 시작된 교회는 지금의 중앙교회로 발전했고, 중앙교회는 다시 승주교회

---

8) 철광석 성분을 포함한 석재로 품질이 좋다고 할 수는 없음.
9) 전주서문교회 100년사편찬위원회 편, 『전주서문교회 100년사』, 전주서문교회, 1999, 133쪽.

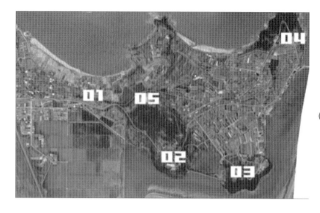

2009년 애양원 전경
(01: 여수애양병원,
02: 여수애양평안요양
소/역사박물관,
03: 순교기념관,
04: 화장장지,
05: 운동장)

(순천제일교회 전신), 승평교회(동부교회 전신), 승산교회 등으로 도심
부 교세를 확장한다.

2) 질병공동체 선교마을

애양원은 1911년 지금의 광주광역시에 인가된 '광주나병원'이 1926년
부터 1928년에 걸쳐 한센병 치료를 목적으로 여수시 율촌면에 정착한
'비더울프 나환자 요양원(Biederwolf Leper Colony)'에서 시작되었다. '비
더울프 나환자 요양원(이하 요양원이라 함)'의 명칭은 1924년 순회 설교
사인 비더울프 박사가 병원 확장에 필요한 재정적 지원을 약속함에 따
라[10] 여수로 이전한 광주나병원 명칭을 바꿔 부른 것이다. 하지만 개인
의 이름을 병원 명칭으로 사용하는 것이 부적절하다고[11] 판단하고 공모
를 통해 1935년 3월 15일 '애양원'으로[12] 변경한다. 1956년에는 '재단법

---

10) 메리 슈튜어트 윌슨 메이슨, 『배스와 맨튼』, 북인, 2009, 127쪽.
11) '사립순천매산남학교'도 영문 명칭은 기부자의 이름을 따서 '조지와츠 기념 남학교'
였음.
12) 애양원 100년사간행위원회, 『구름기둥, 불기둥 섬김의 동산, 애양원 100년』, 북인,
2009, 60~61쪽.

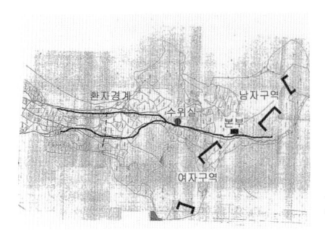

프로렌스 크레인의
그림을 지적원도에
표기한 계획(안)

인 애양원', 1967년에는 '재단법인 여수재활병원', 1983년에는 '사회복지
법인 애양원'으로 변경되어 현재에 이르고 있다.

광주 지역민들의 반발과 수용 인원의 한계[13]로 광주나병원의 이전을
계획하고 있을 때 조선총독부는 바닷가로 이전할 것을 요구한다. 미국
남장로회 선교부는 1925년 1월 광주나병원의 이전을 공식화하고 광주나
병원의 윌슨(Robert Manton Wilson)[14], 페이슬리(James Paisley)[15], 스와
인하트(Martin Luther Swainhart)[16]를 총독부 교섭위원으로 지명한다. 그
리고 조선총독부와 부지 선정, 운영 지원금 문제 등 이전에 필요한 일체
의 문제를 논의[17]하던 중 무안군의 국유지를 이전 대상지로 제안 받는

---

13) 1924년 윌슨은 무료 환자가 너무 많아 자비 환자 외에는 추가 수용할 수 없다고 함.
"光州癩病院의 好績", 『동아일보』, 1924년 5월 25일.
14) 미국 남장로회 의료선교사로 최초의 나병원 설립자. 1941년 일본에 의해 강제 귀국
조치된 뒤 1946년 미군정의 '나병근절 자문관'으로 다시 내한.
15) 미국 남장로회 선교사로 광주, 군산에서 활동.
16) 미국 남장로회 광주선교부 영선, 재정 담당 선교사로 광주선교부에서 주관하는 '산
업교육'을 맡음.
17) 애양원 100년사간행위원회, 『구름기둥, 불기둥 섬김의 동산, 애양원 100년』, 49쪽.

다. 하지만 미국 남장로회 선교부는 교통편이 매우 불편하여 거절하고 남장로회 순천선교부 활동지인 여수군 율촌면 신풍리를 후보지로 결정한다.

즉 애양원 부지는 1924년 미국남장로회 순천선교부의 매산남학교장인 엉거(J.Kelly Unger) 선교사가 한센병원 부지 확보 책임자로 지명되어 제안한 곳이다. 현재 '순교자 기념관'[18] 일대의 동산은 애양원 설립 이전에는 작은 섬으로 선교사들이 개인적으로 구입하여 사용하던 여름 휴가지[19]였다. 그러나 지금은 매립되어 해안선의 일부[20]가 육지로 바뀌었고 애양원에 편입되었다.

1926년 11월 19일에 조선총독부로부터 이주 허가를 받아 1927년 10월 말 광주나병원의 정리를 위해 38명만 남기고 이주를 완료한다.[21] 나환자들의 이주는 밤에 도보로 이동했는데, 광주-여수 간 철도가 개통되기 전이기도 했지만[22] 일반인의 멸시와 천대로 인한 관심 회피가 주된 이유였을 것이다. 광주나병원은 1928년에 정리가 완료되고 윌슨과 그의 가족들은 순천선교부에서 생활[23]한다.

3) 수양관 선교마을

한국 개신교 선교 초기 방문한 선교사들에게 근대화 전의 생활환경,

---

18) 광복 전후 애양원 교회의 목사였던 손양원 목사 3부자 순교 사료관.
19) 선교사들은 여름 휴가지로 독립된 공간인 섬을 구입한 것으로 보임.
20) 작게 굽어진 모래 해변으로 애니 프레스톤이 '초승달 해변'으로 이름 붙임. 애양원 100년사간행위원회, 『구름기둥, 불기둥 섬김의 동산, 애양원 100년』, 북인, 2009, 55쪽.
21) "光州癩病院 麗水로 移轉完了", 『동아일보』, 1927년 10월 31일.
22) 광여선(여수-광주) 철도는 남조선철도주식회사에 의해 1930년 12월 완료되고 개통식은 이듬해 4월 19일 광주에서 거행됨. 우승완, 「순천의 근대기 도시화에 관한 연구」, 순천대학교 대학원 박사학위논문, 2009, 82쪽.
23) 순천에서 1932년부터 1941년 2월 선교부의 한국 철수 이전까지 거주함.

일제강점기 노고단 수양관
출처: http://n121.ndsoftnews.
com/news/articleView.
html?idxno=7832
(ⓒ지리산국립공원사무소)

위생 상태는 일상적인 생활에 불편함을 느끼기에 충분했다. 풍토병 전염병의 창궐, 선교업무의 중압감 등 피로 누적으로 인한 질병과 이로 인한 사망은 선교활동 자체를[24] 위협했다. 서울, 평양, 선천, 대구 등 대도시 선교부에 거주하고 있더라도 이질이나 발진티프스, 수막염, 천연두 등의 희생물이 되었다.

미국 남장로회 선교부는 1920년 제29차 연례회의에서 '지리산 임시 위원회'를 조직하고 1921년 제30차 연례회의에서 '지리산 임시 위원회' 보고서를 제출한다. 1922년 6월 크레인과 프레스톤이 동경제국대학 연습림[25]으로부터 휴대용 천막과 응급시설 설치를 묵인 받고, 크레인이 7월부터 천막 7동과 목조 건물 6동을 건축하여 선교사와 가족 29명을 수용한다.

1922년 제31차 연례회의에서 여름 리조트 위원회를 결성하고 위원장에 스와인하트를 선임하고 1924년 제33차 연례회의에서 99년간 임대가 여의치 않으면 50년간 임대를 요청하기로 하고 협상 권한을 위원회에

---

24) 방연상, 「내한 선교사 수양관에 관한 연구」, 『동방학지』 177권, 연세대학교 국학연구원, 2016, 244~245쪽.
25) 조선총독부가 1912년 동경제국대학에 80년간 22,340정보를 대여함.

위임한다. 1925년 3월 동경제국대학은 구례군 내산면 좌사리 일부를 만 10년간 연 33원 63전의 대여로 총독부의 승인을 요청하고 같은 해 7월 조선총독부 승인을 거쳐 8월에 농학부장으로부터 허가 지령을 교부받는 다. 1935년 임대기간 만료 시점에 선교회와 조선총독부의 관계 악화에 이어서 1940년 대부분의 선교사가 본국으로 철수하자 관리가 불가능해 졌고 여순사건과 한국전쟁을 겪으면서 폐허화되었다.[26]

이후 1950년대 말부터 수양관 후보지를 탐색하던 린튼과 하퍼 선교사 는 수양관 후보지로 구례군 토지면 구산리 왕시루봉을 결정한다. 1961 년 여름부터 교회와 목조 주택, 테니스장, 수영장, 천막 부지를 만들고 1962년 7월 서울대학교와 건물 소유권은 대학이 갖고 학생들과 공동사 용을 전제로 산림관리권을 부여한다. 공사용 골재는 개울에서 모래와 자갈을 채취하거나 연못 굴토 과정에서 발생하는 석재를 파쇄해서 사용 하고 시멘트와 순천에서 제작한 거푸집을 옮겨 콘크리트 구조물을 현장 제작해 건축한다.

4) 선교사 스와인하트(Martin Luther Swinehart)

스와인하트 선교사는 순천선교부 선교마을 구축과 관련하여 가장 의 미 있는 인물이다. 그의 한국명은 서로득으로 1874년 미국 인디아나주 에서 태어나 텍사스주 철도회사 사장과 사범학교장을 지냈으며, 다년간 정부 토목공사에 참여한 경력이 있다. 그를 한국에 파송한 목적은 남장 로회 선교회의 학교 정책 중 공업교육을 맡기기 위해서였고, 남장로회 광주선교부에서 영선과 재정을 담당한다. 1911년 내한하여 1912년부터 광주선교부에서 주관하는 '산업교육'을 맡았으며,[27] 광주 지역을 중심으

26) 사단법인 지리산선교유적지보존연합, 『지리산 선교사 유적 조사와 문화재적 가치 연구』, 2009, 159~168쪽.
27) 광주서현교회 90년사 편찬위원회 편, 『광주서현교회 90년사』, 광주서현교회, 1998,

스와인하트 선교사

로 주간학교를 개설해 선교하면서 중흥학교, 서흥학교, 숙명학원, 배영학교를 직접 설립 운영하였고 수피아여학교 운영에도 참여한다.

광주 양림동 일대의 미국 남장로회의 건축도 스와인하트가 1911년부터 1927년에 걸쳐 참여하는데,[28] 그 이전과는 건축적 특성이 다르게 나타난다. 1904년부터 1910년까지는 대부분의 지붕형태가 한식기와를 지붕으로 채택하고 단층에 머문 '한양절충형'이었으나 스와인하트는 회색 벽돌을 주재료로 사용하고 지붕 재료를 개량된 평기와나 시멘트 슬레이트를 사용하여 외관상 전혀 다른 모습을 갖게 되었다.[29]

스와인하트는 1911년부터 시작된 순천선교부 건축에도 적극 참여하는데 프레스톤과 함께 감독한 건물은[30] 프레스톤주택(1913년), 코잇주택(1913년), 로저스주택(1913년), 선교부 어린이학교(1925년), 와츠기념남·여학교(1915년, 1916년), 와츠기념관(1925년 전후) 등이다. 스와인하트는 건축가는 아니지만 토목 기술자로서 미국 남부장로회 선교부의 건

156쪽.

28) 김정동, 「한국근대건축에 있어서 서양건축의 전이와 그 영향에 관한 연구」, 홍익대학교 박사학위 논문, 1990, 270~271쪽.

29) 도선붕, 「한국 근대건축 형성과정에서 나타난 미국장로회 선교건축의 특성」, 충북대학교 박사학위논문, 2002, 66쪽.

30) 프레스톤 선교사의 안식년 때는 코잇 선교사가 대행함. Anabel Major Nisbet의『호남선교 초기의 역사』에서 선교사들이 선교사업을 성취해 내기 위해서는 집을 건축하는 법, 벽돌 굽는 법, 도로 만드는 법 등을 알아야 한다고 기술하고 있음.

축에 직접 참여한 것으로 보인다. 이 외에도 숙명학교 건물(1928년)을 설계 건축, 대한기독교서회 건물(1931년) 설계 감독, 이화여대 교사 신축 감독(1935년) 등을 수행한다.

Ⅲ. 선교마을 배치와 공간구성

1. 선교부 선교마을

1) 선교부 선교마을의 배치

선교부 선교마을은 현재 순천중앙교회, 순천기독재활원, 매산중학교, 매산고등학교, 매산여자고등학교, 애양직업재활보도소 그리고 아파트와 일반주택들로 이루어진 언덕 위의 마을로 난봉산 줄기에 걸쳐 있다.[31] 마을 조성 당시에는 순천읍성의 북문 밖 동산으로 읍치 중심부가 한눈에 내려다보였지만[32], 돌들이 많아 묘지로 사용하는 버려진 쓸모없는 땅이었다. 선교사들은 이곳의 언덕과 초가집 여러 채를 싼값에 구입하여, 한국의 취락 구조나 도시질서 체계인 배산임수와는 다른 미국식의 독립적인 영역을 구축한다. 앞서 설립한 여러 선교부의 설립 경험에서 첫째 밀집 주거지인 성 내의 시가지를 전망할 수 있는 언덕이나 구릉지, 둘째 거점 도시의 시가지로부터 멀지 않은 거리, 셋째 비용이 저렴한 충분히 넓은 대지, 넷째 한국의 전통적인 기존 건축의 권위적 위상이나 종교적 상징 등과 연계할 수 있는 대지 등으로 이전의 경험적 요소가 전체적으로 반영된다.[33]

---

31) 남호현, 「근대 순천 지역 선교사마을의 배치와 공간수법에 관한 연구」, 20쪽.
32) 레이놀즈 선교사는 1894년 해안지역을 답사하면서 순천을 '비옥한 계곡 안에 자리한 고을'이라 하였고, 선교사 부인인 니스벳은 '아름다운 성곽도시'로 기록하고 있다.

1911년부터 1929년에 걸쳐 선교사 주택과 병원, 교육시설 등을 약 20 여개 동 건물을 건축한다. 애너벨 메이저 니스벳[34]은 순천의 선교 거점 은 필요한 인적, 물적 장비를 모두 갖춘 상태에서 개설된 조선 최초이자 유일한 선교 거점으로 기록될 것이라고 밝히고, 순천의 선교마을은 건 립 당시부터 마스터플랜에 의해 추진된 것임을 알 수 있다.

1929년 안내도에서 가장 높고 전망이 좋은 곳에 주거 구역이 위치하 고 남학교와 여학교가 엄격히 분리되어 있다. 병원과 종교시설은 한국 인의 접근성을 고려해 배치하고 있다. 선교부 선교마을의 배치 형식은 서양의 공간 개념인 사적 공간과 공적 공간이라는 조닝 플랜을 그대로 적용하면서도, 교육시설에서 남녀의 영역을 분리하여 한국의 윤리적 관 념도 수용한 것으로 보인다. 또한 독립적인 미국 선교마을을 건설하여 선교사들은 당시의 한국인 주거지의 환경적, 질병적 위험으로부터 건강 과 안전을 보장받게 되었음을 확신한 것으로 생각된다.[35]

2) 선교부 선교마을의 공간 구성

순천선교부 선교마을의 공간적 범위는 1915년 제작된 지적원도에서 남쪽 경계는 현 매산고등학교 운동장을 제외한 매산고등학교와 중앙교 회를 경계로 하고, 북쪽은 삼풍그린파크 2차 아파트의 북쪽 경계를 영역 으로 하고 있다. 동쪽은 현 매산중학교를 지나 삼산중학교에 이르는 도 로를 따라 가고 있고, 서쪽은 주위의 산을 경계로 하고 있다. 1959년 매

33) 도선봉, 「한국 근대건축 형성과정에서 나타난 미국장로회 선교건축의 특성」, 154~156쪽.
34) 목포정명여학교 제5대 교장(1911~1919). 전주선교부의 교육선교사 Rev. John Samuel Nisbet(유서백) 목사의 부인으로 1906년 한국에 온 남편의 임지를 따라 전주와 목포 지방에서 선교 동역자로 활약. 1920년 목포 프렌취병원에서 사망.
35) 서양인에 대한 핍박과 거부감과 수구세력보다도 더 위험한 것은 각종 이질, 콜레라, 장티프스 등의 수인성 전염병이었음. 등대선교회, 『등대의 빛』 제22호, 2006, 35쪽.

산중학교 법인 재산 목록36)에서 확인된 영역은 매곡 1차 아파트 부지를 포함하고 있고, 순천대 남쪽에 위치한 매곡 2차 아파트의 남쪽 경계까지로 나타난다.

선교마을의 공적 공간은 여학교를 정점으로 산악에 연접된 주거 공간의 외부에 도로를 따라 배치되었고, 여학교 북쪽에 농장이 있다. 선교활동이 안정되고 확장됨에 따라 세분화되고 그 기능에 따라 도입부에 종교시설과 의료시설을 두고, 교육시설, 주거시설 외에 기타시설을 필요에 따라 집중 배치하고 있다. 도입부의 종교시설은 일반 대중을 상대로 하는 시설로 순천읍교회(순천중앙교회 전신), 초기의 선교병원인 순천병원, 조지와츠기념관 등이 위치하고 있다. 종교시설이 도입부에 배치된 것은 선교마을의 배치 계획에 따른 결과이기도 하겠지만, 한국인 주거지와의 접근성에 중점을 둔 결과로 보인다. 도입부 시설 중 조지와츠기념관은 학교 교육이 정상화된 이후에 건립되는 데, 매산학교의 교육과정을 이수한 학생들을 대상으로 성경교육을 연계한 것으로 보인다.

1920년대 순천선교부

1: 성경학교와 기숙사, 2: 알렉산더병원과 간호사숙소, 3: 남학생기숙사, 4: 엉거주택,
5: 로저스주택, 6: 외국인학교, 7: 코잇 주택, 8: 프레스톤 주택, 9: 남학교, 10: 수위실,
11: 여자독신자숙소, 12: 크레인주택, 13: 여학교, 14: 교사 신축 전 남학교

---

36) 문교부, "순천매산중학교 학칙변경인가 신청의 건", 1959년 4월 25일.

특히 조지와츠 기념관은 선교부 건축물 중 접근성이 뛰어난 장점으로 인해 미군정 때 군정사무소로 활용되기도 한다. 이러한 도입부 시설들은 한국인들에게 선교의 뜻을 널리 보급하는 데 의미를 두고 배치한 것으로 생각된다.

의료시설은 당초 공사 감독관용 가건물에서 개량 한옥으로 옮겨 선교부 초입의 종교시설 구역에 배치되지만 안력산병원을 신축하면서 독자 영역을 형성한다. 안력산병원은 당시의 시설기준에 따라 간호사 숙소, 전염병동 등 필요한 시설을 병원 주변에 집중 배치한다. 부속시설은 병원의 배면과 남쪽에 배치하고, 격리시설인 전염병동은 병원 배면의 산악 연접지역에 이격시켜 배치한다. 그리고 병원과 가까운 곳에 위치한 선교사 주택을 의료 선교사에게 배정해 상호 연계성을 꾀하였다.

교육시설은 도입부에 위치한 조지와츠 기념관과 여자 기숙사를 지나 북으로 향하면 남자 기숙사, 남학교와 공장이 있고 주택지를 사이에 두고 가장 북쪽에 여학교와 여학교 공장을 배치시켜 유교적인 특성을 반영한다. 특히 남학생 구역을 진입부에 배치한 것은 전통주택에서 사랑채와 안채의 관계에서 비롯된 것으로 파악할 수 있다.[37] 여학교와 여자 독신 선교사 주택을 근접 배치시켜 동선과 심리적인 면을 동시에 고려한 것으로 보인다. 지금은 선교 초기의 학교 건축물로 매산관만 남아있고 여학생 구역은 매곡동 일대의 부도심 개발로 1980년대 일반 주거지로 바뀌었다.

순천선교부 선교마을의 주택은 선교사용 주택과 매산학교 교사용과 같이 근무자용 주택으로 구분된다. 변형된 한옥 형태도 있었지만 대부분 서양식 주택이었다. 선교사 주택으로는 크레인 주택, 코잇 주택, 프레스톤 주택, 로저스 주택, 여자 독신자 숙소 등이 있었고, 근무자용 주

---

37) 남호현, 「근대 순천 지역 선교사마을의 배치와 공간수법에 관한 연구」, 22쪽.

1928년 이전 완료
후 마을 조직

택은 교사용 주택과 시설관리용 주택으로 선교마을의 관리 여건을 고려
하여 배치한다. 1959년 매산학교 재산목록[38]과 현장조사에서 확인한 결
과 관리용 주택은 선교사 주택과 같이 석재와 벽돌을 사용한 조적조 주
택이었다. 그리고 선교마을 시설관리나 유지에 필요한 간이상수도, 전
기시설이 도입되었고 교육과 병행된 소규모 공장, 창고, 축사 등이 부속
되어 있었다.

2. 질병공동체 선교마을[39]

1) 질병공동체 선교마을의 배치

1926년 현 애양원 부지 가운데 4,000평을 광주나병원 이주지로 먼저
허가를 얻은 다음, 지역 유지들의 협조를 얻어 14만 평을 확보한다. 같
은 해 11월 나환자 628명 가운데 목수 20명, 미장공 20명, 함석공 20명,

---

38) 문교부, 「순천매산중학교 학칙변경인가신청서」, 1959년 4월 25일.
39) 우승완 외, 「질병 공동체 '애양리 마을'의 형성과 공간 변화에 관한 연구」, 『도시설
계학회지』 제11권 제2호, 2010, 9~14쪽에 정리.

기타 기능공 등 110명을 여수에 보내 애양원을 신축[40]한다.[41]

애양원은 광주나병원의 'E'자형 진료소의 공간 기능을 분리 반영한 것으로 프로렌스 크레인이 그린 배치계획과 실제 구축 과정에서 확인된다. 애양원은 외부 지원시설인 본부와 한센병 환자 시설로 구분되어 구축되는데 1916년에 작성된 지적원도에는 순천-여수 간 도로에서 현 여수애양병원까지 20여 필지가 보이지만 지금 여수애양병원(P1 지점)일대에 대지[42]는 없고 전답만 나타난다. 지적도에 나타난 도로망은 재활병원의 북쪽과 남쪽으로 폭 1m 정도의 좁은 길로 운동장(P6)을 지나는 지점에서 하나로 합류되어 해안선까지 계속된다.

프로렌스 헤들스톤 크레인[43]이 그린 애양원의 배치 계획은 지금의 신풍반도(또는 애양반도)의 남과 북에 위치한 낮은 구릉을 뒤로하고 동쪽의 광양만을 향해 계획되지만, 실제 배치는 병원과 같은 공용시설이 도로 분기점에 위치하고 분기점의 공용시설 좌우로 남녀 병사[44]가 양분되어 초기 계획과는 다르다.

공용시설은 남북으로 이어진 축선(운동장 P6, 야외계단극장 P4, 병원 H1, 교회 C1)에 위치하고 있는데, 여자 병사의 서쪽 끝에 본부(P1)와 저수지(P8)가 있고 남자 병사의 동쪽 끝에 창고와 목수간교회(P7)가 배치되어 있다. 본부와 수위실이 위치한 곳은 애양반도가 병목처럼 좁아지는 곳으로 출입 통제가 용이한 지형이다. 목수간교회(P7, 목수 작업장)는 서쪽 끝 해안에 위치한 선착장과 본부와의 이동 동선이 고려된 배치로 보인다.

---

40) 정근식, 「식민지적 근대'와 신체의 정치」, 『사회와 역사』 제51집 봄호, 1997, 241쪽.
41) 신풍반도 일대는 조선시대 전라좌수영성 보수 때 양호한 석재를 공급함.
42) '필지'나 '대지'는 1916년에 작성된 지적도에 지목이 '대'로 기재된 필지.
43) 미국 미시시피대학 식물학과 졸업, 순천과 평양에서 미술교사로 활동하면서 많은 그림을 남김.
44) 각각의 병사는 연령층을 고려한 가족 형태의 동성의 환자들로 구성됨.

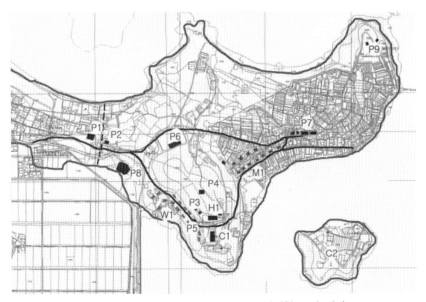

현재 지형도와 애양원 관내도를 참고로 작성한 초기 배치도
P1: 본부, P2: 수위실, P3: 간호숙소, P4: 야외 계단극장, P5: 상점, P6: 운동장/1936년 극장,
P7: 목수간교회, P8: 저수지, P9: 화장장, M1: 남자병사, W1: 여자병사, H1: 병원,
C1: 교회, C2: 초승달 해변의 섬

남녀 병사는 해안선을 따라 병렬로 배치되어 있는데 여자 병사는 4개
동과 9개 동, 남자 병사는 9개 동과 5개 동씩 2열로 배치되어 있다. 이
외에 전염병사(격리 병사)를 별도로 두고 있는데 이는 '사립병원취체규
칙'에 의한 조치[45]로 보인다. 여자 병사는 'ㅜ'형, 남자 병사는 'ㅗ'형으로
남녀 모두 돌출형 평면의 독립된 주택으로, 기존 마을과는 독립되어 구
축되었다. 신풍반도의 진입부는 초기에 호리병의 병목처럼 좁아서, 지
금의 지형과는 달리 내·외부인의 통제에 수월한 지세였다. 그리고 애
양리마을 진입부에 위치한 구릉은 외부와의 시선을 차단해 지형적으로

---

45) 병상 10개 이상의 모든 사립병원에 독립된 격리병사 설치를 의무화함으로써 선교병
원에게 큰 재정적 부담을 줌. "대한제국기와 일제강점기의 의료체계" http://theme.
archives.go.kr/next/place/introduction.do?flag=5 2016년 8월 30일.

여자 병사 전경

는 섬처럼 독립된 폐쇄적인 마을을 구축할 수 있었다.

2) 질병공동체 선교마을의 공간구성

비더울프 나환자 요양원은 상대적으로 높은 구릉지에 병원과 교육 기능이 부가된 교회, 가게 등 공공시설을 배치했다. 공공시설을 경계로 서쪽에는 여자 병사, 동쪽에는 남자 병사가 신설된 도로를 따라 건축되었다. 요양원이 구축되면서 1916년에 작성된 지적 원도에 나타난 도로 대부분은 폐쇄되고 나머지 기존 도로는 신설 도로에 편입되어 연장된다. 신설된 도로는 신풍반도 남쪽의 구릉지를 감아 도는 환형 도로망을 구

남자 병사

축하고, 환형 도로망의 한쪽 끝에 돌출된 도로가 해안선까지 연장되어 해상 운송을 위한 선착장과 마주한다.

신풍반도의 중간 지점에 '목수간교회'라 불렸던 창고 형태의 목수 작업장이 가장 먼저 건축된다. 뒤를 이어 잘 다듬어진 석재로 환자용 숙소 33동이 한센병 환자들에 의해 구축된다. 1927년과 1928년에 걸쳐 본부건물, 축사 1동, 쌀 곳간 2동, 교회와 병원 등 총 41동이 건축된다. 요양원 신축에 참여한 한센인들의 대가는 공사의 난이도에 따라 실업사무소에서 계약되고 지급[46]되었다.

여자 병사는 정면이 돌출된 'ㅓ'형으로 각각의 현관을 가진 2개의 방 사이에 다락을 둔 부엌을 공유하고 평면으로 건축되었다. 남자 병사는 방 4개와 주방, 거실, 다락으로 구성되었고 각 동별로 24명에서 28명을 수용했다. 남녀 병사 각각 중환자 숙소를 두었고 1935년 현황에서 결핵 병동 1개 동을 운영한 것으로 나타난다.

1936년 애양원은 여수·순천 간 도로에서 신풍반도에 진입하면 수용소 울타리와 약 0.5마일 이격된 목사, 의사, 관리인을 위한 석조 건물 3개 동과 마주친다. 다음 건물은 본부로 수용소 밖에 위치한 마을 사람과 수용소를 관리하는 일반인이 한센인들과 절반씩 사용했으며 일반인을 위한 진료소도 운영했다. 당시 본부의 위치는 지금의 애양병원 자리로 일반인과 한센인을 구분하는 경계이자 중간지대였다.

돌기둥으로 세워진 큰 대문을 지나 수용소에 들어가면 수위실이 위치한다. 수위실 뒤에 돌가루 분진이 가득한 집이 있고 그 뒤에 망루가 있다. 새로 만들어진 2.5마일의 도로를 따라 채소밭이 있고 그 채소밭 오른쪽에 10개의 연못 중 하나에서 빨래도 하고 논에 물을 공급하기도 했다.

---

46) 요양원의 이전 신축공사가 진행 중일 때 간호, 건축, 벽돌 제작 등의 일은 일당 4전의 보수를 받고 중노동의 경우에는 8전, 기술 노동 12전의 보수를 받음. 정근식, 「식민지적 근대'와 신체의 정치」, 1997, 24쪽 참조.

남자 병사 전경

도로를 따라 언덕에 이르면 남쪽으로 23개 동의 석조 여자 병사가 있다. 남녀 병사 중간의 고갯길 정상에는 10개의 지하 공부방이 있는 교회, 버지니아 아셔 병원[47]과 진료소, 환자들을 위한 상점, 간호사 숙소 3개 동이 있다. 교회의 지하[48] 공부방은 주간 학교로 사용되었고 이곳에서 75걸음 떨어진 곳에 학생들이 목수 일을 훈련하는 분과 사무소가 있다. 그리고 남자 병사 지역에 목수, 양철공, 가죽공 등의 큰 분과 사무소가 있다.

상점을 지나면 수용소 전체를 조망할 수 있는 언덕 정상이 나온다. 이곳에서는 20개 동의 남자 병사, 소나무와 바닷가 사이의 기혼자 마을이 한눈에 들어온다. 그리고 언덕 정상에는 예배나 기타 행사를 위한 야외 계단극장도 있다. 교회와 병원이 위치했던 언덕은 십자로 교차하는 결절점이기도 했지만 주요 시설의 집적으로 구심점을 이루고 있다. 일부 공용시설을 제외한 건물들은 해풍을 맞도록 신설된 도로를 따라 바다를

---

47) 애양원의 병원 이름으로 각각의 건물에는 개인 또는 단체 지원자를 기념하는 서로 다른 이름이 붙여짐.
48) 『애양교회 및 애양병원 실측조사 보고서』에서 1층으로 표현된 부분으로 건축 당시에는 지하층으로 구분된 것으로 생각됨.

향해 배치되었다. 이처럼 해안가에 시설을 집중적으로 배치한 것은 조개가 환자들의 중요한 단백질 공급원이었기 때문이다.

진입부의 수위실과 망루는 일반인과의 교류를 인위적으로 차단하고 있음을 확인할 수 있고, 병원, 공부방, 간호사 숙소, 상점 등이 언덕에 집중된 것은 지형적으로 통제가 용이한 곳에 배치하여 관리한 것으로 보인다.

3. 왕시루봉 수양관 선교마을

1) 수양관 선교마을의 위치 및 배치

왕시리봉 수양관 선교마을은 개신교의 선교 유적으로 지리산의 봉우리 가운데 하나인 왕시루봉 정상 바로 아래에 위치하고 있다. 옛 토지면 사무소 뒷길을 따라서 파도리 저수리를 지나는 산악 도로 끝지점에서 도보로 약 3시간 정도 오르면 현장에 도착한다. 왕시리봉 등산로의 9부

왕시리봉 수양관 선교마을 배치와 마을길

능선쯤에 이정표처럼 홀로 우뚝 선 나무를 좌측으로 끼고돌면 수양관의 진입로와 접속되고, 수양관 선교마을에 이르면 등산로의 마지막 식수원과 제방 밑의 교회가 나타난다.

수양관 선교마을은 해발 1,216m 고지에 남북으로 약 250m, 동서로 약 80m의 공간에 독립된 마을을 형성하고 있다. 주택 10동과 마을 초입에 위치한 마을 공동시설인 교회 1동, 창고 1동, 수영장(저수지) 1개소와 운동시설인 테니스장 등이 구축되어있고, 산 아래 구례읍이 내려다보이는 서쪽 조망권을 확보하고 있다.

2) 수양관 선교마을의 공간구성

시설별로 살펴보면 테니스장은 등산로에 접속된 수양관 선교마을 진입로에서 가장 먼저 마주하는데 묵정밭처럼 보인다. 조성 시기가 크기가 다른 2면의 코트는 서로 연접하여 있지만 자연 지형을 이용하여 바닥 높이는 서로 다르다. 바닥에는 코트의 라인으로 추정되는 자연석이 지면에 일정하게 설치되고 경사지 상단에 공의 이탈을 방지하기 위해 설치했을 지주가 남아있다.

수영장(저수지)은 교회와 테니스장 사이에 위치하고 도면에서는 사다리꼴이지만 외형상은 삼각형이다. 높이가 낮은 곳에 제방을 설치하고 배수구를 저수지 바닥보다 약간 높게 시멘트 몰탈로 마감하여 배수구가 퇴적물로 막히는 것을 방지하고 있다. 저수지 안쪽은 자연석을 쌓았고 바깥쪽은 흙을 부축벽 삼아 제방을 구축했다. 제방의 흙은 저수지 바닥을 파내고 테니스장의 절토 과정에서 나온 흙이 사용되었을 것으로 생각된다.

창고는 수양관 선교마을 건축물 가운데 가장 초입에 위치한 건축물로, 배치도에서 교회와 마주하고 있지만 이격된 거리와 고저차로 인해

미국 남장로회 순천선교부 왕시리봉 수양관마을 건조물 현황

구분		용도	동수(개소)	비고
왕시리봉	건축물	주택	10동	
		화장실	2동	
		교회	1동	수양관 교회
		창고	1동	
	기타	수영장(저수지)	1개소	테니스장 2개소
		운동시설	2개소	기둥 잔존

현장 느낌은 다르다.

교회는 마을 공동시설 가운데 가장 마을과 가깝게 위치하고 있고 이곳의 대지가 가장 평탄하고 넓어 운동시설을 제외하면 평지에 형성된 유일한 건물이다.

마을길은 교회 제단의 배면과 연립된 관리사 앞의 작은 언덕이 마을 공동시설과 수양관 선교마을 주택들과 경계이자 각각의 수양관 주택들로 분기되는 지선의 시작점이다. 마을길은 지형도에서 보면 교회 옆 언덕을 기준으로 마을을 좌우로 환형으로 감싸고도는 2개의 길과 마을 안쪽으로 바로 연결된 2개의 긴 타원형의 길로 구분된다.

마을의 주택들은 '하도례 주택'을 제외하면 산길을 따라 완곡한 부채꼴로 3열 병렬로 배치되어 있다. '로빈슨 가옥'과 '인휴 가옥'이 최상단에 위치하고, 중앙에 '샤롯데 벨 린튼 가옥', '브라운 가옥', '조요셉 가옥', '모요한 가옥', '배도선 가옥'이 동일 선상에 위치하고 있다. 그리고 병열로 배치된 주택들의 한 꼭지점에 홀로 '도성래 가옥'이 자리하고 있다. 이격된 '도성래 가옥'을 제외하고는 길을 사이에 두고 2~3채씩 수평으로 20~30m 간격으로 군집되어 있다. 온돌을 설치한 '하도례 주택'은 마을 공동시설과 함께 다른 주택들과는 달리 이격되고, 길도 독자적으로 구성되어있다. 온돌이 설치된 '샤롯데 벨 린튼 가옥' 뒤에는 야외 예배소가 위치하고 전면에 평지는 아니지만 비교적 넓은 공간을 갖고 있다. '샤롯

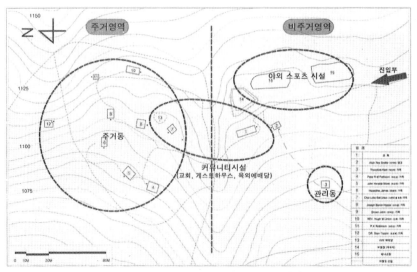

왕시리봉 수양관 선교마을 기능별 영역

데 벨 린튼 주택'은 모든 주택과 길이 연계되어 중심성이 돋보인다.

야외 예배소는 '샤롯데 벨 린튼 가옥' 뒤쪽을 담장삼아 경사지에 시멘트 몰탈과 자연석으로 설교용 단상을 만들었다. 단상을 중심으로 자연석을 방사형으로 배치하고 있다. 예배석은 자연석을 깔았고 주변에 큰 바위들이 둘러쳐져 숲과 함께 외부로부터 보호되는 느낌이다.

IV. 순천선교부 선교마을의 특징

1. 선교사 선교마을의 건축적 특징과 도시변화

선교 초기 선교사들은 초가의 민가에서 생활하거나 한옥을 벽돌로 치장하고 기와지붕을 한 외국풍의 한옥을 사용한다. 이후 중국인과 일본인 건축기술자, 미국산 건축 자재 등의 원활한 확보로 서양 건축물을 건

축한다. 선교사들은 필요에 따라 조적조의 서양식 건축으로 목조 일변
도의 한국 건축에 변화를 가져온다.

초기의 선교부 건물은 선교부 관계자 건물을 중심으로 구축된다. 순
천선교부의 건물은 주택, 교회, 학교, 기타 부속시설로 분류되지만, 대부
분 화재와 도시개발로 철거되고 현존하는 시설은 주로 교육시설과 주택
의 일부이다. 주택의 경우 관리 주체에 따라 변용 정도가 심하여 외형을
제외하고는 그 원형을 유추하기조차 쉽지 않다. 하지만 산악 연접부의
도시개발이 쉽지 않은 지역은 적극 활용되고 있다. 특히 설비시설은 수
명이 길지 않은 탓도 있지만 수명이 다해 교체되거나 변용에 따라 철거
되어 찾기 어렵다.

순천선교부 선교마을 건물 가운데 가장 먼저 건축된 것은 주택이다.
1913년 4월 선교사 주택 가운데 프레스톤 선교사 주택이 가장 먼저 건축
되고, 뒤를 이어 코잇, 크레인, 로저스의 주택이 비슷한 시기에 완공되
고 가을에 입주한다. 초기에 건축된 주택의 외벽은 석재를 주재료로 사
용하고 출입구 부분을 벽돌로 마감했다 그리고 지붕에는 기와를 얹었

선교사 선교마을의 주요 건축물

구분	주요 시설
주택	프레스톤주택(1913 매산여고 부속), 코잇주택(1913, 애양재활직업보도소 부속), 로저스주택(1913, 매산여고 부속), 크레인주택(1913, 철거 후 주택 건축시 기존 건축자재 재활용), 엉거주택(1960년경 철거), 독신여성주택(1913, 1970년 후반 철거)
병원	순천병원(병원 이후 선교사 주택으로 사용), 알렉산더 기념병원(1916 화재로 소실), 격리병동(1929 以前 주택으로 변용 매산고등학교), 간호사 기숙사(매산고등학교), 세탁실(매산고등학교)
학교	매산남학교(1916 와츠기념 남학교), 선교부 어린이학교(1925 애양재활직업보도소), 와츠기념 성경학교(1925? 순천기독진료소), 매산여학교(1947년경 화재 소실), 매산관(1930), 여학생 기숙사(성경학교 여학생 기숙사), 여학생 공장, 남학생 공장, 남학교 기숙사, 남학교 음악실, 매산고 기숙사(1959 매산고교 후생관 이용 후 철거), 매산고 강당(195? 화재 소실)
교회	순천읍교회(순천중앙교회)
기타	물탱크(1913~1925 물탱크 3개소 및 취수구), 창고1, 수위실, 발전기실, 묘지 광주 이장

다. 하지만 십여 년 뒤에 건축된 엉거 선교사의 주택은 조적조(연와조)에 금속재 지붕으로 변화를 보인다.

선교사 선교마을 주택

프레스톤 주택 (1913~현존)	코잇 주택 (1913~현존)	크레인 주택 (1913, 철거)
로저스 주택 (1913~현존)		엉거 주택 (192?, 철거)

교육시설은 건축시기와 규모에 따라 외벽의 재질이 석재와 벽돌로 구분된다. 1916년에 건축된 '매산남학교'와 '매산여학교'는 조적조로 건축되었으나 교육시설 가운데 가장 규모가 작은 '외국인어린이학교'나 '조지와츠 기념관', '기숙사' 등은 조적조로 건축되었다. 하지만 이보다 규모가 큰 현재의 '매산관', '남학교 공장', '음악실' 등은 석재를 사용하였다. 특히 광복 이후에 건축된 고등성경학교와 매산학교 강당도 석재가 사용되었다. 입면을 결정하는 주요 자재인 창호는 건축 시기가 가장 늦은 1959년 건축물에서도 목재 오르내리창이 계속 사용된다.

선교사 선교마을 교육시설

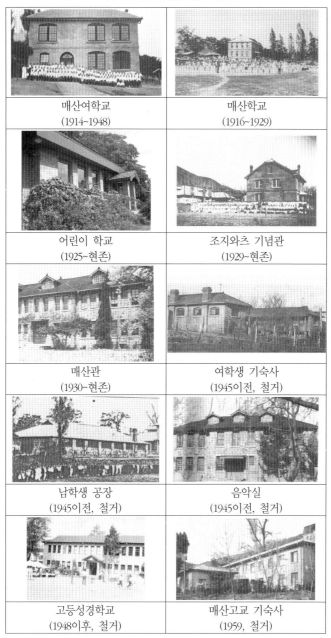

매산여학교 (1914~1948)	매산학교 (1916~1929)
어린이 학교 (1925~현존)	조지와츠 기념관 (1929~현존)
매산관 (1930~현존)	여학생 기숙사 (1945이전, 철거)
남학생 공장 (1945이전, 철거)	음악실 (1945이전, 철거)
고등성경학교 (1948이후, 철거)	매산고교 기숙사 (1959, 철거)

선교사 선교마을 안렉산더(안력산)병원의 변화

순천병원 전신 (1913~1914)	순천병원 (1914~1916)	알렉산더병원 (1916~1932)
알렉산더병원 (1932이후, 소실)		병동 (1932이전~현존)

    선교병원은 초기에 공사용 가설건물에서 시작하지만 1914년 조적조로 신축한 건물에서 순천병원을 운영한다. 1916년에는 위치를 옮겨 석조로 신축한 후 안력산병원으로 확장 개원하고, 십여 년 뒤 기존 건물 전면에 기존 건물과 교차된 평면을 조적조로 증축한다.

    순천선교부 선교마을은 1930년대 순천을 대표하는 도시 공간으로 자리 잡아, 조선시대 성곽도시에서 근대도시로 성장하는 데 영향을 미쳤음을 알 수 있다. 그 내용을 정리하면 다음과 같다.

    첫째 순천선교부 선교마을의 안력산병원은 남장로회에서 가장 큰 병원이자 국내 제2의 기독교병원으로[49] 전남 동부지역 최초의 병원이었다. 이후 도립순천의원과 전국 유일의 철도진료소가 운영되어 의료 거점도시로 바뀌는 계기가 된다. 그리고 1940년 도립순천의원(현 순천시의료원)의 증축 사유는 안력산병원 폐쇄로 병실 개조 12실에 45병상 증

49) 이만열, 『한국 기독교 의료사』, 아카넷, 2003, 689쪽.

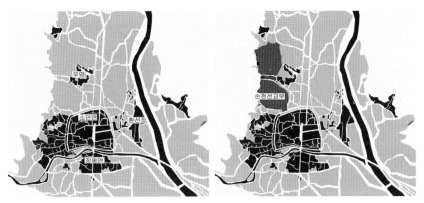
조선 후기와 순천선교부 설립 이후 토지이용의 변화 비교

가 수요가 발생하여 당시 안력산병원의 위상을 확인할 수 있다.

둘째 선교마을의 선교사 주택과 병원에 국한된 시설이지만 도시의 기간시설인 상수도와 전기를 경험한다. 일제강점기 순천에 전기(1925년)와 상수도(1933년)가 공급된 것보다 훨씬 앞서서 도시 기반시설을 경험한 것이다.

셋째 선교 교육기관이 도시사회에 미친 영향력으로 선교학교 폐교는 순천군의 주요한 관심사였고 대책으로 학교 신설에 버금가는 분교를 운영한다. 선교부에서 운영한 학교는 초등 교육과정이지만 중등 교육과정과 실업교육(직조공장 운영과 유기제조)을 통해 기술 인력을 체계적으로 양성한다.

넷째 서양건축술의 직·간접 경험에 의한 기술 습득이다. 선교부의 초기 건축은 중국인과 일본인이 주된 기술력으로 참여하지만, 1920년대 이후에는 한국인이 주된 기술 인력으로 현장에 참여한다. 당시 남장로회 선교부의 기술 인력은 필요한 직능에 따라 체계적으로 양성되고, 부산나병원의 건축공사와 교육에 참여함으로써 그 능력을 입증한다. 이들의 기술은 애양리 선교마을, 노고단 수양관 선교마을, 매산중학교 매산관 건축에서 잘 보여주고 있다.

다섯째 선교부 건물의 변용이다. 선교부 철수로 일본에 의한 선교건물의 변용을 제외하더라도 광복 이후 미군정 당시에 현 조지와츠 기념관과 화재로 소실된 매산여학교가 전남 동부지역을 관리하는 미군정 사무소50)와 숙소로 활용된다.

2. 질병공동체 선교마을의 공간변화와 확산51)

1) 가정 공동체 형성(1934년 가정형 숙소 건축 이후~1942년)

1934년 윌슨은 나환자들 역시 일반인들과 같이 주택 소유, 가정, 아들 갖기 등의 욕구가 크다는 점에 주목하고, 단종을 전제로 한센인들 간의 결혼을 허용해 가정사라는 틀로 마을이 확산된다. 가정사는 방 두 개와 부엌으로 구성되었고, 기존에 건축된 석조 병사와는 달리 한옥 구조를 기본 골격으로 함석지붕으로 건축되었다. 건축공사가 진행되면 중매로 배우자가 선택되고 대상자는 신체검사 외에 교회규칙과 혼인규칙 이행

결혼 정책에 따른
가정사

---

50) 미군의 군사통치 시기에 제69 군정중대의 사무소와 간부 숙소로 사용됨.
51) 우승완 외, 「질병 공동체 '애양리 마을'의 형성과 공간 변화에 관한 연구」, 15~19쪽 정리.

이 전제되었다.[52] 초기의
가정사는 남자 병사의 끝
에 위치한 분과 사무소와
화장장 언덕 아래까지 환
형 도로를 따라 확산되었
고, 시간이 지남에 따라
환자구역의 해안 전역으
로 고르게 분포된다.

초승달 해변 간척공사

간척사업은 애양원이 초기에 구축된 신풍반도와 이와 격리되어 있던 작은 섬을 연결한 사업이었다. 순천선교부 선교사들이 하계 휴양지[53]로 이용한 '초승달 해변'과 신풍반도 사이에 경작지를 확보하기 위해 매립한 것이다. 1936년까지 3년에 걸쳐 매립된 애양원 간척지는 지금은 토지이용 형태가 다소 달라졌지만, 여전히 마을의 자립 기반이라는 점에서는 변화가 없다. 간척사업은 한센인들의 식량문제를 자체적으로 해결하기 위해 인근 섬까지 약 275m의 제방을 쌓아 벼농사를 지었다.[54] 당시 간척사업은 외부의 지원보다는 내부 자생력을 키우기 위한 것이었지만 1930년대 초 미국의 경제공황 여파도 작용했던 것으로 보인다.

1934년 이후 공동체 마을의 주거지 확산[55]을 가져온 가정사 건축은 1936년에 3개 촌락에 38개 동이 건축되고 1940년에는 6개 촌락 79개 동으로 증가한다. 가정사 건축 이후 애양원은 격리 수용의 개념에서 벗어

---

52) 몇 년간의 기독교 믿음, 건강, 나환자 어린이 입양, 주택의 자영 건축, 규칙 생활 위배 여부 등.

53) '메리 슈튜어트 윌슨 메이슨'은 1917년의 초승달 해변에 얽힌 수영복 이야기를 언급 함. 메리 슈튜어트 윌슨 메이슨, 『배스와 맨튼』, 북인, 2009, 54~57쪽.

54) 애양원 100년사간행위원회, 『구름기둥, 불기둥 섬김의 동산, 애양원 100년』, 59~60쪽.

55) 부산에서는 1923년 동래군 서면 호곡리에 40여 동에 200여 명, 대구에서는 1930년대 초에 3개 마을 400여 명으로 나타남.

나 폐쇄적이지만 특수 마을을 구축한다.

그리고 특수 공동체 마을은 애양원 밖에도 존재했는데, 광주 나병원 주변이 나환자들로 붐볐던 것처럼 애양원 주변에 마을로 정착한 사례이다. 애양원에 입원을 기다리던 한센인들이 대기하던 장소를 애양원에서 구입하고 공제회를 조직한 데서 마을의 이름이 공제동(또는 공제리)으로 불린 것이다.

2) 복지시설 확충과 공동체 마을의 정체(1942년~1962년 정착촌 이주 전까지)

1940년 10월 중순 미국이 자국 선교사들의 철수를 명령함에 따라 1940년 11월 16일 마리포사호를 타고 대부분 귀국한다. 선교사 철수 명령 이후에도 애양원을 관리하다 수감된 존 탈메이지 선교사가 1942년에 추방되고, 광복 이후에는 1947년에 입국한 보이열 선교사가 1950년의 한국전쟁을 피해 재입국할 때까지 마을의 물리적 변화는 나타나지 않는다.

애양원은 1942년 3월 이후 광복 이전까지 일본의 명목상 단체인 '재단법인 경찰협회 후원회 전남지부'에 의해서 일본인 원장으로 바뀌고[56], 운영체제도 소록도 갱생원의 강제 수용체제로 바뀐다. 1946년 윌슨이 다시 내한하지만 미군의 '나병근절 자문관'으로 한국 내 한센병 관련 일체의 업무를 부여받아 애양원 운영에 직접 참여하지 못한다. 1948년 10월의 여순사건과 1950년의 한국전쟁을 피해가지는 못하지만[57] 물적 피해는 나타나지 않는다.

1947년 책임자로 부임한 보이열 선교사는 계획했던 한성신학교를 1955년에 개교한다. 한성신학교의 교육은 1963년에 그치지만 이후 대전

---

56) 김계유 편, 『여수·여천 향토지』, 여수여천향토지편찬위원회, 1982, 567쪽.
57) 여수 주둔 국방경비대 14연대 반란사건으로 애양원교회 손양원 목사의 두 아들이 사망하고 한국전쟁으로 손양원 목사가 사망함.

대학교, 호남신학대학교, 미국의 프린스톤 신학대학까지 이어진다. 1952년 애양원에 거주하는 미감아를 위해 명성보육원이 시카고에 있는 '스완슨 복음 연합회'의 후원으로 건립된다. 특히 한성신학교의 졸업자들은 정착촌 초기에 농원 교회의 목회자로서 정신적 지주가 된다.[58]

3) 폐쇄 공동체에서 개방 공동체로의 변화(1962년 정착촌 이주 이후~1976년 폐쇄 공동체의 해체)

1962년 이전에 애양원에 의한 정착촌은 공제동이라 할 수 있다. 하지만 1961년 유준[59]에 의해 제안된 것으로 알려진 정착촌 사업[60]으로 애양원은 특수 공동체 마을에서 지금의 애양리 마을로 바뀐다.[61] 애양원의 정착촌 사업은 애양재활병원의 신흥마을을 시작으로 공제동, 전라북도 남원의 보성마을[62]까지 이어진다. 애양원의 정착촌사업은 보이열 선교사가 완치된 사람들의 선교 목적으로 이뤄졌던 교육사업이 새로운 토대가 된 것이라 할 수 있다. 특히 보성농원 정착촌은 초기의 멸시와는 달리 축산업에 기반을 두고 성공한 사례이다.

병원 건물은 1930년대 초반 첫 번째 증축 이후 1956년 보이열 선교사에 의해 두 번째 증축이 계획된다. 1966년 '유진 보스웰'과 '조자용'에 의해 설계된 현 '여수애양병원'이 건축 기술자 '설시 슬렉'과 설비 기술자 '데이빗 스콧'의 참여로 1967년에 완공된다. 이후 기존 병원은 개조되어

---

58) 한동명, 「보이열선교사의 호남지방 선교에 관한 연구」, 장로회신학대학교 대학원 석사학위논문, 2007, 42~47쪽.
59) 경성의학교를 졸업하고 1941년 소록도 갱생원에서 1년간 근무함. 1960년대에는 영부인 육영수와 협조하여 한센정책을 조언한 주요 정책 담당자. 국사편찬위원회 편, 『한센병, 고통의 기억과 질병정책』, 국사편찬위원회, 2005, 209쪽 참조.
60) 김청만, 「한국나사업소고」, 『복지』 8호, 1975, 28쪽.
61) 전염성 환자만을 격리하고 비전염성 환자는 가정에서 적절한 의학적 감독. 국가기록원, "한국나병관리사업", 1959년 2월 16일.
62) 산악 연접지에 29만평을 구입하고 방6개(2세대)의 연립주택 46동 건립.

한센병 시각장애인들과 지체장애인들을 위해 사용된다.

현재의 여수애양병원은 애양원 초기에 격리구역 밖의 본부 자리로 일반인을 상대로 진료하던 곳이다. 본부 건물이 일반인과 한센인이 공유 공간이던 것처럼, 애양재활병원은 대상 환자를 한센인에서 일반인으로 확대 개편한다. 병원 이전을 계기로 폐쇄적이었던 질병 공동체 마을은 완전히 해체되고 1976년에는 완치된 한센인 205명에 의해 도성마을(도성리)63)이라는 개방적 마을 조직으로 다시 태어난다.

애양리 선교마을 공간 변화의 특징은 마을 구성원의 조직 변화가 마을의 확산으로 나타난다는 점이다. 단순히 인구 증가와 수용 공간 확장에 따른 확산이 아니었다. 남녀 문제에 엄격했던 애양원이 동성으로 구

가정사의 확산과 간척에 의한 애양리 마을의 공간 변화

1925년 계획(안)	1928년 마을조직	1936년 가정사에 의한 마을조직 확산
1962년 이후 가정사의 지역 외 확산		1976년 가정사의 확산에 의한 마을 재편

63) 애양원 100년사간행위원회, 『구름기둥, 불기둥 섬김의 동산, 애양원 100년』, 59~60쪽.

성된 상징적인 가족에서 혼성 가족 구성으로 마을의 확산이 이뤄진다. 즉 가정사의 확산이 마을의 확산으로 나타나는데 애양원의 영역 내 뿐만 아니라 애양원 바깥으로의 확산에서도 그대로 적용된다. 특히 한센인 이주 마을인 보성농원은 자활을 통해 사회에 환원된다.

가정사에 의한 마을의 확산은 기존의 동성 마을에서 다소 이격되어 점적인 조직이나 선적인 조직으로 나타난다. 이러한 가정사 조직의 확산은 마을 전체로 개방되어 우리 주변의 마을 모습으로 되돌아온다. 이후 마을의 시작이었던 남녀병사 역시 가정사로 바뀌었고, 그 가운데 일부는 계속 활용되고 있다.

3. 수양관 선교마을 주요 건축물의 특징

왕시루봉의 수양관 선교마을의 건축물은 순천지역 선교부의 건축물과는 달리 단열이 고려되지 않은 여름용 건축물이다. 건축자재는 경량화된 조립식 자재로 기온차가 큰 산악지역에 건축된 관계로 창고와 화장실을 제외한 모든 건축물에 난방을 고려했다.

건축물은 자재에 따라 크게 두 개 군으로 첫째 마을 공동시설인 교회와 창고는 공장에서 제작된 경량 철골 자재를 사용하였고, 둘째 주택은 목재와 현장 제작한 콘크리트 기둥이 주로 사용되었다. 이 가운데 목재는 현장에서 공급된 것으로 외피만 제거한 원목을 사용하고 있다.

1) 공공시설

교회는 왕시루봉 수양관마을 조성 초기에 건립되어 현장 사무실과 숙소로 사용한 곳이다. 'ㄷ'형 경량 철골 뼈대의 퀸셋 건물로 군산비행장의 폐 막사를 재활용했다. 반원형 지붕 위로 돌출된 굴뚝의 벽난로를 칸막이 삼아 교회 반대편의 관리자 숙소와 일체로 건축되었다. 교회 양 측면에 유리창이 1열로 설치되고 바닥은 목재 판재로 마감하였다. 교회와 관리사의 출입구는 반대편에 별도로 설치하고 관리사와 교회간의 출입구는 없다. 교회에 별도의 제단은 없으며 벽난로를 마주 보고 섰을 때 벽난로 좌측에 작은 보조 출입구를 두었다.

2) 벽난로를 열원으로 하는 주택[64]

(1) Joseph Barron Hopper(조요섭) 주택

Joseph Barron Hopper(조요섭) 주택은 일명 '삶과 꿈'으로 알려진 박공지붕을 가진 주택이다. 진입로에 접한 정면 출입구 상부에 본체에서 처마가 돌출되어 있다. 출입구 좌측에 벽난로의 배면이 1층 절반쯤 돌출되고 굴뚝은 기성품을 사용하였다. 벽은 사면 모두 비늘판벽이고 지붕재로 골강판을 사용한 목조 주택이다. 현장 조달한 간벌재를 건축자재로 사용하고 지붕 밑에 다락방을 두고 있다. 1층 전체가 거실로 꾸며진 가운데 한쪽 모서리에 간이 주방을 꾸미고 있다. 벽난로 하나가 가옥 전체의 난방을 해결하고 벽난로 아궁이에 간단히 취사할 수 있는 장치를 하였다.

(2) REW. Hugh M Linton(인휴) 주택

REW. Hugh M Linton(인휴) 주택은 박공지붕의 2층 샛집으로 단변의 정면과 장변의 측면 중앙에 각각의 출입구를 두고 있다. 거실 출입구 지붕면 상부에 박공 지붕창이 2개소 설치되고 외벽에서 돌출 부가된 화장실 벽면을 제외하고는 콘크리트 기둥 사이에 징두리벽 높이의 조립식 콘크리트 판벽이 벽체 하부를 이루고 있다.

---

64) 사단법인 지리산선교유적지보존연합, 『지리산 선교사 유적 조사와 문화재적 가치 연구』, 2009, 84~92쪽.

벽난로를 열원으로 하는 수양관 선교마을 주택

조요셉 주택	인휴 주택
도성래 주택	로빈슨 주택

거실을 중심으로 좌우 측면에 침실과 부엌을 두고 부엌을 구획하여
외부로 향하는 출입문을 설치하였다. 벽난로 4면이 실내에 있는데 벽난
로는 부엌과 마주하고 있는 침실의 칸막이 벽 역할을 하고 있다. 벽난로
를 돌로 쌓아올리면서 벽면 치장에 정성을 들였다.

(3) DR. Stan Topple(도성래) 주택

DR. Stan Topple(도성래) 주택은 일명 '언덕위의 집'으로 박공지붕을
가진 주택이다. 진입로에서 현관에 다다르면 필로티 부분이 보이고 서
쪽으로 구례읍이 내려다보이는 좌측면에 발코니가 있어서 조망이 가장
뛰어난 주택이다. 발코니는 난간동자 대신 철망으로 시공되어 거실이나
침실에서의 조망을 고려한 것으로 보인다. 대지와 접해있는 처마벽형
(eave wall)의 벽난로 쪽에 설치된 창문은 판장문 형태로 설치되고 발코

니쪽 거실 상부에 PVC계 천창이 설치되어 있다.

가파른 언덕에 지지 기둥을 세운 주택이지만 지면에 접한 배면에 벽난로를 배치해 안정감이 있다. 벽난로는 다른 주택의 벽난로와 같이 시멘트 몰탈로 찰쌓기하고 사용된 석재의 일부는 노고단에서 운반한 차돌도 섞여있다. 출입구 우측의 벽난로가 벽체의 일부를 이루고 있고 1층의 절반 정도가 부엌과 침실을 구성하고 있다. 부엌이 독자적인 공간으로 구획된 것은 아니지만 영역성을 지니고 있다. 1층 침실은 부엌을 통해서 진입하도록 되어 있고 부엌과 침실 상부의 박공 공간에 2층 침실을 두었다.

(4) P.K Robinson(로빈슨) 주택

P.K Robinson(로빈슨) 주택은 외벽에 벽난로의 배면이 외벽 밖으로 돌출되고 박공지붕을 가진 주택이다. 돌출된 벽난로 배면이 처마선 부근까지 구조체를 이루고 진입로 반대편 단변에 두 단의 계단 위에 주출입구를 두고 있다. 창호를 제외한 외벽면이 세로판벽으로 마감되고 박공부분의 창문은 판장문 형태로 설치되어있다. 출입문의 판재는 가로로 두께와 폭을 달리한 판재가 교대로 설치되었다.

기둥 간격이 일정한 조립식 콘크리트 기둥으로 장변 3칸, 단변 2칸의 평면에 장변 방향에 돌출 부가되어 화장실이 설치되어있다. 출입구에서 보면 우측 장변 방향에 벽난로가 있고 정면에 화장실 출입구가 보인다. 1층은 화장실을 제외하고는 거실과 주방이 일체된 공간을 이루고 있다. 평면에서 화장실을 제외하면 3등분된 평면의 양쪽 상부 박공 공간에 2개의 침실이 형성되어있다. 화장실은 수세식 변기뿐만 아니라 목재 틀에 고정된 세면기와 샤워용 물조리형 물통이 벽면에 매달려있다.

주철제 난로를 열원으로 하는 수양관 선교마을 주택

| 한성진 주택 | 배도선 주택 |
| 모요한 주택 | 브라운 주택 |

3) 주철제 난로를 열원으로 하는 주택[65]

(1) Hazeldine, James(한성진) 주택

Hazeldine, James(한성진) 주택은 박공지붕에 외벽 대부분이 세로판벽으로 마감된 주택이다. 주철제 벽난로가 설치된 돌출 공간의 벽체 하부는 자연석을 쌓아 올렸다. 지붕은 소골 슬레이트를 사용하고 외벽 하단은 조립식 콘크리트 판벽을 부분적으로 사용하고 창문에 PVC 덧문을 설치하였다.

1층은 부엌과 주철제 벽난로가 설치된 공간이 돌출 부가된 평면으로 침실 없이 거실과 부엌이 일체화된 주택이다. 출입구 좌측에 판재를 사용하여 고정식으로 긴 의자가 설치되고 출입구 상부의 박공을 이용하여

---

65) 사단법인 지리산선교유적지보존연합, 『지리산 선교사 유적 조사와 문화재적 가치 연구』, 92~98쪽.

2층 침실을 두었다.

(2) Peter R M Pattisson(배도선) 주택

Peter R M Pattisson(배도선) 주택은 정사각형 평면을 가진 박공지붕 주택이다. 본체의 1층에 반 트러스형으로 부엌과 부속공간을 본체와 동일한 폭으로 돌출 부가시켰다. 본체에서 돌출 부가된 부분의 절반은 부엌으로 본체와 일체된 공간구조를 갖고 있다. 본체에서 돌출 부가된 절반은 케노피 형태로 2면이 벽체가 없고 부엌에서 외부로 통하는 부출입구가 설치되었다. 창문 아래의 조립식 콘크리트 벽을 제외하고는 세로판벽을 사용하여 수직적인 느낌을 극대화하고 있다.

1층에 침실이 없고 거실과 부엌이 일체화된 주택이다. 부엌은 본체에서 돌출 부가되었으나 거실 출입구의 좌측 격실부분이 실내 화장실로 추정된다. 부엌의 일부 바닥만 목재 플로링 마감으로 남아있고 나머지 바닥은 바로 지면으로 노출된 상태이다. 왕시루봉 수양관 마을 주택 중 유일한 3층 구조로, 2층과 3층이 엇갈려서 2층이 형성되지 않은 나머지 박공 공간에 3층을 이루고 있다. 3층은 2층을 통해 오르도록 되어 독립성은 없다.

(3) John Venable Moore(모요한) 주택

John Venable Moore(모요한) 주택은 단변의 지붕 양쪽 박공부와 1층 장변의 양쪽 창문에 각각 판장문 형태의 덧문을 두었다. 지붕 서쪽 경사면을 따라 설치된 PVC계 천장 채광창이, 구례읍으로 향하고 있어서 산악 지형의 일조시간을 고려한 것으로 보인다.

주택 1층 중앙에 위치한 거실을 경계로 침실과 부엌이 별개의 실로 구획되어있다. 수직 구조재인 기둥에 의해 장변은 4등분, 단변은 2등분되어 있고 장변 가운데 외기에 접한 양쪽 첫 번째 경간 사이에 2층이 있다. 거실 중앙 양쪽에 2층으로 오르는 수직 계단이 각각 설치되어 2층 침실의 독립성을 확보하고 있으나, 주택 주변이나 실내에 화장실이 없다.

(4) Brown John(브라운) 주택

Brown John(브라운) 주택은 일명 '초록장'으로 불리는 주택이다. 지붕과 외벽 4면 모두 골강판을 사용하고 박공부분의 경사가 완만한 탓인지 아담해 보인다. 출입구가 있는 외벽 면에 지붕 경사면과 반대로 덧댄 캐노피를 기형적인 원목 기둥으로 설치했다. 원목 기둥은 공간도 구획하지만 의장적인 효과도 기대한 것으로 보인다. 외벽을 감싸고 있는 골강판의 골 방향을 수직으로 세워 낮은 층고를 시각적으로 보완하고 있고 정면 박공부에 사각형 환기구가 설치되어 있다.

이 주택은 수양관 선교마을 주택 가운데 다락이 없는 유일한 주택이다. 거실, 부엌, 침실이 일체화된 주택으로 출입구 맞은편에 본체에서 돌출 부가된 화장실을 설치하고 있다. 화장실 가까이에 고정된 침대를 설치하고 출입구 측면에 주방을 배치하였다. 난방 설비로 초기에는 주철제 기성품 벽난로가 사용되다가 이와는 별개로 개조된 난로가 대체되어 있다.

4) 온돌을 열원으로 하는 주택[66]

(1) Charlotte Bell Linton(인애자) 주택

Charlotte Bell Linton(인애자) 주택은 일명 에이 텐트로 불리는 주택으로 경사지붕의 삼각형 박공부분이 주택의 외형이다. 건축 당시에는 지

---

66) 사단법인 지리산선교유적지보존연합, 『지리산 선교사 유적 조사와 문화재적 가치 연구』, 98~101쪽.

면에 닿아있는 경사지붕의 경사면을 따라 일정한 간격으로 고정식 천창이 설치되었으나, 시간에 따른 노후와 유지관리의 어려움으로 다른 재료를 덧대 폐쇄했다. 지붕을 제외한 양쪽 벽면은 비늘판벽으로 마감하고 있다.

삼각형이라는 구조적인 조건이 반영된 탓인지 거실, 침실, 부엌이 격실로 구획되어 있다. 화장실이 분리 독립된 유일한 주택으로 출입구 맞은편에 온돌방과 부엌이 2등분되어 한눈에 들어온다.

부엌과 온돌방 상부에 침실을 두고 있고 1층 부엌 공간은 격실로 구획되어 좁게 느껴지지만 수양관 마을의 부엌 공간 가운데 가장 한국적인 느낌이다. 부엌은 침실 벽과 부뚜막 사이에 작은 쪽마루가 있고, 마루 아래에 설치된 부뚜막은 솥을 걸 수 있도록 되어있다.

(2) Theodore(하도례) 주택

Theodore(하도례) 주택은 경사가 완만한 박공지붕의 주택으로 본체에서 돌출시켜 창고를 배치하고 있다. 주택의 정면과 창고가 설치되지 않은 다른 한쪽 측면의 중앙부에 독립된 출입구를 두고 있다. 외벽은 박공부분을 제외하면 모두 비늘판벽으로 마감하고 창고 외부의 한쪽 면에 강판으로 절곡된 선반이 설치되어 있다. 주택 내부에 설치된 아궁이 가까이에 설치된 창문의 PVC계 덧창은 최근에 설치된 것으로 보인다.

온돌을 열원으로 하는 수양관 선교마을 주택

| 린튼 주택 | 하도례 주택 |

하도례 주택은 수양관 선교사마을 주택 가운데 1층 공간 구성이 가장 장식성이 없는 주택이다. 부엌과 거실도 칸막이로 단순하게 구획되고 부속 공간은 본체에서 측면으로 돌출 부가되어 구축되었다. 건축 당시 출입구는 2개소였지만 1개소는 폐쇄하고 나머지 하나만 사용하고 있다. 1층 전체가 거실 겸 침실로 되어 있고 온돌이 설치된 부분은 약간 높게 시공되어 온돌이 설치되지 않은 부분과 단차를 이루고 있다. 솥을 걸 수 있는 온돌 아궁이는 출입구에 접해 접근성이 좋고 거실 상부의 절반은 다락으로 구축되어있다.

V. 결론

1) 선교부 선교마을의 건축적 특징과 순천읍성이 근대 도시로 변화하는 데 미친 영향을 정리하면,

첫째 순천선교부 선교마을은 가장 나중에 건설되면서 앞서 구축된 선교마을의 경험들이 종합적으로 반영된 선교마을이다. 선교마을의 위치 선정 조건인 '밀집 주거지인 읍성 내의 시가지를 전망할 수 있는 언덕이나 구릉지', '거점 도시의 시가지로부터 멀지 않은 거리', '비용이 저렴한 넓은 대지', '한국의 전통적인 건축의 권위적 위상이나 종교적 상징 등과 연계할 수 있는 대지' 등이 검토 반영되었다.

둘째 순천선교부 선교마을 구축의 총괄은 스와인하트 선교사가 담당했고 구축 초기 기술자로 한국인, 중국인, 일본인들이 참여하였으나 석공사를 제외하면 한국인은 단순 노무자였다.

셋째 접근성이 좋은 곳에 의료와 종교시설을 배치하여 한국인들의 접근을 배려하였고, 교육시설에서 남녀의 영역을 분리하여 한국의 윤리적 관념도 수용하였다. 선교마을에 구축된 교육기관은 중등교육의 산실이

었고 또한 직업교육으로 기능인을 양성했다.

넷째 미군정 당시 선교 건물이 이용되고 선교마을 관계자들의 참여로 다른 도시와는 달리 한국인들의 주도적 참여가 있었다.

2) 한국인들에게 이입된 기술로 구축된 애양리 선교마을은 공간 변화의 특징이 마을 구성원의 조직변화가 마을의 확산으로 나타나는데 이를 정리하면,

첫째 1934~1942년 한센인들의 결혼 허용으로 가정사라는 틀로 마을이 확산되고 간척사업으로 지금의 마을을 형성하였다. 가정사에 의한 마을 확산은 기존의 동성 마을에서 다소 이격되어 점적인 조직이나 선적인 조직으로 나타나고 가정사 조직의 확산은 마을 전체로 개방된다.

둘째 1942년~1962년에는 공동체 마을 확산이 정체되지만 복지시설이 확충되고 고등 신학교육을 통한 목회자 육성은 정착촌의 정신적 지주로 기여한다.

셋째 1962~1976년에는 폐쇄 공동체에서 개방 공동체로의 변화한다. 가정사의 확산이 마을의 확산으로 나타나는데 애양원 영역뿐만 아니라 애양원 바깥으로의 확산에서도 그대로 적용된다. 특히 한센인 이주 마을인 보성농원은 자활을 통해 사회에 환원된다.

3) 왕시루봉 선교마을의 건축적 특징은 주택 1층의 침실 유무, 난방 설비가 온돌인 경우와 벽난로(또는 주철제 난로)인 경우, 지붕재료, 조립식 콘크리트 기둥 사용 여부, 천창이 설치된 경우 등으로 구분되는데 이를 정리하면,

첫째 주택의 평면은 1층에 침실이 있는 경우와 원룸으로 된 경우로 구분된다. 층고가 낮은 브라운 주택을 제외하고는 박공을 형성한 트러스 공간에 다락이 설치되어 있다. 1층에 침실이 있는 주택은 도성래, 인

휴, 인애자 등이 소유했던 3개 동이다. 나머지 주택 7개 동은 벽체로 구획된 침실이 없고 거실 겸 부엌이 일체화된 공간으로 되어있다. 다락이 없는 브라운 주택과 하도례 주택을 제외하고는 다락이 설치된 박공부에 창문이 설치되어 있다.

둘째 주택에 설치된 난방 설비의 형식에 다라 구분하면 벽난로 또는 주철제 난로가 설치된 서양식과 온돌이 설치된 한식으로 구분된다.

셋째 지붕재로 현장 주변의 억새를 활용했는데 인휴와 배도선 주택에서 사용하였다.

넷째 조립식 콘크리트 기둥을 사용한 주택은 한성진, 배도선, 모요한, 도성래, 로빈슨, 인휴 등의 주택이다.

다섯째 천창(또는 지붕창)이 설치된 주택은 인애자, 조요셉, 도성래, 인휴, 모요한 등의 주택에서 나타난다.

〈참고문헌〉

광주서현교회 90년사 편찬위원회 편, 『광주서현교회 90년사』, 광주서현교회, 1998

국사편찬위원회 편, 『한센병, 고통의 기억과 질병정책』, 국사편찬위원회, 2005

김계유 편, 『여수ㆍ여천 향토지』, 여수여천향토지편찬위원회, 1982

김수진, 『호남선교 100년과 그 사역자들』, 고려글방, 1992

김정동, 「한국근대건축에 있어서 서양건축의 전이와 그 영향에 관한 연구」, 홍익대학교 박사학위논문, 1990

김청만, 「한국나사업소고」. 『복지』 8호, 1975

남호현, 「근대 순천 지역 선교사마을의 배치와 공간수법에 관한 연구」, 『대한건축학회연합논문집』 2권 4호, 2000

도선붕, 「한국 근대건축 형성과정에서 나타난 미국장로회 선교건축의 특성」, 충북대학교 박사학위논문, 2002

등대선교회, 『등대의 빛』 제16호, 2000

등대선교회, 『등대의 빛』 제22호, 2006

메리 슈튜어트 윌슨 메이슨, 『배스와 맨튼』, 북인, 2009

문교부, "순천매산중학교 학칙변경인가 신청의 건", 1959년 4월 25일

방연상, 「내한 선교사 수양관에 관한 연구」, 『동방학지』 177권, 연세대학교 국학연구원, 2016

사단법인 지리산선교유적지보존연합, 『지리산 선교사 유적 조사와 문화재적 가치연구』, 2009

순천노회사료편찬위원회 편, 『순천노회사』, 대한예수교장로회순천노회, 1992

애양원 100년사간행위원회, 『구름기둥, 불기둥 섬김의 동산, 애양원 100년』, 북인, 2009

우승완 외, 「질병 공동체 '애양리 마을'의 형성과 공간 변화에 관한 연구」, 『도시설계학회지』 제11권 제2호, 2010

우승완, 「순천의 근대기 도시화에 관한 연구」, 순천대학교 대학원 박사학위논문, 2009, 82쪽

이만열, 『한국 기독교 의료사』, 아카넷, 2003

전주서문교회 100년사편찬위원회 편, 『전주서문교회 100년사』, 전주서문교회, 1999

정근식, 「식민지적 근대'와 신체의 정치」, 『사회와 역사』 제51집 봄호, 1997

한동명, 「보이열선교사의 호남지방 선교에 관한 연구」, 장로회신학대학교 대학원 석사학위논문, 2007

제3부

한국현대사와
순천지역교회

순천중앙교회의 태동과 발전

차종순

Ⅰ. 서론

순천지방은 목포와 광주에 비하여 선교사적 영향력이 크게 남아 있는 지역이라고 말할 수 있다. 그 증거는 1953년과 1959년 교단의 분열 시에 순천지역의 교회 지도자들이 선교사에 대한 "보은과 감사의 정신"을 잊지 않고, 한결같이 선교사들을 지지하는 입장을 취했다는 데서 찾을 수 있다.

순천과 순천지방은 선교사들이 세운 매산학교, 안력산 병원과 여수 애양원 그리고 각 지방에 세워진 중심적인 교회들을 통하여 성장한 기독교인 지도자들이 지역사회에 끼친 영향력이 목포와 광주에 비하여 훨씬 더 컸다.

물론 순천중앙교회도 결과적으로는 선교사의 영향 아래에서 출발하였다 라고 말할 수 있지만, "시작" 그 자체는 순천 지방 현지 교인들의 자발적인 예배 모임처 형성이었다. 이러한 점에서 군산, 전주, 목포, 광주, 순천의 5개 "지역교회(Local Church)" 가운데에서 순천중앙교회는 자생적인 출발점을 가졌다는 차별성이 있다.

여기에서는 순천중앙교회의 태동에 대하여, 초기 교역자(목회자)의 사역에 관하여, 순천지방에서 차지하는 순천중앙교회의 영향력에 관하여 알아보려고 하며, 시기적으로는 1905년 조상학 조사의 순천지방 선교로부터 1924년 이기풍 목사의 이임까지를 다루려고 한다.

II. 순천중앙교회의 태동

전라남도의 선교는 목포 선교부의 설립(1898년 3월)이후[1] 목포교회의 현지인 전도인들이 광주 선교부 설립(1904년)에 크게 기여하였으며, 목포와 광주 선교부의 현지인 조사와 전도인들이 순천 선교부 설립(1913년)에 합력적으로 기여하였다.

전라남도에 상주하게 된 최초의 서양인 의사는 1898년 11월에 목포에 도착한 오웬(Clement C. Owen) 의사/목사이며, 그의 의료활동을 통한 선교는 전라남도의 젊은이들의 마음을 움직이게 하였다. 오웬은 도착 후 2개월 지난 1899년 1월 20일 여동생에게 보내는 편지에서 "…600리 밖에서 찾아와서 진료 받고, 전도 소책자를 받아서 흥미롭게 읽었을 뿐만 아니라, 이틀쯤 지나서 다시 와서 다른 종류의 소책자를 달라고 한다"[2]라고 하였다.

---

1) 목포를 살펴 본 러시아는 시베리아 횡단철도의 종착지를 블라디보스톡으로부터 목포까지 연장시킨 후, 해군 기지항으로 개발하려는 의지를 보였다. 그리하여 러시아가 영사관을 설치하였으며, 일본도 뒤따라서 영사관을 설치하였다.

2) C. C. Owen, Letter to my dear little sister, January 20, 1899. 본 연구자는 이 글을 1990년대 초에 접할 때부터 조상학이다는 생각이 영감처럼 떠오르곤 하였다. 조상학은 1878년 6월 13일생이다. 가족(아들 조보라 교장, 손자…)들은 조상학이 나주와 목포… 등 대도시로 자주 나가곤 하였다 라고 말한다.

본 연구자는 오웬에게서 진료를 받고 전도 책자를 이틀 거리로 받아간 사람이 조상학(?) 혹은 다른 어떤 사람(?)일지라도⋯ 이것은 가능성으로 열어두기로 한다. 그렇지만 조상학(趙尙學)은 1901년(4월)에 설립된 송정리교회 조사로 파송받는다. 이 사실은 무엇을 말하는가? 당시 전라남도에 선교사를 만날 수 있는 장소는 목포에 불과하였으므로, 조상학은 목포까지 찾아가서 1898년 11월로부터 1900년에 이르는 2년 사이에 기독교 신앙인이 되었고, 선교사들로부터 인정받음으로써 송정리교회 교회 조사로 발탁되기도 하였다.

그리고 1904년에는 광주선교부에서 직영하는 신앙서적 판매소(book room) "영복서점"의 책임자를 맡으면서 광주시내에 있는 구한말의 "감옥"에서도 복음을 전하였다는 사실을 알 수 있다. 조상학이 광주 감옥을 통하여 무만동교회의 초기 교인들(김일현 장로와 정태인 목사)을 개종시킨 내용을 고라복(Robert T. Coit) 목사는 1919년의 보고서에서 밝힌다.

> 약 15년 전에 김 장로는⋯순천 지역 무만동에 살고 있었다⋯법정 송사에 휘말리어 광주에 가게 되었다⋯구금되어 있는 동안에 조상학으로부터 복음을 듣게 되었다. 조상학은 그에게 밤과 낮을 마다하지 않고 믿도록 복음을 전파하였다⋯김 선생은 믿기로 결단하고⋯집에 돌아오자 동서(brother-in-law)에게 자신이 믿기로 결단하였다 라고 말하였다. 동서는 외국인들이 가져온 새로운 가르침을 매우 거부하였으며 그를 신랄하게 비난하였다.
>
> 그러자 김 선생은 광주의 조상학에게 편지하여 자신의 동네로 내려와서⋯동서인 정 선생에게 복음을 전해 줄 것을 요청하였다⋯광주의 조상학은 왔으며⋯3개월을 머물면서⋯정 선생에게 전하였다⋯어느 날 산길을 따라 걷다가, 둘이서⋯무릎을 꿇고 조 선생은 정 선생이 믿게 해 달라고 기도하였다. 기도가 끝나고 일어설 때에 정 선생은 찬송하자고 하였으며⋯그곳에서 믿기로 결단하였다.
>
> 김 선생과 정 선생은 마을에 교회가 있어야 한다고 말하고서, 5

마일 정도 떨어진 곳에 있는 지(원근) 조사에게로 가서 자신들의 마을에 와서 예배를 인도해 달라고 하였다. 김 선생은 교회를 건축하였으며 지 조사는 마을로 이주하여 모인 무리들을 가르쳤다. 이렇게 시작한 새로운 모임처는 빠르게 성장하였으며, 인근에서 가장 크게 되었다.

광주로부터 선교사들이 왔으며, Dr. Owen, 그 다음으로 Mr. Preston, 그 다음으로 Mr. Coit, Mr. Pratt 그리고 Mr. Crane이 계속하여 돌보았다. 남학교와 여학교도 시작하였으며 이렇게 하여 수백 명이 복음을 듣게 되었다. 적절한 시기가 되어 정 선생은 조사로 선발되어 신학교에 갔으며, 김 선생은 장로로 선출되었다…정 선생은 신학교를 졸업하고 지금은 200여 명 모이는 순천교회의 목사이다. 정 목사는 힘 있는 목사와 설교자이다. 1919년 6월 5일, 순천.[3]

조상학은 1904년 12월 25일에 첫 예배를 드린 광주 선교부에서 오웬 목사의 선교구역(화순, 보성, 고흥, 장흥, 여천, 광양)을 1905년부터 오웬 의사를 동행하여 순회하는 조사로 사역하기 시작하였으며, 자연스럽게 보성 무만동 지역은 그의 첫 열매 가운데 하나였다. 이 부분을 『조선예수교장로회 사기』는 이렇게 말한다.

보성군 무만리교회가 성립하다. 초에 김일현이 광주에 여행하였다가 복음을 듣고 신종한 후 대곡리 신자 조상학으로 협력전도하여…김재조, 정태인과 그 가족이 믿고…[4]

1905년에 무만동교회를 세우는 데 기여한 조상학은 1907년에 여천군 장천리교회와 광양군 신황리 교회를 각각 세우는 데 기여하고 또한 순

---

3) R.T. Coit, Elder Kim, The Leper, and Pastor Chyeng, The Missionary Survey, October. 1919, 584-585.
4) 『조선예수교장로회 사기』 상권, 1905년 편, 143쪽.

회조사로 사역을 지속하였다.

> 여수군 장천리교회가 성립하다. 선시에 정태인, 지원근, 박응삼
> 의 전도로 조의환, 이기홍, 지재한이 믿고…조상학이 조사로 시무
> 하니라. 광양군 신황리교회가 성립하다. 선시에 한태원이 당지에
> 신자 조상학의 전도를 듣고 광주 양림에 반왕(伴往)하여 선교사 오
> 기원에게서 도리를 배우고…5)

위의 내용을 살펴본다면 조상학은 1905년으로부터 1907년 사이에 일
년 중 상당한 시간을 보성, 여천, 광양… 등을 다니면서 순회하는 조사
로 활동하였음을 알 수 있다.

그리고 여천 장천교회의 조의환은 순천에서 지인들을 만나서 복음을
전하였으며 조상학은 자연스럽게 순천 기독교인들에게 영적 지도자로
소개되고 있었음을 알 수 있다. 그리하여 자연스럽게 순천의 개종자들
은 예배 공동체로 발전하였던 것이다. 그렇기 때문에 「순천중앙교회, 연
혁」은 이렇게 말한다.

> 1907년 4월
> 율촌의 교인 조일환(조의환목사 백부), 이기홍, 박경주, 벌교의
> 조상학(송광출신)의 전도로 최정희 씨가 믿었고, 첫 교인으로 김억
> 평(김덕은, 김창은의 조부), 최사집, 윤병열, 김창수 씨가 모여 금곡
> 동 향교 뒤 샘 부근 양사재를 빌려서 예배를 드림으로 순천지방의
> 첫교회가 시작되다.(남자 5명, 여자 5명) 미국 남장로교 선교사 (J.
> F. Preston) 변요한 목사가 당회장되어 교회를 돌보다.

물론 "연혁"에서는 "순천지방의 첫 교회가 되다"라고 하였지만, 아직

---

5) 『조선예수교장로회 사기』 상권, 1907년 편, 257쪽.

까지 교회는 아니었고, 예배공동체 혹은 예배모임처 상태에 있었다. 물론, 교회의 역사를 기록할 때에는 이러한 상태로부터 기술하는 것이 상례이기 때문에 흠은 없다 라고 말할 수 있다.

그러나 전담 교역자가 상주하게 됨으로써 "교회"로서의 지위를 갖추었다 라고 말할 수 있기 때문에『조선예수교장로회 사기, 상권』1909년 편에서는 순천읍교회의 성립에 대하여 이렇게 말한다.

> 순천읍교회가 성립하다. 선시에 본리인 최사집은 대곡리 조상학의 전도를 인하여 믿고, 최정의는 여수 조의환의 전도로 믿은 후 서문 내 강시섭 사저에 집회하다가 양생제(養生薺)를 임시 예배처소로 사용하였고 그 후에 서문 외에 기지 사백여 평과 초옥 10여 평을 매수하여 회집 예배할 새 선교회에서 순천을 해지방 선교의 중심지로 정하고 가옥을 건축하며 남여학교와 병원을 설립하니 교회가 점차 발전된지라 선교사와 합동하여 와가제 40여 평을 신건하니라[6]

그렇다면 위에서 말한 전담 교역자는 누구였을까? 이 부분은 다음 항에서 교역자를 다루면서 살펴보기로 한다.

III. 순천중앙교회의 제1대 목회자: 유내춘 장로

순천중앙교회 연혁의 "1908년" 부분은 크게 세 가지를 말하는데, 1907년 4월부터 예배모임처로 사용하여 온 양사제를 일본군에게 빼앗김으로써 서문밖(현 영동)에 5칸 초가를 예배처소로 사용하기 시작하였으며,

---

6)『조선예수교장로회 사기』상권, 1909년 편, 270쪽.

유내춘 전도사(장로)가 예배를 인도하였으며, 예배 참석자는 30여 명이라고 하였다.

> 1908 05.
> 일본군의 주둔으로 양사재를 빼앗기고 서문밖(현. 영동)에 "ㄱ"형 5칸 초가를 매입하고 유내춘전도사(장로)가 예배인도하여 30여 명 회집하다.

위의 기록에서 첫째로 구전(口傳)을 토대로 하였을 것으로 보이는 일본군 주둔과 양사제 강탈 사건은 확인할 수 없을 것이다. 그러나 교회사적 사실(史實)로 확인을 거쳐야 하는 사실이다. 첫째는 일본군이 순천에 주둔하게 된 시점과 주둔 규모를 확인하지 않았다. 둘째는 양사제(양생제)를 일본군이 빼앗아 간 이유가 무엇인지를 밝히지 않았다. 이상 두 가지 사항은 본다. 그러나 전담 목회자로 유내춘 전도사(장로)가 부임하였고, 예배 참석인원은 30여 명이고, 서문밖에 5칸 초가를 구입하였다는 내용도 필히 확인하고 넘어가야 할 사항이다.

1. 첫 번째 담임 교역자로 유내춘이 부임하였는가?

조상학은 오웬 선교사의 순회조사로 사역하였기 때문에 순천중앙교회가 첫 예배를 드릴 때부터 예배에 함께 하기는 하였어도 전담할 수는 없는 상황이었다. 반면에 순천 예배 공동체는 숫자가 점점 증가하면서 정기적인 예배인도자와 목회자가 필요하였다. 이 상황에서 조상학 조사는 목포에서부터 알고 지냈던 유내춘 장로를 추천하였던 것이다.

유내춘 전도사 라고 하였지만, 이 당시에는 "전도사"라는 칭호가 사용되지 않았던 시절이었으므로 이 용어는 아직 사용할 수 없다. 그렇다면 어떠한 칭호를 사용하는 것이 옳을까? 유내춘 장로의 이력을 먼저 살펴보기로 하자.

유내춘 장로는 1856년 황해도 해주군 검단면 대암리에서 출생하였으며, 1894년으로부터 1896년까지 충청북도 총순으로 근무하였으며, 목포의 개항과 함께 목포 총순으로 자리를 옮겼으며, 1897년 목포 초기 개종자 가운데 한 사람이었으나 또 다른 총순 김윤수(金允洙: 1860년 서울 출생)는 아직 개종하지 않았다.[7]

이미 알고 있듯이 목포 선교부는 1898년 3월 개설 이후 활기차게 부흥하다가, 1901년 4월 13일 벨 목사의 첫 번째 부인(Mrs. Lottie Witherspoon Bell)이 사망하고, 벨 목사가 1902년 10까지 안식년으로 미국에 있는 동안에 잠시 주춤하였다. 물론 그 사이에 목포 선교부를 맡은 오웬 의사/목사가 현지인 세례자들을 내륙으로 파송하였다는 사실은 이미 밝혔다.

1902년 10월에 벨 목사가 목포로 귀래하자, 오웬 의사/목사 부부 그리고 그 동안 서울에 있었던 스트레퍼(Miss Frederica Straeffer) 양도 돌아옴으로써 활력을 되찾았고, 여기에 1903년 10월에 부임한 프레스톤(John F. Preston) 목사가 합류함으로써 처음 개설 직후의 활기를 되찾았다.

특히, 프레스톤 목사는 한국어 구사가 어느 정도 자유롭게 되자, 목포의 남학교와 여학교를 책임 맡았다. 그리하여 프레스톤은 1905년에 목포의 경찰(총순)인 유내춘과 1907년에 목포 세관에 근무하던 남궁혁(南宮爀)을 목포 남학교의 교사로 채용하였다.

8명의 선교사가 가르쳤으나 언어를 가르치는 선생(통역)이 학교
재정형편으로 시간제로 근무함으로써 학교가 생기가 없었는데 이

---

7) 1903년 6월 목포 양동교회가 유진 벨 목사의 첫 번째 부인을 기념하는 교회의 준공 예배 시에 헌금자 명단에 "유래춘…유래춘 댁"이라고 기록하였다.(김수진, 『양동제일교회 100년사』, 양동제일교회, 쿰란출판사, 1997, 129~131쪽)

제는 600냥(학교 운영비의 절반)을 모금함으로써 1905년 첫 학기부터 유내춘을 전임선생으로 받아들일 수 있었다.[8]

유내춘은 목포 남학교의 교사로 재직하면서 1907년 6월에 목포 양동교회에서 장로 임직을 받는다. 그의 임직에 관하여 『조선예수교장로회사기』 하권은 이렇게 말한다.

> 목포부 양동교회에서 임성옥을 장로로 장립하여 당회를 조직하였고…장로 유내춘, 양성진, 곽우영, 전의근, 양경팔, 강호연, 서지견, 김규언, 서화일, 김형모, 홍순홍 등이 상계 시무하니라.[9]

2. 유내춘은 목포 남학교의 교사로, 목포 양동교회 장로로 재직하던 중 어떻게 순천중앙교회의 담임 교역자로 청빙을 받았을까?

첫 번째는 목포 선교부와 깊은 관계 속에서 개종하고, 개종 후 직업을 바꾸었던 사람들은 지원근, 조상학, 유내춘, 김윤수, 김영진… 등이다. 이들 가운데에서 조상학과 지원근이 순천중앙교회에 유내춘을 소개하였을 가능성이 가장 크다고 본다.

두 번째로, 유내춘은 1909년에 평양신학교에 입학하였다. 당시 평양신학교는 일 년에 3개월을 집중 수업하고 나머지 9개월은 현장에서 실습에 치중하였으므로 유내춘에게 순천중앙교회의 목회직은 신학공부와 실습을 연결시켜 주는 좋은 현장이었다.

---

8) John F. Preston, "Reports", 14th. Annual Meetings, 81.
9) 『조선예수교장로회 사기』 하권, 167쪽.

3. 유내춘 장로는 언제 이임하였을까?

유내춘 장로는 평양신학교를 1914년에 졸업한 후 1914년 8월 15일에 광주 양림리 숭일중학교에서 회집한 제4회 전라노회에서 강도사 허락을 받은 후 군산중학교 성경교사로 부임한다.『조선예수교 장로회 사기』는 이렇게 말한다.

> 유래춘은 군산중학교 성경교사로 시무하게 하고…유래춘은 강
> 도사를 인허하고[10]

유내춘 강도사는 1914년 8월부터 1917년 9월까지 군산중학교에서 성경교사로 근무한 후 전남노회에서 목사임직을 받고, 나주군 반남면 상촌교회를 비롯한 3교회의 담임목사로 청빙을 받는다.『조선예수교 장로회 사기』 하권, 1917년 편에서는 이렇게 전한다.

> 임사부 보고에 의하여 나주군 봉황면 신창리 쌍동, 반남동, 상촌
> 등 三교회 강도사 유래춘을 노라복과 임시 동사목사로 허하고, 문
> 답한 후 목사로 임직하는 안수식을 행하다.[11]

따라서 유내춘 장로가 순천중앙교회에 재직하던 기간은 얼마일까?

① 가장 길게는 1908년으로부터 1913년 말 혹은 1914년 초까지라고 말할 수 있다.

② 가장 짧게는 1908년으로부터 1909년 평양신학교 입학시기까지이다.

---

10)『조선예수교장로회 사기』 하권, 166쪽.
11)『조선예수교장로회 사기』 하권, 294쪽.

4. 여전히 풀리지 않는 질문들

유내춘 장로가 순천중앙교회에 재임하던 기간에 대한 질문은 여전히 남아 있다. 첫 번째는 순천중앙교회가 첫 예배를 드릴 때부터 유내춘 장로의 부임과 활동에 대한 선교사들의 기록이 전혀 없다. 두 번째는 조선예수교장로회 사기 혹은 여타의 역사서에도 기록이 없다. 세 번째는 유내춘 총순/선생/장로/강도사/목사는 1930년대까지 광주를 중심으로 목회활동을 하였으며, 유내춘 목사 자신의 기록에도 순천중앙교회 시무기록이 없다는 사실이다.

왜, 이 질문을 강하게 던져야 하는가? 그것은 순천중앙교회가 유내춘 장로를 제1대 교역자로 기록하기 때문이다. 그리하여 구전과 기록전승 사이의 괴리를 메꿀 수 없는 아쉬움은 여전히 남아 있다.

Ⅳ. 순천선교부 개설

프레스톤 선교사와 유내춘 장로는 1909년 4월 이후에 자연스럽게 만나게 되는데, 이번에는 목포가 아닌 순천이었다. 유내춘 장로가 순천중앙교회에 담임교역자로 재직하던 프레스톤은 순천지방 담당 선교사였으므로 1909~1913년까지 순천선교부 개설이 확정되고, 부지매입과 건축공사가 끝나고, 1913년 초에 순천선교부 개설 선교사들이 순천으로 이주하기까지의 전 과정을 유내춘 장로가 다 거들었다 라고 볼 수 있다.

여기에서 미국 남장로교회 한국선교회의 변화를 잠깐 언급하고 넘어가는 것이 이해를 돕는 데 필요할 것으로 본다.

1. 목포-광주 선교부 통합운영

미국 남장로교회 한국선교회는 1905년 11월부터 목포선교부를 폐쇄하고 광주선교부와 통합시키기로 하였다. 그리하여 목포선교부에서 광주선교부로 이주한 선교사는 다음과 같다.

선교사	한국도착	변화	비고
프레스톤 (John F. Preston: 변요한)	1903.10	1907.10 목포선교부 재개설함	미국에서 선교사 인력을 자력으로 모집함
놀란(Joseph W. Nolan: 노의사)	1904.9	1907.4 사임	
스트레퍼(Frederica Straeffer: 서부인)	1899.1	1907.4 사임	

프레스톤 목사는 광주 선교부로 주거지를 옮긴 이후에도 목포선교부 관할아래 있었던 교회들을 돌보는 일을 맡았다. 그 사이에 목포에 놀라운 일이 발생하였다. 그것은 다름 아니라, 1903년부터 일기 시작한 성령운동이 1905년에 점점 불이 붙기 시작하다가 1906년에 목포에서도 크게 타올랐다. 남감리교 선교사 저딘(Joseph L Gerdine)이 목포 양동교회에서 부흥회를 인도하였고, 교인들은 성령체험을 강하게 하였으며, 교세는 오히려 더욱 확장되었다.

목포지방의 부흥을 기회로 삼아서 프레스톤은 미국 남장로회 한국선교회에 목포선교부의 재개설을 요구하였지만, 본부로부터 재정적인 이유로 번번히 거부당하였다. 이에 프레스톤은 당돌한 계획을 세웠다.

2. 자부담으로 선교사를 모집하고 목포선교부를 재개설하다

프레스톤은 1907년 4월에 한국에서 미국으로 건너 가 10월에 귀국할 때까지 6명의 선교사를 모집하였다. 목사 선교사로는 녹스(Robert Knox:

노라복) 부부와 맥컬리(Henry D. McCallie: 맹현리), 의사 선교사는 윌슨 (Robert M. Wilon) 그리고 여성/아동 담당 여성 독신선교사는 그라함(Ella I. Graham)과 녹스(Bessie L. Knox)였다. 그러나 광주의 놀란 선교사가 1907년 4월에 선교사 직을 사임함으로써 윌슨 의사가 광주 선교부로 옮기고, 목포 선교부에는 한국인 오긍선 의사(1902~1907년까지 미국 루이빌 의과대학에서 피부과 전공)가 1년간 공백을 메우고, 이어서 1년 뒤인 1908년 9월에 포싸이트(William H. Forsythe: 포위렴) 선교사가 재부임하여 1912년까지 사역에 임하였다.

프레스톤은 1907년 10월부터 목포선교부를 재개설하게 됨으로써 기쁘게 목포로 갔으며, 위에 언급한 선교사들은 시간 간격을 두고 목포선교부로 부임함으로써 목포선교부는 다시 들뜬 분위기로 활발하게 움직이기 시작하였다.

3. 프레스톤이 다시 광주선교부로 옮기다

그러다가 광주선교부에 비극이 닥쳤다. 잘 아는 대로 오웬 의사가 1909년 4월 3일 죽음으로써 미국 남장로교회 한국선교회는 광주선교부의 목사 선교사 인력을 보충하기 위하여 목포의 프레스톤 선교사를 광주로 재-전임시켰다.

프레스톤 선교사는 목포에서 광주로 옮겨오면서 한국인 협력자를 대동하였는데 남궁혁-김함라 부부를 목포 남학교-여학교 교사직에서 광주 남학교-여학교 교사로 전근시켰다. 그리고 광주선교부에 재부임한 프레스톤은 1909년 여름을 지내고 가을부터 오웬 선교사가 맡았던 지역(순천, 보성, 장흥, 여수-여천, 구례…)을 도맡았다.

이 사실은 무엇을 말하는가?

첫째는 순천중앙교회의 전임 교역자 유내춘은 아직 신학생 신분이었기 때문에 1909년부터 당회권은 프레스톤 선교사에게 있었다 라고 보아야 할 것이다.

둘째는 프레스톤은 벨과 함께 오웬의 구역을 순회한 다음에 "3~4명의 목사가 맡아야 할 구역이었다"[12]라고 보고한 내용을 감안할 때, 미국 남장로교회 한국선교회는 순천지방에 새로운 선교부를 세우는 것이 타당하다는 결론에 자연스럽게 이르게 된다.

4. 순천선교부 개설 결정

미국 남장로교회 한국선교회는 1910년에 순천선교부 개설 준비위원으로 니스벳(John Samuel Nisbet, 유서백), 프레스톤(John F. Preston, 변요한), 윌슨(Robert M. Wilson, 우월순), 해리슨(William B. Harrison, 하위렴)으로 4인 위원회를 구성하였으나 실제적으로는 코잇과 프레스톤 두 사람이 현장을 답사하였다.

새로운 선교부 답사 위원회를 구성하여 샅샅이 답사한 다음에 순천(Syenchun)을 결정하였다…코잇과 프레스톤은 2주간에 걸친 여행을 통하여 새 선교부의 타당성을 타진하였다. 코잇은 이렇게 결론 내렸다. "60마일 떨어진 곳을, 수많은 산과 골짜기를 넘어야 하는데, 광주에서 돌보기는 불가능하다. 순천을 중심으로 22개 교회가 있는데, 이는 광주보다도 2배가 더 많다. 프레스톤이 현재와 같이 돌본다면 건강을 해칠 것이다. 그는 지난 여행에 매우 지쳐 있었다. 의사는 그에게 몸을 돌볼 것을 명령했다. 오웬(Dr. Owen)은 건강을 무리함으로써 그렇게 되었다.[13]

---

12) Rev. Eugene Bell, Rev. C. C. Owen and His Work, The Missionary, Oct. 1909, pp.501~502.

13) Rev. R. T. Coit, A New Station in Korea, The Missionary, Sept. 1910, pp.468~469.

일설에 의하면 벌교와 순천을 놓고 최후까지 격돌을 벌이다가 장차 순천이 동부 6군의 행정적 중심지가 될 것으로 판단하고서 순천을 선교부 개설 후보지로 결정하였다고 한다.

5. 순천 선교부 부지 매입

순천선교부 개설이 확정되자, 부지를 구입하는 일이 남아 있었다. 이 일은 광주 선교부 개설 경험을 가졌을 뿐만 아니라 크게 공헌하였던 광주 양림교회의 김윤수 집사를 파송함으로써 마무리 짓게 하였다. 김윤수 집사는 목포 경찰서에서 함께 총순으로 지냈던 유내춘과는 막역한 사이였다.

한 가지 예상치 못한 일이 발생하였다. 그것은 1908년부터 한국의 토지에 대한 측량이 실시되고, 1910년 한국과 일본의 강제병합이 이루어진 이후, 한국에 대한 일본인들의 투기가 일어남으로써 땅값이 상승하기 시작하였다. 땅값 상승으로 인하여 선교사들은 중대한 결단을 내렸다.

광주 선교부의 벨, 프레스톤, 윌슨… 등의 선교사들은 미국 선교본부로부터 순천선교부 개설자금이 도착하기에 앞서서 자신들의 개인명의로 은행에서 각각 일정액을 차용하여 김윤수 집사에게 위탁하였다.

김윤수 집사는 유내춘 장로를 통하여 순천읍 예배 모임처의 김억평을 소개받았고, 김억평은 매산등 일대를 소개하였고, 매입하기에 이르렀다. 이 두 사람이 매입한 땅의 크기는 얼마인가? 이 부분을 1912년 여름 보고서에서 다음과 같이 말한다.

> 순천 선교부는 10에이커의 땅을 샀으며, 이곳에는 이미 교회가 하나 있으며, 20여 개처 시골 모임처가 있다…순천 선교부는 $2,000 에 조금 부족하게 샀는데, 지금은 $6,000 이상이다. 선교부 부지를

통과하여 세 개의 시내가 흐른다. 우리는 선교부에서 찾아낸 회색 화강석으로 건물을 지을 예정이다.[14)

코잇은 위의 보고에서 "(1912년) 금년 봄에 1,500주의 나무를 심었는데 모두 살았다" 라고 기뻐하면서, 1912년 10월 31일에 순천 선교부의 부지와 건축상황과 교회의 발전상황을 이렇게 전한다.

나는 건축 공사가 시작한 순천에서 광주로 방금 돌아왔다…모든 건축을 선교부 내에 있는 돌산으로부터 캐낸 회색 화강암으로 지을 것이다. 이 돌들은 1피트 평방에 미화 12센트로 짓는다. 이것은 벽돌 값과 맞먹는 가격이다…이제는 우리가 샀던 값의 3배를 지불하더라도 살 수 없게 되었다.[15)

위의 보고를 통하여 우리는 순천읍교회의 두 가지 변화를 알 수 있다. 첫째는 1912년 봄에 기존의 예배당을 2배로 확장하였으며, 둘째는 1912년 가을에 장로 장립식이 있었다는 사실이다.

6. 순천선교부 공사완료와 선교사 이주

순천선교부 개설 선교사들은 비교적 신참 선교사들이었으므로 사명감이 불타 있었고, 열정이 넘친 사람들이었다. 이들의 명단을 정리하면 다음과 같다.

---

14) The Editor, Korea Mission, The Missionary, May, 1911, pp.240~241 and Rev. Robert Coit(Letter to Mr. Cameron Johnson, A Note of Cheer from Korea, The Missionary, October. 1912, pp.908~909.

15) Robert T. Coit, The Building of Soonchun Station, The Missionary, February 1913, pp.265~266.

분야	직분	이름	한국도착	순천선교부 재직기간
복음	목사	John F. Preston (변요한)	1903(목포)	1913~1940
		Robert T. Coit(고라복)	1910(광주)	1913~1934
		Charles Henry Pratt(안채윤)	1912(순천)	1913~1918
	여성/아동	Meta L. Biggar(백미다)	1910(광주)	1913~1952
의료	의사	Henry L. Timmons(길로라)	1912(광주)	1912~1926
	간호사	Anna L. Greer(기안라)	1912(광주)	1913~1935
교육	남자학교	John C. Crane(구례인)	1913(순천)	1913~1956
	여자학교	Lavalette Dupuy(두애란)	1912(광주)	1913~1915 1915~1948(군산)

* 위의 선교사들 가운데에서 교육선교사가 가장 크게 고통을 겪었다. 일제는 1915년에 교육개혁을 단행하여, 모든 학교에 일본인 교사를 채용하고, 학교의 기준을 일본의 교육법과 일치시켰다. 따라서, 순천선교부는 남여 학교의 인가에서부터 성경을 교육과목으로 채택하려는 계획을 수행할 수 없었다.

그리하여 매산학교의 개설은 잠시적으로 보류되었으며, 그 기간에 구례인 선교사는 보성, 고흥 지방을 순회하는 복음선교사로 사역을 전환하였다. 그 후, 순천매산학교를 1921년에 정규학교로 인준받은 이후에도 구례인은 복음선교사로서의 사역을 병행하였다.

* 복음선교사는 지역을 분담하였다. 프레스톤은 순천시내 "지역교회"(순천중앙)와 인접 지역 교회들, 코잇은 곡성, 구례, 광양 지역의 교회들, 프랏은 보성과 고흥 교회들이었으나, 크레인이 보조하였다.

V. 순천중앙교회의 성장

순천중앙교회 연혁은 "1910년 3월에 매곡동 144-2에 'T' 자형 교회 20

평을 건축하고 이전하였다"고 기록하고 있다. 이렇게 볼 때, 서문 밖 5칸 초가에서 20여 명 모이던 교회가 이제는 20평 규모의 교회로, 남자석과 여자석을 구분한 "ㄱ"자 형 교회 건물을 갖게 되었다.

1. 예배당 증축

여기에서 코잇 목사가 1912년 10월에 순천 지역교회의 발전상에 관하여 보고한 내용을 다시 인용해 본다.

> 지역 교회는 번성하고 있으며 이번 가을에 장로 장립식이 있었으며, 지역교회의 건물은 너무 적어서 이번 봄에 2배로 늘려서, 정규 출석자들이 다 앉을 수 있게 되었다.[16]

1910년 당시로서는 큰 규모의 20평 건축물이었고, 강대상 부분을 제외하더라도 50~60여 명을 앉을 수 있는 규모이다 라고 말할 수 있다. 그런데 1912년 봄에 20평을 "2배"로 확장하였다고 함으로써 40평 규모의 건물이다 라는 뜻이며, 이로써 100여 명은 충분히 앉을 수 있는 건물이다 라고 짐작할 수 있다.

2. 순천중앙교회의 부흥

광주선교부에서 사역하는 선교사들은 순천지방에 대한 보고를 통하여 희망이 부풀어 있었으며, 신임 선교사들은 어학훈련과 현지적응을 위하여 방문하기도 하였다. 1911년에 광주선교부에 도착한 파커(William

---

16) Robert T. Coit, The Building of Soonchun Station, The Missionary, February 1913, pp.265~266.

P. Parker) 선교사는 1913년 3~4월 경에 순천 선교부를 방문한 내용을 보고하였으며, 그의 보고는 『The Missionary Survey』 7월호에 개제되었다.

> 나는 순천 선교부 건설을 위하여 Mr. Coit가 임시로 지은 집에서 그가 올 때까지 일주일을 기거하였다…. 한국인 가운데 대학을 갓 졸업한 학교 선생이 있었고, 그는 영어도 썩 잘 하였다…교회의 장로(유내춘)는 나하고 많은 말을 나누었으며, 주일날 교회에서 나에게 말하게 하였다…
>
> 주일날 순천 교회의 주일학교 시간에 교회는 가득 찼다. 나는 고국의 주일학교 선생들이 이들이 성경을 사랑하고 외우는 모습을 보았으면 좋겠다 라고 생각한다. 나는 이들이 성경 구절을 잘도 찾아내고, 추운 날씨에도 불구하고, 이렇게 가득 찬 교회에서 성경을 열심히 배우려 하다니.[17]

위의 내용을 첫째 순천선교부는 남학교와 여학교를 시작하였다 둘째 순천교회는 장로가 담임 교역자이다 라고 말함으로써 유내춘 장로가 사역하고 있음을 말한다. 셋째는 유년주일학교가 교회를 가득 채울 정도로 넘친다. 넷째는 아이들을 성경을 사랑하고 암송하는 모습이 대견하다. 이로써 순천중앙교회는 이 기간에 유년주일학교가 크게 발전하고 있음을 알 수 있다.

3. 1912년 가을 장로 장립식/1916년 5월 장로 장립식

그리고 또 다시 1912년 가을에 "장로 장립식"이 있었다 라고 기록하고 있다. 이 분이 누구일까? 이미 앞에서도 언급하였듯이, 순천선교부 개설

---

17) W. P. Parker, A Visit to Soonchun, The Missionary Survey, July. 1913, pp.720~721.

과 운영과 인력배치에 가장 큰 영향력을 가진 사람은 프레스톤이었다.

목포 선교부와 프레스톤 그리고 프레스톤과 목포 선교부의 한국인 인력 인맥은 초기 순천 선교부의 발전에 중대한 맥락이었다. 이미 조상학, 지원근에 대해서는 언급하였지만, 여기에서 한 사람 더 언급하지 않을 수 없다. 그 사람은 김영진 영수(장로)이다.

김영진(金永鎭) 영수는 1865년 황해도 개성에서 태어난 성공적인 사업가였으며, 1905년 목포 병원에서 놀란 의사의 집도로 정수리에 난 혹 제거수술을 받고, 예수님을 영접하였으나 후처 문제로 인하여 세례를 받을 수 없었다. 그는 프레스톤 선교사의 가르침대로 후처를 내보낸 후 서울의 본처와 두 딸을 데리고 옴으로써 1907년 즈음에 목포 양동교회에서 세례를 받을 수 있었다.

이 일로 인하여 김영진 씨는 후처의 처남들로부터 온갖 고난을 겪었으며, 사업을 중도에 포기할 정도에 이르기도 하였다. 상황이 이렇게 어려웠으나, 그는 신앙을 지켰으며 목포 선교부의 조사로 활동하기 시작하여 1910년에 하위렴(William B. Harrison)의 조사로서 "해남읍교회"를 세우고, 이어서 변요한 선교사의 조사로 "해남군 남창리교회"를 설립하였다.[18]

김영진은 제주도 모슬포 지역으로 피신할 수밖에 없었다. 그는 1913년에 모슬포 교회의 신축 시 목재를 헌납하고, 인근 지역을 복음화하는 전도자로 활동함으로써 영수직을 받았다. 바로 이즈음에, 즉 1913년에 프레스톤 선교사가 순천으로 옮겨감으로써 김영진 영수는 1915년에 순천으로 옮겨와 순천중앙교회를 섬겼으며, 1916년에 순천중앙교회의 최초의 장로 임직을 받았다.

그러나 여전히 순천중앙교회에서 1912년 가을에 장로로 장립된 사람

---

18) 『조선예수교장로회 사기』 상권 1910년 편, 273~274쪽.

은 누구인지 밝힐 수 없다. 앞으로 이 부분은 지속적인 연구를 통하여 정리해야 할 숙제이다.

VI. 순천중앙교회 담임교역자들

순천중앙교회의 목회자는 유내춘 장로(1908.4~1914.7) → (1914.7~1917.8) → 방효원 목사(1917.8~1918.7) → 정태인 목사(1918.7~1920.2) → 이기풍 목사(1920.2~1924)로 이어졌다. 이 연결고리에서 첫째는 제1대와 제2대로 이어지는 사이에 전담 목회자가 없는 1914.7월부터 1917년 9월까지의 담임 목사를 어떻게 규명할 것인지? 둘째는 제2대 방효원 목사의 부임과 이임에 관한 확인이다.

1. 제2대 교역자: 방효원(方孝元) 목사

이렇게 순천중앙교회는 부흥하는 동안에 유내춘 장로가 1914년 7월에 떠남으로써 담임 교역자가 없었고, 자연스럽게 프레스톤 선교사가 선교회로부터는 업무분장을 통하여 그리고 전라노회로부터는 당회장 배정에 따라 당회장 직을 맡았을 것으로 짐작할 수 있다.

그러다가 새로운 한국인 교역자를 청빙하게 되었는데, 『조선예수교 장로회 사기, 하권』1917년 편은 이렇게 기록한다.

> 1917년 8월 24일 제7회 노회가 광주군 양림동 기념각에서 개회하니…정태인은 보성, 흥양 5개처 교회에 구례인과 동사 전도목사로 임명하고…순천읍교회에서 목사 방효원을 변요한과 동사목사로 청원함은 청허(廳許)하고[19]

한 가지 의문점이 있다. 방효원 목사는 1907년에 목사임직을 받은 한국교회 최초 7명 목회자 가운데 한 사람으로, 이기풍 목사와는 동기생이었다. 그가 순천중앙교회에 담임목사로 허락받은 것은 누구의 초청에 의한 것일까?

혹시 총회에서 프레스톤 선교사와의 만남을 통하여 동의한 것일까? 아니면 이기풍 목사의 적극적인 추천에 따른 것일까? 여러 방면으로 생각할지라도 풀 수 없는 수수께끼와 같다.

또 하나 더 의문점이 있다. 방효원 목사가 부임하였더라면 순천중앙교회의 전승에서 기억되고 후배들에게 이어졌을 것인데… 이 부분이 의심스럽다. 또한 방효원 목사의 이력에서도 찾아볼 수 있어야 하는데, 빠져있다. 그리하여 하나의 미심쩍은 결론에 내리게 된다.

즉, 방효원 목사는 노회의 청빙허락을 받았지만 부임하지 않았을 가능성이 크다. 그리하여 순천중앙교회는 방효원 목사를 담임 목사 가운데 한 분으로 기억하지 못하고 있으며, 그에 대한 기록을 한 점도 남기지 않았다. 그리고 곧바로 정태인 목사를 제2대 목사로 건너뛴 것은 아닐까? 라는 생각이다.

어찌되었거나, 이 부분도 더 많은 자료를 찾아서 확인해야 할 미해결의 숙제로 남겨두기로 한다.

2. 제3대 교역자: 정태인(鄭泰仁) 목사

전라노회는 1917년 8월에 제7회 노회를 마치고, 총회로부터 분할 허락을 받았다. 그리하여 전라노회는 전북노회와 전남노회로 분할되었으며, 전남노회는 1917년 9월 17일에 제1회 노회를 회집하고, 1918년 7월 6일에

---

19) 「제7회 전라노회, 1917년 8월 24일」, 『조선예수교장로회 사기』하권, 169~170쪽.

제2회 노회를 회집하였다. 순천읍교회에 대해서는 이렇게 기록한다.

임사부 보고에 의하여 순천읍교회에 정태인을 변요한과 동사목
사로…허락하고[20]

정태인 목사는 순천지방에서 배출된 최초의 목사이며, 보성과 고흥
지방을 잇는 흔히 말하는 복음가도의 선구자이다. 순천읍교회에 오랫동
안 시무하지 못하였다. 정태인 목사는 순천읍교회에 1년 6개월 정도 시
무한 후 고향인 무만동 교회 전임목사로 이전하였다. 정태인 목사의 목
회는 다음과 같았다.

1917년 9월	1918년 7월	1920년 2월	1932년1월~ 1937년 2월까지	1937년 2월	1937년 11월
무만동교회	순천읍교회	고흥읍교회	제주 삼양교회 고산교회	돌산읍교회	무만, 낙성, 평촌, 축령교회로

3. 제4대 교역자: 이기풍 목사

1920년 2월 25일에 회집한 제5회 전남노회에서 이렇게 기록한다.

순천읍교회에 이기풍을 선교사 고라복과 동사목사로 청원하는
것과, 순천읍교회 목사 정태인의 사임원과 보성군 무만동교회 전임
목사로 청원하는 것은…허락하고[21]

---

20) 제2회 전남노회, 1918년 7월 6일. 『조선예수교장로회 사기』 하권, 295쪽.
21) 정태인 목사는 2남(윤호/동호) 2녀(희연/희남)를 출생하였다. 큰 아들 정윤호는 오
석주 목사의 큰 딸 오방덕과 결혼하여 8남매를 낳았다. 정태인 목사는 큰 딸 정희연
이 서민호와 결혼하였다. 이로 인하여 정태인 목사는 순천노회로부터 치리를 받아
목회직을 중지하였다. 그후 1932년에 복직됨으로써 제주노회로 목회지를 옮겨서

이렇게 볼 때, 정태인 목사가 이임 후 공석이 된 순천읍교회 담임목사 직을 곧바로 이어받은 사람이 이기풍(李基豊: 1868~1942) 목사이다. 이기 풍 목사는 순천중앙교회에 만 4년 재직하는 동안에 첫째는 교회의 정치 면에서 전남노회장과 총회장을 역임하고, 둘째는 장로 2명을 임직시키 고, 셋째는 교회의 부지를 마련하여 신축하고, 넷째는 교인의 숫자를 증 가시켰다.

1) 이기풍 목사의 부임

이기풍 목사는 제주도 선교사 재직기간에 "성음부족증"이라는 질병을 앓음으로써 1915년 8월 제5회 전라노회에서 1년간 휴식을 허락받았다. 이기풍 목사는 어느 정도 치료의 효과가 보이자, 1916년 8월부터 광주양 림교회 당회장으로 부임하여 1918년 6월까지 재직하였다.

다시 음성이 나오지 않게 되자 1918년 6월부터 사직한 상태로 지냈으 며, 광주선교부의 주선으로 광주 기독병원 원목으로 사역하기도 하였 다. 이렇게 지내던 이기풍 목사는 1920년 2월부터 순천중앙교회의 청빙 에 응하여 부임하였다.

2) 교회의 부흥

이기풍 목사에게는 광주보다는 순천이 더 좋았던 것으로 보인다. 이 기풍 목사가 부임할 당시의 순천중앙교회 교세는 1919년 6월을 기준으 로 성인 약 200여 명이 모였으며, 예배당 공간은 40평 정도의 양철지붕 건물이었을 것으로 보인다. 그러나 순천중앙교회는 이기풍 효과(?)를 톡 톡히 보았다 라고 말하는 것이 옳을 것이다.

1937년까지 사역한 후, 1937년 2월에 돌산읍교회, 1937년 11월에 보성지방 4개처 교 회를 돌보았다.

다시 말하여, 이기풍 목사는 성음부족증으로 1915년부터 거의 5년간 목회를 쉬어야 하던 형편을 겪음으로써 순천중앙교회에서 선교사로서의 열정을 다시 회복하였다. 사모 윤함애 씨는 숭의여자고등학교 첫 번째 학생이며 졸업생으로서 인텔리 여성이었다. 그리고 이즈음, 1921년에 순천 매산학교가 정식으로 개교하고, 김영진 장로의 큰 딸 김세라 씨가 교사로 부임함으로써 순천지역에서 순천중앙교회는 인텔리들이 출석하는 교회로 자리를 잡았다.

3) 장로 임직과 교계에 대한 정치적 봉사

그리고 순천중앙교회는 이기풍 목사가 전라노회장으로 피선되고, 3명 혹은 4명(1912년 가을의 한 사람?) + 김영진(1916년 9월) + 김억평/오영식(1920년 3월)의 장로를 가진 탄탄한 교회로 자리를 잡았으며, 명실공히 순천지방의 중심교회로 우뚝 서게 되었다.

그리하여 순천중앙교회는 불어나는 교세를 감당하기 위하여 1920년 10월 "800평 부지를 매입하여 'ㄱ' 예배당을 신축하기에 이르렀다." 이렇게 교회가 확장되고, 교세가 튼튼해지는 즐거운 일과 더불어 이기풍 목사가 조선예수교 장로회 총회 제9대 부총회장으로 피선되고, 이어서 1921년에는 총회장으로 취임하는 영광을 안았다.

순천중앙교회는 호남지방에서는 가장 늦게 시작한 선교사들의 "지역교회"였지만, 한국인 목회자를 총회장으로 피선시키는 대열에 당당하게 이름을 올렸다. 그리고 이기풍 목사가 재직하던 4년 기간은 이기풍 목사에게는 52세에서 56세에 이르는 목회의 최절정기에 이른 시기였다 라고 말할 수 있다.

이기풍 목사는 교회를 부흥시킨 후 1924년 2월에 고흥읍교회로 이임하였으나, 부임으로부터 이임까지 만 4년간 목회하는 동안에 순천중앙교회를 부흥시키고 이름을 한국교계에 알린 공로자라고 말할 수 있다.

VII. 맺음말

순천중앙교회의 초기 태동으로부터 발전에 이르는 1907년으로부터 1924년까지는 순천예배공동체에서 순천읍교회로 이름을 남겼다. 이 기간에 순천중앙교회는 다양한 특징을 갖는다.

첫째로 순천중앙교회의 초기 공로자들은 대다수 목포 선교부 출신이라는 점이다. 순천선교부 설립자 프레스톤 목사를 시작으로 하여 목포선교부의 조사로 사역하였던 조상학, 유내춘, 김영진, 김윤수… 등이다. 이 가운데에서 1915년부터 순천에 상주하여 해방 후까지 온 가족이 순천 사람으로 자리잡은 지도자는 김영진 장로 가족이다.

둘째로 순천중앙교회는 순천선교부의 "지역교회"(Local Church)가 됨으로써 선교사들의 적극적인 지원 아래 발전의 기틀이 확고하게 되었다. 특히 유년주일학교의 발전은 초기부터 교회발전에 큰 몫을 담당하였다.(여기에서 성경암송과 시상을 내세운 스와인하트 선교사의 이야기는 나중에 하기로 한다)

셋째로 순천중앙교회는 선교사들의 조사들로부터 복음을 들은 순천지방(보성 무만동과 여수 장천)의 초기 개종자들이 순천시의 지인들을 개종시킴으로써 출발하였으므로, 자생적 혹은 자발적 교회로 시작하였다 라고 말할 수 있다.

넷째로 순천 선교병원(안력산 병원)과 선교학교(매산학교)가 자리 잡으면서 순천으로 몰려든 외지유입-기독교인-지성인들이 초창기의 지도적 교인 층을 형성함으로써 순천지방을 이끄는 중심교회로 성장하였다.

다섯째로 순천중앙교회는 1907년~1924년에 이르는 초기 역사에서 몇 가지 역사적으로 증거를 찾을 수 없는 부분이 있다. 이 부분은 시간이 지나면서, 정확한 자료를 면밀하게 찾아냄으로써… 하나씩 풀어갈 수 있는 숙제라고 생각한다.

일제강점기 순천지역 신사참배 반대운동과 순천노회 수난사건

김승태

Ⅰ. 머리말

전남 순천지역은 미국남장로회 한국선교부에서 1913년부터 선교지부를 설치하여 선교하던 지역으로, 교육기관으로는 매산학교와 매산여학교, 의료기관으로는 안력산병원을 설치하여 운영하던 전남 동부지역 기독교 선교의 중심지이다.

일제강점기 이 지역 선교도 일제의 종교정책에 영향을 받지 않을 수 없었다. 일제 종교정책의 기조는 국가신도(國家神道) 내지 신사신도(神社神道)를 정점으로 하여, 그 하위에 교파신도와 불교, 기독교를 국가의 공인종교로 삼고 국가 시책에 충실히 따르도록 통제, 이용하면서, 그 외의 종교는 '유사종교단체'라 하여 불법화하고 경찰력을 비롯한 행정력을 동원하여 통제, 탄압하는 것이었다.

그리고 공인종교라 하더라도 그들의 통치 방침에 비협조적이거나 위배될 때는 가차없이 탄압하는 것이었다. 조선총독부의 종교정책도 이러한 일제의 신사신도를 국교로 하여, 여타 종교를 차별하고 통제, 이용하는 정책을 기조로 하면서, 일본 본토에서 제정에 실패한 제반 종교 관련 법안들까지 일찍부터 제정하여 더욱 가혹한 형태로 그것을 한국인들에게 적용하였다.[1] 조선총독부는 이러한 종교정책에 따라 1910년대 초부터 신사(神社)·신사(神祠)의 설립을 장려하고, 관공립학교에서부터 신사참배를 강요하였다.

기독교계는 처음부터 신사참배는 우상숭배이기 때문에 강력히 거부하였으나, 1931년 9월 만주침략 이후 일제와 갈등을 빚다가 1937년 7월 중일전쟁 도발 이후 경찰력과 행정력을 동원한 일제의 참배 강요에 저항하는 측과 순응하는 측으로 분열되었다.

순천지역의 선교를 담당하고 있던 미국남장로회는 1937년 2월 풀턴성명을 발표하여 강력한 신사참배 거부의사를 천명하고, 그후 기독교계 학교와 학생들에게 강요가 심해지자 경영하던 학교를 폐교하였다. 그리고 1938년 9월 장로회 총회에서까지 신사참배를 하기로 결의하자 남장로회 선교사들은 노회에서도 탈퇴하였다.

순천노회는 일제의 강압에 못이겨 1938년 4월 신사참배를 하기로 결의하였으나, 설교와 강연을 통하여 그것이 잘못된 것임을 공표함으로써 신사참배가 갖는 정치적, 종교적 의미를 무효화(無效化)시키고자 하였다. 1940년 가을에 일어난 순천노회 수난사건은 이러한 활동을 하던 박용희 목사 등 15명 순천노회원 전원을 일제 당국이 구속, 기소하여, 1942년 9월 30일 광주지방법원에서 이른바 치안유지법위반 혐의로 징역 3년에서 1년에 이르는 옥고를 치르게 한 사건이다.[2]

---

1) 김승태, 『식민권력과 종교』, 한국기독교역사연구소, 2012, 67쪽.
2) 김승태, 위의 책, 269-293쪽, 제4장 제2절 "장로교회 전남 순천노회의 수난 사건" 참조.

이 논문에서는 먼저 일제강점기 일제의 신사 설립 및 신사참배 강요의 실상에 대해서 간략히 정리하고, 순천지역 선교와 신사참배 강요에 대한 순천노회의 대응을 살펴본 다음, 그로 인해 일어난 순천노회 수난사건을 정리하려고 한다.

II. 일제의 신사 설립과 신사참배 강요

일제는 1905년 11월 을사늑약으로 대한제국의 외교권을 박탈하고, 식민지배의 기초를 닦기 시작하여, 1910년 8월 한국을 강제로 병탄하였다. 그리고 식민통치 기관인 조선총독부를 설치하여 한국인들에게 그들의 '천황제 이데올로기'를 주입하고, 그를 위한 실천적 훈련으로서 식민지배 초기부터 신사의 설립을 장려하고 관공립 학교에서부터 신사참배를 강요하였다.

1925년 10월에는 총독부에서 1912년부터 계획 추진하던 조선신궁을 남산 중턱에 건립하고, 경찰과 관리들을 동원하여 기독교계 학생들에게까지 그 참배를 강요하였다. 그러나 기독교계와 한국인의 반발에 부딪혀 이를 관철할 수 없었다. 그러다가 다시금 신사참배를 강요하게 된 것은 1930년대에 들어서이다.

1931년 9월 관동군이 중심이 되어 이른바 '만주사변'을 일으켜 대륙침략을 재개한 일제는 물심 양면에서 이를 뒷받침하기 위하여 신사에서 각종 행사를 개최하고 여기에서 신도의식 내지 신사참배를 다시 강요하였다.

이 무렵 일본 국내에서도 기독교계 사립학교에 배치된 군사교관들이 학생들과 교사들에게 신사참배를 강요하여 문제를 일으켰다. 더욱이 1935년 초부터 일본 국내에서는 군부 황도주의자들이 미노베(美濃部達

吉)의 천황기관설(天皇機關說)마저 국체(國體)에 위배된다고 공격을 하여 정죄하고, 이른바 '국체명징'(國體明徵) 운동을 일으켰다. 조선총독부에서도 이에 호응하여 '심전개발'(心田開發) 운동과 함께 '국체명징'을 부르짖고 '신사참배'(神社參拜)와 '경신사상'(敬神思想)을 강조하였다.

총독부는 '신사참배 강요' 및 일반 종교계에 대한 탄압과 함께 신사의 설립과 신사신앙을 적극 장려하였다. 1933년 총독부 내무국장은 "신사(神祠) 창립에 관한 건"과 "신사(神祠) 부동산 등기에 관한 건"이라는 통첩을 각도에 보내 신사의 설립을 행정적으로 지원하게 하고, 같은 해 9월 "토지수용령" 제2조의 "토지를 수용 또는 사용할 수 있는 사업"의 제2항을 "신사(神社), 신사(神祠) 또는 관공서의 건설에 관한 사업"으로 개정하여 "신사(神社), 신사(神祠)"를 지을 때도 토지를 강제로 수용할 수 있도록 하였다.

1935년 4월 우가키 총독은 각 도지사와 관공사립 학교장들에게 훈령을 보내 "지금 내외의 정세를 생각건대 각하(刻下)의 급무(急務)는 일본정신(日本精神)을 작흥(作興)하고 국민적 교양의 완성을 기하여 ……존엄한 국체(國體)의 본의(本義)를 명징(明徵)하고 이를 기초로 교육의 쇄신과 진작을 도모"하는 것이니 힘써 그 임무를 달성하라고 지시하였다.[3]

이어 5월에는 정무총감도 각 도지사에게 "학교(學校)에서 경신숭조(敬神崇祖)의 염(念) 함양(涵養) 시설(施設)에 관한 건"이라는 통첩을 하여 학교교육에서 "경신숭조"(敬神崇祖)라는 신도(神道) 내지 '천황제' 이데올로기의 주입을 위한 가미다나(神棚)의 설치를 독려하였다.[4] 그리고 같은 해 9월에도 총독부 학무국장이 각 도의 도지사에게 "학교직원의 경

---

3) 『朝鮮總督府官報』, 1935년 4월 16일, "조선총독부 훈령 제14호".
4) 朝鮮神職會 編, 『朝鮮神社法令輯覽』, 帝國地方行政學會 朝鮮本部, 1937, 353~355쪽.

신사상(敬神思想) 철저에 관한 건"이라는 통첩을 내려보내 학교직원들이 이 운동에 적극적으로 참여하고 앞장서도록 독려하였다. 이에 따라 각지에 신사신사(神社神祠)의 설립이 급격히 증가하고, 신사를 중심으로 한 행사나 참배자수도 해마다 급증하였다.

조선총독부는 이러한 신사숭경을 제도적으로 뒷받침하기 위하여 1936년 8월 1일 '천황'의 칙령으로 조선신사제도를 전면 개정하였다.[5] 그리하여 모든 신사(神社)·신사(神祠)가 사격(社格)에 따라 도부읍면(道府邑面)으로부터 신찬폐백료공진(神饌幣帛料供進)을 받을 수 있도록 하고, 일부 신사에 대해서는 사격을 높여 더욱 신사의 관공립적 성격을 강화하였으며, '1면(面) 1신사(神祠) 정책'을 추진하여 전국 각지에 신사의 건립을 장려하였던 것이다. 뿐만 아니라 파출소, 주재소 등 관공서나 학교에 신궁대마(神宮大麻)를 넣어두는 간이 신사라고 할 수 있는 가미다나를 설치하게 하더니, 마침내 관할 행정 기구들을 통하여 일반 민가에까지 신궁대마를 강매하고, 가미다나를 설치하여 아침마다 참배하도록 하였다.

이러한 신사참배 강요에 반발하여 1937년부터는 기독교계 학교들이 자발적으로 문을 닫거나 일제에 의해 폐교되기 시작하였다. 그러자 일제는 1937년 7월 중일전쟁을 전후하여 일반 민중은 물론 기독교인들과 교회에까지 신사참배, 동방요배의 강요와 황국신민서사 낭독, 가미다나 설치를 강제하였다.

일본 본토에 있는 야스쿠니신사의 각종 행사날에도 한국에서 이에 상응하는 행사를 하도록 하였다. 그 일례로 1938년 4월 18일과 같은 해 10월 8일에는 오노(大野綠一郎) 정무총감이 "야스쿠니신사(靖國神社) 임시

---

5) 『每日申報』1936년 8월 2일, "조선신사제도 개정에 취하야" 및 岩下傳四郎 編, 『大陸神社大觀』(1941), 102~154쪽 참조.

대제 때 전국민 묵도 및 전몰장병 위령제 집행에 관한 건"이라는 통첩을 내어 전국적으로 이를 실시하게 하고 있다.[6]

이러한 신사참배에 대한 위협과 강요는 기독교인들의 모임에 총독이 직접 참여하여 한 연설에서도 드러난다. 전시체제와 함께 '황민화정책'을 강력히 추진하였던 미나미(南次郎) 총독은 1938년 10월 7일 "제3회 기독교조선감리회 총회"와 1938년 10월 17일 "시국대응 기독교장로회 대회"에 참석하여 다음과 같은 연설을 하고 있다.

> 현재 우리 나라(일본)는 동양 평화 옹호의 대사명을 수행하기 위하여 국민총동원하에 시국에 대처하고 있는 때인데 대일본국민인 자는 그 신앙하는 종교의 여하를 불문하고 일제히 천황폐하를 존숭하여 받들고 선조의 신기(神祇)를 숭경하고 국가에 충성을 다해야 하는 것은 말할 필요도 없는 바로써 신교(信敎)의 자유는 대일본국민인 범위에서만 용인되는 것이며, 그러므로 황국신민이라는 근본정신에 배치되는 종교는 일본 국내에서는 절대 그 존립을 허용하지 않는 것입니다. 이는 비상시와 평시를 불문하고 국민으로서 힘써야 할 당연한 의무입니다. 여러분은 이 점을 아시고 이른바 종교보국의 길에 매진하도록 하지 않으면 안 된다고 생각합니다.[7]

이러한 총독의 강경한 태도는 하부 행정 기구로 갈수록 더욱 강화되고 구체화되어 나타난다. 1940년 10월 당시 총독부 고등법원 검사장이던 마스나가 쇼이치(增永正一)가 사법관 회의를 주재하면서 한 다음과 같은 '훈시'는 그들이 어떤 시각에서 종교단체들을 보고 있으며, 이들에 대해서 어떤 탄압정책을 마련하고 있었는지를 잘 보여준다.

---

6) 『조선총독부관보』, 1938년 4월 8일자, 10월 8일자 및 10월 13일자.

7) 朝鮮總督府 官房文書課 편, 『諭告·訓示·演述總攬』, 朝鮮行政學會, 1941, 707쪽.

종교단체 단속에 대하여

사변이래 반도의 기독교 기타 종교단체 관계자로서 불경, 치안
유지법, 보안법 혹은 군형법 위반 등의 죄로 인하여 검거 처벌된
자가 잇따르고, 현저히 총후의 치안을 문란케 하고 있는 것은 진실
로 유감으로 여기는 바입니다. 그리하여 반도의 각 종교운동은 대
개 민족의식의 색채가 농후하여 순종교운동이라기보다는 차라리
일종의 정치운동 내지 사회운동으로 보아야 할 것이 많고, 반도 정
치상 많은 불상 사건에 관련된 것이 많다는 것은 일찍이 여러분들
이 알고 있는 바로써, 총후 치안확보의 요구가 가장 절실한 현시국
하에서 이들 종교단체에 대한 단속은 하루라도 소홀히 여길 수 없
는 것입니다… 전 번에 경기도 경찰부에서 검거한 등대사 사건은
주목할 만한 사안으로서 수사의 결과에 의하면 통치권의 주체를
부정하고 국민의 국체관념을 혼란시키며 이에 편승하여 지상 신의
나라의 건설을 기도하는 불경·불령의 목적을 숨기고 있는 결사라
는 것이 명백하게 된 것입니다. 더욱이 전 달에 전조선적으로 일제
히 검거를 감행한 신사불참배를 표방하는 장로파 기독교도의 불온
사건은 현재로서는 아직 그 전모를 밝힐 수 없지만 혹은 이들 관계
자가 품고 있는 사상경향은 등대사 관계자 등의 그것과 일맥상통
하는 것으로 간주되고 있기 때문에 이 취조에 대하여는 심심한 주
의를 기울여 사안의 본질 규명에 만에 하나라도 유감이 없기를 바
라는 것입니다. 요컨대 이러한 불경·불령의 목적을 가진 종교 단
체의 운동은 그 해(害)가 일반 좌익운동과 하등 다를 바가 없는 것
이기 때문에 이들 단체에 대하여는 더 한층 엄밀한 사찰(査察) 내
정(內偵)을 가하며 특히 그 이면 행동에 주의하고 모름지기 법에
저촉되는 불온한 언동을 발견할 경우에는 속히 검거 탄압을 가하
는 동시에, 신앙은 한번 그것을 맹신하는 경우에는 포기하기 어려
운 실정에 있기 때문에 검거 후라도 일반 교도의 계몽 지도와 병행
하여 사찰의 손을 늦추어서는 안 되며, 사안의 재발 방지에 만전책
을 강구하여야 할 것입니다.[8]

이렇게 1940년부터는 일제 검찰의 지휘로 본격적으로 신사참배 거부 항쟁자들을 전국적으로 잡아들여 투옥하고 고문하여, 조용학 영수, 주기철 목사를 비롯한 50여 명의 순교자가 나오게 되었다.[9] 그들의 이러한 전국적 규모의 신사참배 거부항쟁자들에 대한 탄압과 만행은 그들이 일본 본국 제국의회에 보고하기 위해 마련한 다음과 같은 기밀자료에서도 잘 드러나고 있다.

조선 예수교도의 불온 계획 사건

조선예수교장로회에서는 쇼와 13년(1938) 9월 제27회 총회에서 여러 해 현안이던 신사참배를 결의하고 다시 이듬해 쇼와 14년 (1939) 9월 제28회 총회의 결의에 의하여 소속 3천교회를 들어 국민 정신총동원연맹에 가맹하고 종교보국의 실적을 올리고 또 능히 시국의 추이에 안목이 깨어 외국인 선교사의 기반(羈絆)을 벗어나 진

---

8) 조선총독부 고등법원 검사국 사상부, 『사상휘보』제25호, 1940년 12월호, 2~3쪽.

9) Annual Report, Korea Mission, PCUSA, 1946, pp. 20~21. 미국북장로회 한국선교부의 이 보고서는 반드시 신사참배 강요와 관련된 것은 아니지만 일제 말기 한국교회에 대한 일제의 탄압의 실상을 다음과 같이 보고하고 있다. "어려운 전시에 어떤 기독교 단체가 한국교회보다 더 심한 시련을 당했는지 의심스럽다. 경건과 종의 도와 성경에 대한 사랑 그리고 선교열로 세계에 알려져 있는 한국교회는 일제 통치 35년 동안 끊임없이 계속되는 저항 운동의 핵심이 기독교에 있다고 보았던 일제 통치자들에 의해 문자 그대로 탄압받아 굴복당했다. 개신교 5000교회 중 1200교회가 폐쇄되었고 대부분의 교회 건물은 전쟁 목적으로 사용되었다. 5000명 이상의 교인들이 투옥되었고, 그 중에 많은 사람이 순교당했다. 2000명의 기독교 교역자들이 투옥당했으며, 적어도 그 중에 50명이 목숨을 잃었다. 학교에서 모든 기독교 교육이 금지되었다. 모든 사람이 죄인이라는 교리에 따라 죄에 대한 교리를 설교하는 것은 천황에 대한 불경이 되었다. 재림에 대한 교리는 일본의 영원한 제국에 대한 위협이 되었다. 구약의 유대주의 사상과 신약의 하나님 나라 사상 때문에 성경 판매가 금지되었다. '주를 믿는 사람 군병같으니' '주 예수 십자군병 다 같이 일어나'와 같은 찬송은 전투적인 한국교회들을 자극할 염려가 있기 때문에 허용하지 않았고, 왕이신 예수, 하나님 나라, 재림, 심판, 그리고 다른 종말론과 관련된 모든 찬송을 금지시켰다. 조선기독교대학(연희전문학교)은 한국민족주의의 온상이라고 생각되어져 그렇게 취급되었다. 원래 교칙을 유지하려고 주장하고 '기독교'라는 말을 지우기를 거부하자 적산(敵産)이라는 선고를 받았다."

정한 일본적 기독교로 전향하는 한 길을 걷고 있는데, 이 동안에 신사참배를 끝까지 부인하는 소위 비혁신 분자는 외국인 선교사의 사주 원조 아래 신사불참배 교회의 재건운동을 기도(企圖)하고 있다는 의혹에서 쇼와 15년(1940) 4월 이래 이들 일부 용의자를 검거 구명한 결과 저들 일당의 기도는 단순한 신사불참배운동에 그치지 않고, 현재 국가 사회는 악마가 조직한 것이라고 하여 이를 부인하고 수년 후에는 예수의 재림에 의한 지상천국의 신사회를 현실로 가져올 것이라고 몽상 요망하고, 이 신사회의 은택을 향유하는 자는 하나같이 신사불참배 교도뿐이라는 사상에 기초하여 신사불참배교회의 재건을 목적으로 하는 '재건총회조직준비회'라는 비밀결사를 조직하여 이를 모체로 하여 전조선적으로 '신사불참배 교회'를 재건할 기도를 하고 있을 뿐만 아니라, 천황 및 황대신궁에 대하여 불경한 언동 혹은 군사에 관한 조언비어, 반전(反戰) 반국가적 기운을 양성하는 등 불령 행위를 하는 것으로 대략 판명되었다. 그래서 이들 불령분자를 철저히 탄압 삼제(芟除)하고 나아가서는 불온 외국인 선교사들의 종교적 모략 선전 모략에 의한 총후 교란의 불상사건을 방지하는 요긴한 것이다. 고등법원 검사장 지휘하에 검사 경찰관이 연락하여 쇼와 15년(1940) 9월 20일 함경남북도를 제외한 전조선 일제 검거를 단행한 결과 총수 193명의 용의자를 검거하고, 평안남도 관계는 쇼와 16년(1941) 5월 15일 평양 지방법원 검사국에 피의자 68명의 사건을 송치하였다. 동 검사국에서는 쇼와 17년(1942) 5월 12일 35명에 대하여 기소 예심을 청구하고, 8명은 기소 유예, 다른 25명은 불기소 처분에 붙였다. 전기 예심을 청구한 35명에 대하여는 현재 평양 지방법원 예심괘(豫審掛)에서 심리중이지만, 본건 검거에서 빠진 잔존 분자와 아울러 본건에서 기소유예 기타 불기소 처분에 붙여진 일부 자들은 다시 경상남도 아래서 후속 운동을 기도 망동하고 있으므로 쇼와 17년(1942) 11월 19일 부산 지방법원 검사국 지휘 아래 피의자 최성봉(崔聖奉)외 29명을 검거하여 동 검사국에서 쇼와 18년(1943) 11월 18일 7명에 대하여 기소 공판을 청구하고, 3명을 기소유예, 다른 19명은 불기소

처분에 붙였다. 공판에 붙인 7명에 대하여는 현재 부산지방법원에
서 심리중이다.[10]

　일제는 공교회마저 그들의 신사참배 강요에 굴복한 1938년 이후에는
지원병제, 징용제, 징병제를 차례로 실시하여 한국의 젊은이들을 그들
의 침략 전쟁터로 내몰면서, 자국인에게조차 전쟁터에 나가는 병사들에
게는 "죽으면 '신'(神)으로서 야스쿠니 신사에 봉재된다고 믿게 하고, 유
족에게는 야스쿠니 신사에 가면 아버지나 아들이나 남편을 대면할 수
있다고 믿게 하려는 선전을 대대적으로 벌였다."[11] 이것은 야스쿠니신
사가 단순히 "전몰자 및 국사에 죽은 자"에 대한 국가적인 의례가 아니
라, 국민을 안심하고 전장에 나가게 하고 '국가를 위하여' 생명을 버리게
하기 위한 '군국주의적 국가종교의 역할'을 하게 했던 것을 잘 말해 준
다.
　그들이 우리 민족정신을 말살하여 '천황제' 이데올로기의 주입하고,
그들의 침략전쟁 협력에 내몰기 위해 우리 나라에 세운 신사의 수는
1945년 6월 현재로 군단위 이상에 세운 신사(神社)가 70개소, 면단위에
세운 신사(神祠)가 1,062개소로 도합 1,141개소에 이른다.[12] 이 가운데
순천지역에 설립된 신사는 다음과 같이 읍공진신사(神社) 1, 면단위 신
사(神祠) 12개소이다.[13]

---

10) 朝鮮總督府法務局, "昭和 18년 12월 제84회 제국의회설명자료", 『朝鮮總督府 帝國議
　　會說明資料』 제8권, 不二出版, 1994(영인), 101~102쪽.
11) 藤谷俊雄, "國家神道の本質", 戶村政博 編, 『靖國鬪爭』, 東京 : 新敎出版社, 1970, 137
　　쪽.
12) 森田芳夫, 『朝鮮終戰の記錄』, 巖南堂書店, 1964, 108쪽.
13) 김승태, 「일제하 조선의 신사에 관한 연구」, 『일본 내셔널리즘』, 동북아역사재단,
　　2009, 162~352쪽.

번호	社格	사호	제신	설립년월일	소재지
1	邑供進神社	順天神社	天照大神	1937.02.02	순천군 순천읍
2	神祠	神明神祠	天照大神외2神	1939.02.23	순천군 별양면 쌍림리
3	神祠	神明神祠	天照大神·明治天皇	1939.02.23	순천군 송광면 낙수리
4	神祠	神明神祠	天照大神외2神	1939.02.23	순천군 쌍암면 서평리
5	神祠	神明神祠	天照大神외2神	1939.02.23	순천군 낙안면 교촌리
6	神祠	神明神祠	天照大神외2神	1939.02.23	순천군 해룡면 월전리
7	神祠	神明神祠	天照大神외2神	1939.02.23	순천군 황전면
8	神祠	神明神祠	天照大神외2神	1939.02.23	순천군 황전면 죽내리
9	神祠	神明神祠	天照大神	1939.03.01	순천군 주암면 구산리
10	神祠	神明神祠	天照大神·明治天皇	1940.11.09	순천군 도사면 하대리
11	神祠	神明神祠	天照大神·明治天皇	1940.11.09	순천군 상사면 응령리
12	神祠	神明神祠	天照大神·明治天皇	1940.11.09	순천군 외서면 월암리
13	神祠	神明神祠	天照大神·明治天皇	1940.11.09	순천군 월등면 대평리

Ⅲ. 순천지역 교회와 신사참배반대운동

전남 순천 지역에 기독교 복음이 들어가 교회가 설립되기 시작한 것은 그 시기가 한말까지 거슬러 올라간다. 한국에 들어온 기독교 선교사들의 선교지역분할 협정에 의해서 미국 남장로회 선교구역이 된 이 지역을 처음으로 방문한 선교사는 남장로회 초대 선교사인 레이놀즈(W. D. Reynolds, 이눌서)였다.[14] 그가 청일전쟁이 일어난 1894년 5월경 전라도 전역의 선교지역을 탐사하면서 그곳에도 들렀던 것이다. 그러나 이러한 방문은 바로 이 지역 선교로 이어지지 못했다. 그래서 1898년에

---

14) 미국 남장로회의 한국선교는 1892년 10월 18일과 11월 3일에 레이놀즈 부부, 전킨 (W. M. Junkin) 부부, 테이트(L. B. Tate) 남매, 데이비스(Miss Linnie Davis) 양 등 7인 의 선교사가 서울에 옴으로써 시작되었다. 그리고 이들은 이듬해 1월 28일에 열린 장로교연합선교공의회의 권고에 따라 전라 충청도의 서남부를 선교 대상지역으로 확보하였다(Annual Report of the Executive Committee of Foreign Missions of the Presbyterian Church in U.S., 1893, pp.54~57; G. T. Brown, *Mission to Korea*, 1962, pp. 24~26).

다시 전주의 선교사 테이트(Lewis Boyd Tate, 최의덕)가 순회전도를 하면서 이곳 장터에 와서 전도하였다고 한다.[15]

실제적인 이 지역 선교는 1904년 12월에 의료선교사인 오웬(C. C. Owen, 오기원)이 벨(E. Bell, 배유지)과 함께 광주선교지부를 설치할 때 이 선교부 관할로 되면서 이루어졌다. 오웬과 그의 조사 지원근(池源根)이 이 지역을 순회 전도하여 이들의 전도를 받은 이들이 중심이 되어 1905년 이후 이 지역 주변인 보성에 무만리교회, 신천리교회 등이 설립되고[16] 1907년에는 순천읍교회 및 군내에 대치리교회, 구상리교회 등이 설립되었다.[17]

1909년 오웬 선교사가 과로와 폐렴으로 서거한 후 목포선교지부에서 새로 부임해 와 이 지역을 맡게 된 프레스톤(J. F. Preston)이 벨과 함께 이 지역을 돌아보고 이곳에 별도의 선교지부를 설치해 줄 것을 선교본부에 건의하였다.[18] 이때 순천지역에는 6, 7개소의 교회가 있었고, 어떤 교회는 50여 명이 모이고 있었지만 지역적인 격리 때문에 선교사들이 이들을 제대로 보살필 수 없었다. 이들의 건의를 남장로회 선교본부에서 쾌히 받아들여 준비과정을 거쳐 1913년에 순천선교지부를 개설하였다.

---

15) 김수진·한인수, 『한국기독교회사』(호남편), 범론사, 1980, 185쪽.

16) 이들 교회의 설립에 관한 장로회 사기의 기록은 다음과 같다. "(1905년) 보성군 신천리교회가 성립하다 초에 선교사 오기원이 전도인 배경수로 전도한 결과 신자 증가하여 합심 출연하여 예배당을 신축한 후 교회가 잠시 퇴보되었더니 선교사 타마자가 조사 박락현으로 열심 전도하며 예배당을 수리하여 점차 발전되니라"(차재명, 『조선예수교장로회 사기(상)』, 조선기독교창문사, 1928, 144쪽) "(1905년) 보성군 무만리교회가 성립하다. 초에 김일현이 광주에 여행 하였다가 복음을 듣고 신종한 후 대곡리 신자 조상학으로 협력 전도하여 김재조 정태인과 그 가족이 믿고 김재조 家에서 예배하더니 기후에 광주에 거류하는 선교사 오기원과 조사 지원근이 전도하여 김재찬 김재유 김재윤 김재원 김진현 등이 상계 신교하여 교회가 점차 발전되고 김재조가 예배당 십일간을 이차에 전담 신축하니라"(차재명, 같은 책, 143쪽).

17) 차재명, 위의 책, 270~271쪽.

18) Brown, G. T., 앞의 책, p.92.

이 선교지부의 1917년 보고서에 따르면 이 지역 교세는 다음과 같다.

선교지부 개소, 1913년, 한국인 교역자, 14명, 예배처소, 48개소 ;
세례교인, 1184명 ; 일반 교인, 2459명 ; 1916년 증가, 126명 ; 주일학
교, 37개소 ; 주일학교 학생, 2300명 : 학교, 15개소 ; 학생, 352명 ;
의사, 1명 ; 한국인 의료 조수, 4명 , 병원, 1개소 : 진료소, 2개소 ;
치료 환자수, 6981명 ; 한국인으로부터의 수입, 1513달러.[19]

조선예수교장로회에서 이 지역은 1912년 장로회 총회 창립 이래 전라
남북도 지역 교회로 구성된 전라노회에 소속되어 있다가[20] 교세의 확장
에 따라 분화되어 나오는 과정을 거쳤다. 즉 1917년 전라노회가 총회의
승인을 얻어 도경계를 따라서 전북노회(1917.10.10 설립)와 전남노회
(1917.9.17 설립)로 분립될 때 전남노회에 속하고,[21] 1922년 전남노회에
서 다시 분립을 청원하여 순천노회가 되었다.[22]

순천노회는 1922년 10월 2일 곽우영 목사를 조직위원장으로 하여 순
천읍 남성경학당에서 창립 노회가 열림으로써 조직되었다. 회원은 선교
사 2명, 목사 4명, 장로 11명이었으며 임원은 회장에 곽우영, 서기에 강
병담, 회계에 이기홍을 선임하였다.[23] 이 노회는 순천, 여수, 곡성, 광양,

---

19) Fifty-sixth Annual Report, Report of the Standing Committee of Foreign Missions,
Presbyterian Church, U.S., 1917, p.83.

20) 전라노회는 1911년 10월 11일 설립되었다(한국교회사학회 편, 『조선예수교장로회
사기(하)』(1968), 163쪽).

21) 같은 책, 274 · 293쪽.

22) 『조선예수교장로회총회 제11회 회록』(1922), 41~42쪽.

23) 순천노회의 조직 상황에 대해서는 조직시 노회록이 멸실되어 자료에 따라 일자, 인
원, 직분 등에 약간의 차이가 있다 여기서는 대체로 장로회 사기를 따랐으나, 참고
로 『순천노회 50년사』에 의하면 다음과 같다.
창립일시: 1922.10.2., 창립 장소 : 순천읍교회, 임원 : 노회장 김우영 목사, 부회장
변요한 선교사, 서기 강병담 목사, 부서기 정태인 목사, 회계 이기홍 장로, 부회계
조의환 목사, 노회원 : 선교사 3인, 목사 6인, 장로 9인 계 18인(『순천노회 50년사』,

구례, 보성, 고흥 등지를 관할구역으로 하여 1940년 11월 노회원 박해사건이 일어날 때까지 1백여 교회를 돌보며 활동하였다. 이 노회의 총대들이 마지막으로 참석했던 제39회 총회(1940.9.6-13)에 제출한 보고서는 다음과 같다.

　　순천노회 회장 선재련
　　一. 감사할 것. 과거 일년간 본 노회내 백여 교회가 평안하옵고 전진하는 일이오며.
　　二. 교회 형편.
　　1. 교회는 질적으로나 양적으로나 전진하오며,
　　2. 각종 기도 생활은 여전히 계속하오며.
　　3. 성경은 각종 기관을 통하여 열심히 공부하오며.
　　4. 개인과 연합으로 전도하오며.
　　三. 교육 형편. 빈약하나 사립학교 유치원을 여전히 계속 경영하오며
　　四. 특별 사항.
　　1. 상무 서기를 두어서 노회사무를 보는 일이오며,
　　2. 총회에서 하는 나로도 전도에 협력하는 일이오며.
　　3. 전도부 후원회의 예산으로 지방 각처에 전도하는 일이오며.
　　五. 장래 경영. 교역자 양성과 전도사업에 주력하려 하오며 .
　　六. 통계는 별지와 같습니다.[24]

　　당시의 순천노회 교세를 알아보기 위해서 보고된 통계의 주요 항목을 들면 다음과 같다.[25]

　　7~8쪽). 이 기록은 가장 상세하기는 하나 부분적으로 오류가 있는 것으로 보인다. 예를 들면 강병담·오석주는 1924년에 평양신학교를 졸업하고 그 해 제3회 노회에서 전도목사 안수를 받았으므로 조직 당시는 목사가 아니라 장로 직분으로 노회원이 되었다(『조선예수교장로회 사기(하)』, 400~401쪽 참조).
24) 『조선예수교 장로회 총회 제29회 회록』(1940), 108~109쪽.

교회 직원 : 420명(목사 14명, 장로 49명 포함), 교회 : 91개소, 교인 총수 5938명, 종교 교육 : 주일학교수 94, 교사수 461명, 학생수 6915명, 학교 : 소학교 18개교(학생 846명), 야학교 5개교(학생 295명), 유치원 5개소(원아 332명)

이 통계에서 중학교가 없는 것은 교육계의 신사참배문제에 대한 남장로회 선교부의 방침에 따라 이미 1937년 가을에 매산학교를 폐교하였기 때문이었다.[26] 그리고 통계에 선교사들이 들어 있지 않는 것도 1938년 장로회 제27회 총회에서 신사참배결의가 불법적으로 통과되자 남장로회 선교부는 그 해 9월 28일부터 광주에서 선교부 임시회의를 소집하여 선교사들의 소속 노회 탈퇴를 결의하여 선교사들이 이미 탈퇴하였기 때문이다.[27] 아무튼 이러한 순천노회의 교세는 통계상으로 장로회 소속 30개 노회 중 중하위권에 속하였다고 할 수 있다.

남장로회 선교구역에서는 이미 1932년 1월 전남 광주 지역 기독교계 학교에 대하여 신도의식에 참여를 요구하였다. 또한 1936년 10월에도 전북신사 추계 대제 때 학생들의 참배를 도 당국이 요구하였다. 그러자 다음 달인 11월 전주에서 열린 남장로회 선교사회의에서는 신사참배를 강요한다면 교육사업을 인퇴할 수밖에 없다고 결의하였다. 그리고 미국

---

25) 위의 회의록, 120-131쪽에서 발췌.
26) 매산학교의 폐교는 자진 폐교 형식을 취했다. 이에 앞서 1936년 일제가 남장로회 선교지역 학교에 대해서도 신사참배를 강요하자, 남장로회 선교부는 미국 선교본부에 연락하여 해외선교부 실행위원회 총무 풀턴(C. D. Fulton)을 내한토록 하였다. 그는 이 지역을 둘러보고 1937년 2월 전주에서 남장로회의 교육인퇴와 신사참배를 강요하면 즉시 학교를 폐쇄할 것을 밝힌 13개조의 "한국학교에 대한 정책"(풀턴성명)을 발표하였다. 그러다가 그 해 9월 6일 소위 일제의 "애국일"에 신사참배를 하지 않았다는 이유로 도당국에서 광주의 숭일·수피아, 목포의 영흥·정명에 폐교를 명하자, 전주의 기전·신흥, 군산의 영명, 순천의 매산학교 등도 선교부의 방침에 따라 자진 폐교하였던 것이다(『한국기독교의 역사 Ⅱ』, 기독교문사, 1990, 269~299쪽).
27) 『조선예수교 장로회 전북노회 제33회 회의록』(1939), 6~8쪽; 김수진 ·한인수, 앞의 책, 299쪽.

선교본부에 연락하여 해외선교부 실행위원회 총무 풀턴(C. D. Fulton)을 내한하도록 하였다.[28]

그는 1937년 2월 내한하여 전주에서 남장로회 선교사 총회를 소집하여 "학생들과 교직원들에게 신사참배를 시키기보다는 차라리 학교를 폐쇄"할 것을 허락하는「한국 학교에 대한 정책」을 발표하였다.「풀턴성명」으로 알려져 있는 이 정책은 모두 13개항으로 되어 있는 데 그 핵심 내용은 제4항에 들어 있다.

즉 "그럼에도 불구하고,기독교 교리를 수정하지 않고는 우리 교육사업을 계속할 수 없을 것 같은 최근의 사태 발전을 고려하여, 이에 우리는 마지못해 우리 한국 선교부에 적절한 절차로 우리 학교를 폐쇄할 적절한 조치를 취할 것을 지시한다"[29]는 것이다. 이 성명이 발표되고 얼마 안 되어 중일전쟁이 일어나고 기독교 학교에 대해 본격적으로 신사참배를 강요하자 남장로회는 그 해 9월 10개의 학교의 폐교를 결정하였다.

이듬해인 1938년 9월 제27회 장로회 총회가 총독부의 강요에 못 이겨 신사참배를 결의하자, 남장로교 선교부는 같은 달 28일부터 광주에서 선교부 임시회의를 열고 선교사들이 소속노회에서 사임과 탈퇴할 것을 결의하였다. 전북노회에 제출한 이 결의서의 사본은 다음과 같다.

1. 현재 형편에 의하야 본 선교사 등이 종래의 정책을 변하야 교회 관리에 대한 책임 급(及) 주의와 해 노회원으로서의 책임을 계속하야 그 임무에 당할 수 없는 지경에 이르렀습니다.
1. 교회 일반 교우와 아등(우리) 동역자되는 목사 제위와 장로 제위에게 드릴 말씀은 아등이 하나님께 대한 의무와 교회에 신령

---

28) 풀턴의 비밀 보고서. 19쪽에 이르는 이 비밀 보고서는 Letter from C. Darby Fulton to Charles T. Leber, May 15, 1937에 첨부되어 있다.
29) D. M. MacRae's Collection 1933-40, "Policy regarding Schools in Korea"(1937.2).

상 유익을 좇아 이상과 여히 기도하는 중에서 결정하였습니다. 단 여차히 결정하였을지라도 사랑함과 교회의 평화를 위한 관계를 단절치 않고 계속함을 아시옵소서. 아등 하나님이 아등 양심에 지시하시는 대로 교회에 협조할 소망을 다음과 같이 표시하나이다. 교회와 노회간 연락하야 교회 부흥회와 성경교수와 신자 심방과 개인전도와 설교 등을 원합니다.

1. 노회와 연락하는 방법을 변하자는 결의에 의하야 각 교회에서 지금까지 시무하는 전도사에 대한 아등의 책임은 현재 매월 보조금에 의하야 6개월분(1938년 10월로 1939년 3월까지)을 지불하여 줌으로 필하기로 합니다. 단지 불할 방침에 대하여는 각처 선교회의 선교사에게 맡기나이다.

이 결의는 본 선교회의 보조를 받는 교회를 관리하는 남녀 전도사를 물론하고 관계됩니다. 본 선교회의 근본 방침대로 할 수 있는 대로 사경회와 성경학은 금동에 계속하기로 합니다.

1938년 9월 29일
미국 남장로회 조선선교회장 마로덕[30]

완곡한 표현을 쓰기는 하였지만 남장로회 선교사들은 노회의 모든 책임에서 사임하며, 자신들이 보조하는 선교비는 향후 6개월간만 지급하고, 다만 부흥회와 성경교수와 신자심방, 개인전도, 설교 등은 계속하고 싶다는 것이다. 이에 대하여 전북노회는 이창규, 박승준, 이춘원 3인을 교섭위원으로 선임하여 "제1안 선교사로서 모든 선교사업을 계속하여 주기를, 제2안 선교사 자신이 직접 제일선에서 사역치 못할 경우에는 사역비를 노회에 보조할 것과 제3안 종교 교육기관을 대여하여 달라"는 안을 가지고 교섭하였으나 선교회에서 모두 거절하였다.

---

30) 『조선예수교 장로회 전북노회 제33회 회의록』(1938), 6쪽.

일부 선교사는 노회의 모든 책임은 사면하고 무임목사가 되기를 노회장에게 청원하기도 하였으나, 노회의 교섭이 실패하자 전북노회는 선교사들의 탈퇴와 사임을 받아들이고 무임목사 허락을 거부하였다. 이러한 선교사와의 결별은 같은 남장로회 선교 구역이었던 순천노회에서도 다르지 않았을 것이다. 결국 일제가 바라던 대로 선교회와 한국교회가 신사참배 문제 때문에 등을 돌리게 되었던 것이다.

다음 절에서 상세히 논의되겠지만, 순천노회는 1938년 4월 일제 경찰의 강압에 못이겨 신사참배를 하기로 결의하기 이전까지는 신사참배 절대 불가 방침을 고수하였다. 그리고 신사참배를 하기로 결의하고 나서도, 그것은 일제의 강요에 의해 마지못해 하는 것이라는 사실을 분명히 공표하고자 하였다.

그러나 일제는 신사참배 거부 언동은 물론 그 태도와 마음가짐까지 문제 삼아 이들을 구속 기소하여 '불경죄'와 '치안유지법 위반' 등으로 처단하였다. 황두연(黃斗淵) 장로 등 4인 불경사건이 그 한 예가 될 것이다. 황두연의 회고록과 1942년 9월 30일자 광주지방법원 판결문이 남아 있어 알려지게 된 이 사건 피의자들의 신상과 혐의는 다음 표와 같다.[31]

〈표 2〉 불경사건 피의자들의 신상

번호	이름	나이	신분	교회	학력	경력
01	황두연	38	장로	순천 중앙교회	전주 신흥학교 고등과 졸업.	순천 안력산병원 사무원, 순천 기독교청년회 종교부장, 소년원탁회 지도. 해방후 제헌국회의원, 목사
02	나덕환	39	목사	순천읍 승주교회	영광강습소 수료, 피어선성경학원 졸업, 일본 홍문중학교 졸업, 평양신학교 졸업(29)	*해방후 순천노회장(8차), 예장 총회장(61)

---

31) 「황두연 등 4인 광주지방법원 판결문(1942.9.30)」, 『신사참배문제 자료집Ⅲ』, 한국기독교역사연구소, 2014, 499~503쪽.

| 03 | 오석주 | 55 | 목사 | 고흥 관리중앙교회 | 순천성경학원 졸업, 평양신학교 졸업(24) | 3·1운동 참여(6개월 복역), 순천노회장(28,38,40), 면려회순천연합회장(30) |
| 04 | 김정복 | 61 | 목사 | 고흥읍교회 | 평양신학교 졸업(24) | 구한국 전주부 진위대원, 하와이노동자, 순천노회장(30) |

〈표 3〉 불경사건 피의자들의 혐의

번호	이름	연월일	장소	대상	혐의 내용
01	황두연	1939.4.21	순천읍 자택	소년원탁회 회원 장금석(張今石)	신사는 종교로서 우상이기 때문에 참배하지 말아야 하지만, 강요로 참배할 때는 하나님 앞에 추도식을 행하는 기분으로 참배하라 권유
02	나덕환	1940.3월 초순	순천읍 자택	덕산영진, 금정종하 등 교인	이명동일신설을 신봉하고, 천황도 그리스도의 지배에 복종해야 한다고 발언
03	오석주	1938.2월경과 3월경	고흥 오천교회	황기룡 등 교인 약 40명	하나님 이외의 신은 우상이므로 신사참배를 하지 말라 권고
		1938.3월경	관리중앙교회	목천영석 등 교인 약 50명	신사는 일본인이 참배하는 우상이므로 절대로 참배하지 말라.
04	김정복	1936년 중	고흥읍교회	고야태헌 등 교인 약 100명	신사참배는 기독교 교리에서 금지시킨 우상숭배이므로 참배할 수 없다.
		1940.4월경	고흥읍교회	고흥연합사경회에 참석한 다수 교인	신사는 사람이 만든 우상이므로 참배하는 것은 교리에 위배되지만, 이미 노회에서 참배를 결의하였으므로 참배해야 할 것이다.

이들 피의자들에게 적용한 혐의는 "신사와 황실의 존엄"을 모독하였다는 "천황에 대한 불경죄"였다. 이에 따라 선고한 각 피의자들의 형량은 다음과 같다.

    징역 1년 : 황두연, 나덕환
    징역 10월 : 오석주, 김정복

여기서 황두연에게만 미결구류일 중 60일을 본형에 산입한 것을 볼 때 황두연이 이 혐의로 가장 먼저 체포되었고,[32] 그 후 다른 피의자들도 같은 혐의가 드러나 병합 판결한 것 같다.[33] 특히 김정복의 1936년 중의 혐의는 법정 기소 시효 5년이 지났음에도 불구하고 연속범이라 하여 면 소처분하지 않고 있다.

IV. 순천노회 수난사건

일제의 대기독교정책은 그들의 천황제 통치 이데올로기와 조화될 수 없기 때문에 원래 적대적이었지만, 중일전쟁 이후 급격히 강경책으로 강화되었다. 그 상세한 내용은 1938년 2월에 나온 '기독교에 대한 지도 대책'과 1940년에 마련된 '기독교에 대한 지도방침'에서 확인할 수 있 다.[34] 이 중 일제의 강화된 탄압 이용책을 적나라하게 보여주는 후자의 주요 내용은 소위 "일본적 기독교로 순화 갱생"시키는 것을 "근본 방침" 으로 하여 한국교회와 선교사와의 관계를 단절시키고 신앙내용과 교규 를 그들의 정책에 부합하게 변질시켜 효과적으로 통제 이용 협력케 하 려는 것으로 되어있다. 그리고 이에 응하지 않을 때는 위협하고 가혹하 게 탄압하였다.

---

32) 황두연이 순천경찰서 고등계 형사에게 체포된 것은 1940년 9월 20일 새벽 1시경이 었다(황두연, 『自己 十字架를 지고 따르라』, 소망사, 1978, 51쪽). 그 후 그는 1941년 11월경 순천노회 사건 수난자들과 함께 광주형무소로 이감되었고, 1942년 9월 30일 광주지방법원에서 징역 1년을 선고받고, 복역하다가 1943년 7월 말경 형 만기로 석 방되었다.

33) 다른 피의자인 나덕환, 오석주, 김정복은 모두가 순천노회 사건의 피의자들로 이들 의 혐의 중 '불경죄'에 해당하는 것만 황두연과 병합 판결하였다.

34) 「기독교에 대한 지도 방침」은 『사상휘보』 제25호(1940.12)에 실려 있는 것으로, 김 승태, 「일제하 '천황제' 이데올로기와 기독교 학교」, 『신학사상』 74호(1991년 가을 호)에 번역하여 소개한 바 있다.

1938년 초부터 일제는 각교회와 노회에도 경찰력을 동원하여 압력을 가하여 신사참배를 하게 하고, 신사참배를 결의·공표하도록 하였다. 1938년 4월 25일에 구례읍교회에서 열린 제22회 순천노회도 이러한 경찰의 압력에 굴복하여 다음과 같은 결의를 하고 있다.

특별사항 : 특별위원 오석주·김상두·김순배 삼씨가 피임되어 여좌(如左)의 결의안을 제출하매 전부 가결하다.
一. 국기계양, 二. 황거요배, 三. 신사참배, 四. 조선총독의 지원 병교육령 개정 제도에 대한 감사 전보할 일, 五. 주지(住支) 육해군 최고지휘관에게 위문전보할 일, 六. 신사참배에 대하여 총회에 상고할 일, 七. 본 노회 각 교회에 공문을 발송하여 신사참배를 지도할 것[35]

이 노회에 구례경찰서장까지 직접 참석하여 축사까지 하는 자리에서[36] 그들의 요구를 공개적으로 거부하는 것은 노회 해산과 노회원 전원의 체포를 각오하지 않고는 어려웠기 때문이다. 당시에 심지어는 총독까지도 기독교 집회에 참석하여 노골적으로 그들의 정책에 배치되는 종교는 절대 그 존립을 허용하지 않겠다고 위협하였다.[37]

이러한 위협은 위협으로만 끝나지 않았다. 그동안 경찰을 동원하여 교회의 변질과 신사참배, 전쟁협력을 강요하다가 이에 대하여 저항하는 이들이 나타나고 교계의 협력이 미흡하다고 생각되자, 전국에 걸쳐서

---

35) 『조선예수교장로회 순천노회 제22회 회록』(구례읍예배당, 1938.4.25); 『순천노회 회의록』 제1집, 순천노회, 1986, 171~172쪽; 『기독교보』 1938년 6월 7일자, 「順天老會 제22회 撮要」.
36) 『순천노회 회의록』 제1집, 순천노회, 1986, 270. 당시의 모든 집회는 경찰이 통제하고 있었으므로, 이러한 요구를 조건으로 노회 회집을 허락하였을 가능성이 크다.
37) 조선총독부 관방문서과 편, 『유고·훈시·연술 총람』(1941), 707. 미나미 총독은 1938년 10월 17일의 '시국대응 기독교 장로회 대회'에서도 거의 같은 내용의 훈화를 하고 있다(같은 책, 708쪽).

저항자들을 체포 구금함으로써 저항세력을 격리시키고 교회의 협력을 촉진시키려는 작전을 세웠다.

이러한 작전은 1940년 9월 20일 새벽을 기하여 전국에 '조선기독교도 불온분자 일제 검거령'을 발함으로써 본격화되었다.[38] 이 검거령 직후에 감리교가 이른바 혁신안을 발표하고[39] 장로교가 '장로회지도요강'을 발표한 것도 총독부의 이러한 위협과 무관하지 않다.[40] 여기서 살펴보고자 하는 순천노회원 수난 사건도 바로 이 검거령과 관련된 것이라 할 수 있다. 이 수난 사건 관련자들은 대부분 1940년 9월 20일부터 11월 15일 사이에 구속되어 심문과 재판을 받았다.

1) 피의자들의 신상

앞에서 살펴본 검거령은 일제에 저항하는 기독교인들 모두를 체포하는 것을 목적으로 하지는 않았다. 그렇게 하기에는 그러한 기독교인이 너무 많아 일제로서도 감당할 수 없었기 때문이었을 것이다. 그들은 다만 저항운동의 지도자들을 구속하여 격리함으로써 저항운동의 확산을 막고 일반 기독교계를 위협하여 변질과 협력을 촉진시키고자 하였던 것이다. 여기서 살펴볼 구속된 순천노회원들도 일제가 그 사건의 「판결문」

---

38) 조선총독부 경무국 보안과, 『고등외사월보』 제14호(1940. 9), 21.
39) 『매일신보』 1940년 10월 4일자, 「사상선도에 주력, 군사원호에 진충, 감리교혁신안 발표」. 이 혁신안은 체제에 순응하여 민주주의와 자유주의의 배격, 일본정신의 함양, 일본메소디스트교회와의 합동, 일본적 복음 천명, 애국반활동 강화, 지원병 적극 참가할 것 등을 규정하고 있다.
40) 『매일신보』 1940년 11월 10일자, 「일본적 기독교로 발족, 장로교 획기적 새출발, 혁신지도원리를 확립」. 이 지도 요강도 "당국의 지도를 준수하고 국책에 순응하여" 일본적 기독교로 순화갱정함에 노력하며 일제에 충성스럽게 협력할 것을 성명하고, 그 실천 방책으로서 신사참배, 궁성요배, 황국신민서사 제창을 적극적으로 하는 한편, 교회의 헌법 교리 교법 의식 등을 재검토하여 일본적으로 개조하며 찬송가 등 전 기독교 출판물을 검토하여 국체에 배치되는 자구를 개정할 것 등을 규정하고 있다.

에서도 인정하는 바와 같이 모두가 "순천노회의 목사 전도사들로서 이 노회의 간부 혹은 중견적 지위에 있는 자들"이었다.[41] 이 사건에 연루된 피의자들의 신상을 간략히 표로 정리하면 다음과 같다.

〈표 4〉 순천노회 수난 사건 피의자들의 신상

번호	이름	나이	신분	담임 교회	학력	경력
01	박용희	59	목사	순천중앙교회	가시와기성서학원, 평양신학교 중퇴	잡화상경영, 3·1운동 참여, 한성임시정부 수립 참여(19), 신간회 안성지부장(27), 경기노회장(27), 순천노회장(39)
02	선재련	45	목사	광양교회	평양신학교 졸업(36)	개량서당 교사, 매산학교 교사, 순천노회장(40)
03	김형모	37	목사	벌교읍교회	매산학교 졸업, 신흥학교 졸업, 숭실전문 졸업, 평양신학교 졸업(38)	순천노회 서기(39,40), *해방후 예장 총회장(64)
04	김상두	46	목사	나로도교회	경성중앙중학교 중퇴, 평양신학교 졸업(29)	순천노회장(37)
05	나덕환	39	목사	승주교회	피어선성경학원 졸업, 일본 흥문중학교 졸업, 평양신학교 졸업(29)	*해방후 순천노회장(8차), 예장 총회장(61)
06	오석주	55	목사	관리중앙교회	순천성경학원 졸업, 평양신학교 졸업(24)	3·1운동 참여(6개월 복역), 순천노회장(28,38,40), 면려회순천연합회장(30)
07	김정복	61	목사	고흥읍교회	평양신학교 졸업(24)	구한국 진위대원, 하와이노동자, 순천노회장(30)
08	선춘근	50	전도사 (장로)	당오리교회	고흥공보 졸업, 순천성경학원 졸업	소록도 자혜의원 간호원, 금산면 서기
09	박창규	63	전도사 (장로)	조성리교회	순천성경학원 졸업	도양면 서기, 농업경영
10	김순배	44	목사	여수읍교회	숭실전문 졸업, 평양신학교 졸업(32)	3·1운동 참여(6개월 복역), 순천노회 서기(33,34)
11	임원석	31	전도사 (장로)	명천교회	고흥공보 졸업	산림조합 기수보, 개량서당교사
12	양용근	38	목사	구례교회	매산학교 졸업, 일본 대학 법률과 졸업(30), 평양신학교 졸업(39)	동경 시청 토목국 고용원, 오사학원 서립, 교사(국사 한글 교수), 1943.12.5 순교(옥사)

---

41) 「박용희 등 15인 광주지방법원 판결문(1942.9.30)」, 『신사참배문제 자료집Ⅲ』, 한국 기독교역사연구소, 2014, 481~498쪽.

13	김형재	59	목사	두고리교회	숭실전문 졸업, 평양신학교 중퇴, 미국 리치몬드 연합신학교 졸업	순천노회장(35)
14	강병담	64	목사	상삼리교회	평양숭실 졸업, 평양신학교 졸업(24)	제주도 전도, 순천노회 서기(22), 순천노회장(27)
15	안덕윤	43	목사	광동중앙교회	숭실 고등과 졸업. 순천성경학원 졸업, 평양신학교 졸업(39)	장로교 사숙 교사

비고: 1. ( )안은 해당 연도임.
　　　2. 이 표는 「판결문」과 『기독교대백과사전』(기독교문사), 『장로교회사전휘집』, 『조선
　　　예수교 장로회 총회록』(1922-1940) 등을 참고하여 작성하였음.

　위의 표에서 보듯이 먼저 피의자들의 연령 분포를 보면 30대가 4명, 40대가 4명, 50대가 4명, 60대가 3명으로 30대 이상 60대까지 골고루 분포되어 있으며 교계 지도급 인사들인만큼 나이가 비교적 많음을 알 수 있다. 그들의 신분은 목사가 12명 전도사가 3명이며, 전도사들도 모두 장로직을 거친 지도적 노회원임을 알 수 있다.

　그리고 앞에서 보았듯이 1940년 총회에 보고된 이 노회의 목사 수가 14명이었음을 고려한다면 사실상 이 노회에 소속된 모든 목사가 피체되었던 것이다.[42] 위의 표에서는 생략하였으나 이들의 출생지가 「판결문」의 본적지와 같다고 본다면 박용희 목사 1인만 서울이고 모두가 전남출신으로 거의 모두가 고향에서 뿌리를 내리고 교회를 담당하여 목회하고 있었다고 할 수 있다.

――――――――――――

42) 당시 이 노회 소속이었던 이기풍 목사도 이 때 여수경찰서에 구속당하였다가 병보석으로 풀려나 여독으로 1942년 6월 20일에 서거하였고, 순천노회로 이명한 것은 아니지만 이 노회 관할지역에 있던 애양원교회의 손양원 목사도 1940년 9월 25일에 구속되어 해방이 되서야 풀려났다. 1941년 11월 4일 광주 지방법원 형사부에서 1년 6개월의 징역형을 선고받을 당시 손양원 목사의 나이는 40이었다. 참고로 그가 구속되어 옥고를 치른 경력을 정리하면 다음과 같다. 여수경찰서 10개월 1940.9. 25~1941. 7; 광주구치소 4개월 1941.7~1941.11.17; 광주형무소 1년 6개월 1941.11.17~1943.5.17; 광주형무소 5개월 대기 구금 1943.5.8~1943.10.8; 경성구치소 2개월 대기 구금 1943.10.8~1943.11; 청주보호관찰소 1년 9개월 1943.11~1945.8.17.

피의자들의 학력은 고등보통학교나 성경학원 출신으로부터 해외유학한 사람까지 다양하나 12명이 평양신학교를 거쳤음을 알 수 있다. 특히 이 가운데 4명은 신사참배문제로 평양신학교가 폐교될 무렵에 그 학교를 마쳤다. 그리고 해외 유학을 한 사람도 4명이나 된다. 어떻든 이들은 지도자로서 충분한 자격과 학력을 가졌다고 하겠다.

피의자들의 경력 또한 다양하다. 이 가운데 교사였던 사람이 5명이나 되고 구한국 군인, 면서기를 지낸 이들도 있다. 특히 주목되는 것은 3·1운동에 참여하여 6개월을 복역한 이가 2명이나 되며, 복역을 하지는 않았더라도 박용희 목사 같은 이는 경기도 지역 3·1운동의 주도적 역할을 담당하였던 인물이라는 점이 주목된다.[43] 그는 1927년 민족유일당으로 신간회가 창립되었을 때도 경기도 안성지부장을 역임하였던 민족운동가였으며, 경기노회장과 순천노회장을 지낸 교계 지도자이기도 하였다.

피의자 중 그를 포함하여 순천노회장을 지낸 인물이 8명이나 된다. 이러한 사실들은 이들 피의자들의 민족적 사회적 위치와 교계에서의 위치를 잘 말해주고 있다. 주에서 약간 언급하였지만 장로교 초대 목사 7인 중의 한 사람인 이기풍 목사도 이때 구속되었다가 병보석으로 풀려나 곧 서거하였으니, 그도 이 사건의 피해자 가운데 한 사람이라고 할 수 있다.[44]

---

43) 몇몇 3·1운동 관계 재판기록만 보더라도 박용희 목사의 주도적 활약은 충분히 입증된다. 즉 김포시장 만세시위에서 "대정 8년(1919) 3월 22일 김포군 월관면 군하리 시장에서 여기에 많은 인민들이 모여 있으매 박용희란 자와 공모하여 이들 군중을 선동하여 조선독립운동 시위운동을 하려고 기도하여 양인이 빈번히 위의 군중 속을 분주히 내왕하며 '조선독립만세를 부르라'고 권유한 후, 모인 군중 약 200명을 지휘하며… "(『독립운동사 자료집』 제5집, 3·1운동 재판기록, 326쪽) 및 "주모자 박용희라는 자가 우리들에 대하여 '한국 국기를 손에 들고 지회자가 되고'…박용희라는 자가 우리들에 대하여 '한국 국기를 손에 들고 독립만세를 3창하라'하므로…"(같은 책, 328~329쪽) 등의 기록이 그것이다.

2) 피의자들의 혐의 내용

이 사건 피의자들의 혐의는 이미 앞에서 언급하였듯이 "현재 사회는 악마가 조직한 사회라고 저주 부인함과 동시에 수년 후에는 예수의 재림에 의하여 지상천국의 신사회를 초래할 것이라고 몽상하여 기대하고 이 신사회의 혜택을 누리는 것은 예수의 계명을 범하지 않고 충실히 믿는 신도들뿐이라는 사상에 기초하여, 우리 국체의 변혁을 목적으로 하는 비밀 결사를 조직하고, 이를 모체로 하여 전 조선에서 동지를 획득하고 지상천국을 건설할 기도(企圖)를 하고 있을 뿐만 아니라, 천황 및 황대신궁에 대하여 불경스런 언동 또는 군사에 관한 유언비어, 총후(銃後) 국민에 대한 반관(反官) 내지는 반국가적 기운 조성 등 악질 적 범죄를 감행"하고 있기 때문에 치안유지법위반이라는 것이었다.[45]

특히 이 사건 「판결문」에서는 말세신앙 내지는 재림신앙과 천년왕국설에 대한 설교를 국체변혁을 목적으로 한 반국가적 행위로 치안유지법을 위반한 것이라고 단죄하고 있다. 피의자들의 혐의 내용을 이 「판결문」에 의해 간략하게 도표로 정리하면 다음과 같다.

---

44) 이사례, 앞의 책, 152~158쪽.
45) 조선총독부 경무국 보안과, 『고등외사월보』 제14호(1940. 9), 21쪽 및 이 사건 「판결문」.

번호	이름	연월일	장소	대상	인용 성구 및 제목	설교 내용
01	박용희	1939.5 -1940.9	순천중앙교회	화전형근 등 교인 100-300명		재림, 천년왕국, 지상국가 멸망
02	선재련	1939.4 / 1939.10 / 1940.5월경	광양교회	대림태현 등 교인 50명 / 신농석윤 등 교인 다수 / 신농석윤 등 교인 다수		그리스도의 재림, 지상 천년왕국
03	김형모	1940.4	벌교읍교회	고산학원 등 교인 다수		대환란, 기독제의 새로운 사회
04	김상두	1939.4 / 1939.8 / 1939. 가을 / 1940.5	대전교회 / 구례읍교회 / 신월교회 / 신금리교회	금전봉술 등 교인 약 15명 / 서은필 등 교인 약 70명 / 청송봉한 등 교인 약 5명 / 이원갑 등 교인 18명		천국 및 말세 재림 고대 / 천국, 위와 같은 내용 / 말세학, 위와 같은 내용 / 말세학, 위와 같은 내용
05	나덕환	1940.8	승주교회	덕산영진 등 교인 약 50명		재림, 심판, 그리스도의 통치
06	오석주	1940.4 / 1940.7 / 1940.4-10	녹동교회 / 관리중앙교회 / 관리중앙교회	안본겸일 등 교인 10명 / 목천영석 등 교인 약 40명 / 신전종휴 등 교인 약 20명	마태 24장	그리스도의 재림 / 말세 재림 순종 / 창조, 초림, 재림, 말세, 천년왕국
07	김정복	1940.9	고흥읍교회	고야태헌 등 교인 약 60명		재림, 말세현상, 천년왕국, 심판, 준비
08	선춘근	1937.2 / 1939.5 / 1940.8	축두리교회	김대방 등 교인 약 20명 / 남중옥 등 교인 약 30명 / 이말순 등 교인 약 50명	고후 10:3-5 벧후 3:10-13	재림, 지상천국
09	박창규	1940.4 / 1940.6	조성리교회	김연동 등 교인 약 30명 / 교인 약 30명	'우리들의 준비' '주의 재림을 사모하라'	재림, 천년왕국, 준비
10	김순배	1939.3	여수읍교회	고아본견일랑 등 교인 약 100명		말세, 재림임박, 준비
11	임원석	1940.12.25	명천교회	교인 약 50명	고전 15:50-58	재림, 심판, 신앙

12	양용근	1939. 겨울	길두리 교회	임원석 등 교인 약 50명	마태 24:1-14 이사야 30:5-12	말세, 재림, 심판 천년왕국
		1940. 정월	송상리 교회 연합 사경회	임원석 등 다수 교인	계시록 6:12-17	재림, 징조, 천년왕국 실현 대망
13	김형재	1939.1	두고리 교회	상양채환 등 교인 6명		재림, 그리스도 통치, 재림대망
		1939.2	마륜리 교회			재림대망
		1940.	이미교회	대산영옥 등 교인 약 20명		위와 같은 내용
		1940.7	월곡리 교회	목하덕만 등 교인 약 10명		위와 같은 내용
14	강병담	1940.5	상담리 교회	장본도문 등 교인 약 10명		재림, 천국백성 준비
15	안덕윤	1940.7	광동중앙 교회	양원일만 등 교인 약 20명		재림임박, 천년왕국, 재림 대망

비고: 이 표는 피의자들의 「판결문」에 의하여 작성하였다.

이 「판결문」에 의하면 피의자들은 모두 1939년에서 1940년 사이에 자기가 시무하는 교회 또는 이웃 교회에서 교인들을 대상으로 그리스도의 재림, 천년왕국, 말세의 징조, 성도의 준비 등을 내용으로 한 설교를 하였기 때문에 구속된 것이다. 그리고 이들이 인용한 성경 구절도 모두가 이와 관련된 내용이다.

이 사건의 피의자들에 대한 판결은 국체변혁을 목적으로 선동하였다 하여 치안유지법위반으로 3년에서 1년에 이르는 징역형을 선고하였다. 일제가 이 판결에 적용한 치안유지법은 1925년 "국체의 변혁이나 사유재산제도를 부인하는 것을 목적으로 한 결사 조직"을 탄압하기 위해서 만들어진 악법으로 그 해 초부터 조선에도 적용되었다. 이 법은 1928년에 일부 조항이 개정되고 1941년에 보다 철저하게 전면적으로 개정되었다.

이 사건의 피의자들은 치안유지법이 최종 개정되기 전에 구속되었기 때문에 1928년에 개정된 구법 제3조와 개정치안유지법 제5조를 위반하였다고 단죄하고 있다. 개정된 치안유지법의 제5조는 "제1조 내지 제3조의 목적으로 그 목적 사항의 실행에 관하여 협의 혹은 선동을 하거나 또는 그 목적 사항을 선전하고 기타 그 목적 수행을 위한 행위를 한 자는 1년 이상 10년 이하의 징역에 처한다"고 되어 있다.[46] 이 법의 제2조에서 제3조는 제1조에 대한 보충 법규이므로 제5조도 제1조의 규정을 보강하는 조항이라고 할 수 있다.

결국 피의자들은 모두 이 법의 제1조에 해당하는 죄를 범한 것이라고 할 수 있다. 그러면 과연 제1조의 죄란 무엇인가. 개정치안유지법의 제1조는 "국체를 변혁할 것을 목적으로 하여 결사를 조직한 자 또는 결사의 임원 기타 지도자의 임무에 종사하는 자는 사형 또는 무기 또는 7년 이상의 징역에 처하고 사정을 알고 결사에 가입한 자 또는 결사의 목적 수행을 위한 행위를 한 자는 3년 이상의 유기징역에 처한다"고 되어 있다.[47] 따라서 피의자들에게 적용한 혐의는 '국체변혁'을 목적으로 교인들을 '선동'하였다는 것이다. 이에 따라 선고한 각 피의자들의 형량은 다음과 같다.

징역 3년 : 박용희
징역 1년 6개월 : 선재련, 김상두, 오석주, 선춘근, 박창규, 김형재,
　　양용근
징역 1년 : 김형모, 나덕환, 김정복, 김순배, 임원석, 강병담, 안덕윤

이들 중 양용근은 광주형무소에서 복역 중 1943년 12월 5일 옥중에서 순교하였고,[48] 다른 사람들도 해방 직전 해인 1944년에야 겨우 옥살이에서 풀려났다.[49]

46) 『조선총독부관보』 1941년 5월 1일자, 「법률 제54호 치안유지법」.
47) 위와 같음.
48) 진병도, 『섬진강·순교목사 양용근 평전』, 쿰란출판사, 2010, 903~909쪽.

V. 맺음말

이상에서 일제의 신사 설립 및 신사참배 강요와 그로 인해 일어난 순천노회 수난사건에 대해서 살펴보았다. 순천노회 수난 사건은 일제의 종교탄압의 실상을 적나라하게 보여주는 전형적인 기독교 박해사건이다. 이제 이 사건이 가진 교회사적 성격과 의의를 생각해보면서 글을 마무리하고자 한다.

이 사건의 성격은 당시 사회 및 교계의 동향과 다른 그룹들의 저항운동과 비교할 때 선명하게 드러난다. 우선 이들 피의자들의 일제에 대한 태도를 주목할 필요가 있다. 이들은 모두 일제가 통치하는 현실을 악과 거짓이 지배하며 불의를 강요하고 신앙을 박해하는 상황으로 인식하였다.

그래서 그들이 강요하는 신사참배에 대해서 겉으로는 마지못해 '적응'을 하면서도 그것이 잘못된 것임을 설교를 통하여 공언(公言)함으로써 그 행위가 가진 정치적 · 종교적 의미를 '무효화'(無效化)시키고자 하였다. 이는 일제와 타협하여 '순응'하였던 당시 기성교회의 지도자들이나 이를 끝까지 거부하고 기성교회 밖에서 투쟁하였던 경남 · 평양 지역 신사참배 거부운동 그룹과는 그 대응 양상을 달리한다.

다음으로 주목되는 것은 이들의 공교회에 대한 태도이다. 그들은 아무리 타락한 교회라도 그 안에 남아서 성도들을 보살피고 기독교를 변질시키려는 외부의 강요를 '무효화'시킴으로써 자신과 성도들의 신앙을 지켜가고자 하였다. 그리하여 신사참배를 가결한 총회에 계속하여 총대들을 파견하였으며, 그들이 피체될 때까지도 공교회 조직에 남아 현장에서 목회를 하였다. 이 점도 자의든 타의든 간에 교회를 떠나 은둔 도피한 이들이나, 한상동 목사를 비롯한 경남 · 평양 지역 신사참배 거부

---

49) 김춘배, 앞의 책, 98쪽 및 김수진 · 한인수, 앞의 책, 307쪽 참조.

운동 그룹이 변질된 기성교회 조직을 파괴시키고 신사참배를 하지 않는 새로운 노회를 조직하려 하였던 교회분립운동과는 차이가 있다.[50]

아무튼 이들의 이러한 태도는 반(反)일적이면서도 반(反)교회적인 것은 아니었다고 생각된다. 오히려 기성교회가 그들에 대하여 무관심하였다. 1940년 이후 전 노회원이 구속되어 순천노회는 총회에 한 사람의 총대도 파견할 수 없었으나 총회는 이에 대하여 침묵하고 있었던 것이다.[51] 일제의 강요와 위협에 못이겨 적극적으로 부일협력을 하던 당시의 기성교회에 이들을 위한 어떤 저항이나 조치를 기대한다는 것 자체가 무리였을 것이다.

그럼에도 불구하고 이 사건의 피의자들은 절망의 시기에 그들이 확신하고 있는 대로 그리스도 안에서의 새로운 시대의 도래를 대망하면서 설교를 통하여 성도들에게 희망을 심어주어 고난을 이겨내도록 지도하였으며, 일제의 가공한 이데올로기를 '무효화'시켜 나갔고, 이를 위하여 과감히 말씀을 선포하면서, 자신들의 몸에 남은 고난을 채우고자 하였던 것이다.

이 사건이 가진 교회사적 의의는 바로 이 점에 있다 할 것이다. 물론 이들의 대응에도 기성교회의 변질에 대한 경고가 부족했던 점, 조직적인 저항이라고 보기 어려운 점 등 한계가 없는 것은 아니지만, 이들의 이러한 대응 태도는 한국교회사에서 일제의 종교탄압에 대한 하나의 뚜렷한 저항 유형을 보여주는 것이라고 생각된다.

---

50) 특히 경남지역 신사참배 거부운동 그룹은 신사참배를 긍정하는 현재 노회를 파괴하고 신사불참배주의 신자들로 새로운 노회를 조직하려 하였으나 주기철 목사가 이를 '시기상조'라 하여 제지하였다고 한다(민경배, 『순교자 주기철 목사』, 대한기독교서회, 1985, 224쪽).
51) 1941년, 1942년의 장로회 총회록에는 순천노회가 불참한 것으로 기록되어 있고 이에 대한 아무런 논의나 조치가 보이지 않는다.

해방 이후 순천지역 교회의 성장과 전망

이홍술

I. 들어가는 말

순천지역의 초기교회는 주로 장로교가 중심이 되어 선교활동을 시작하였는데, 일제 치하에서는 다른 지역들에 비해 상대적으로 많은 수난을 겪으면서 믿음의 길을 걸어야 했다. 그러나 그런 시련 속에서도 교회는 흔들리지 않았고 오히려 믿음과 단합하는 힘을 통해 어려움을 슬기롭게 극복했다.

순천지역 교회의 수난의 역사는 예장 통합 총회의 결의 내용을 통해서도 그 심각성을 확인할 수 있다. 예장 통합 총회는 제 79회기 총회를 통해 〈순천노회수난사 조명위원회〉를 조직하여 그 실상을 조사토록 하였다.[1] 이는 순천지역의 수난의 역사에 대한 연구가 그만큼 소중하고 신앙과 여러 영역에 미치는 영향이 컸다고 판단했기 때문일 것이다.

순천지역 교회는 많은 수난 속에서도 순결한 신앙을 지키기 위해 믿

---

1) 대한예수교 장로회 총회, 대한예수교 장로회 제 100회 총회 『회의안 및 보고서』, 한국 장로교 출판사, 1995, 953~957쪽.

음의 선한 싸움을 계속하던 중 마침내 조국의 해방을 맞아 신앙의 자유를 되찾게 되었다. 하지만 순천지역 교회는 또 다른 문제들로 인해 다시 한 번 마음을 졸여야 했다. 여순사건과 6.25전쟁 그리고 교회 분열의 과정이 바로 그것이다.

해방 이후 순천지역의 교회는 한편으로는 여순사건과 6.25전쟁으로 많은 분들이 순교를 당하면서 교회에 어려움이 찾아왔고, 다른 한편으로는 장로교 총회적으로 발생한 교단 분열 과정을 지켜보면서 순천지역 교회들이 그 분열의 대열에 합류하지 않도록 하기 위해 노심초사 하지 않을 수 없었다.

해방이 된 이후 장로교 총회는 신사참배에 대한 처리문제를 두고 그 해결 방법의 차이를 보이면서 교단이 분열되기도 하였고, 또한 신학적인 노선의 차이에 따라서 교단이 분열되기도 하였다. 이런 총회적인 차원의 분열 과정 속에서도 순천지역 교회는 일정기간은 크게 동요 되지 않았다. 하지만 시간이 흐르면서 점차적으로 영향을 받지 않을 수 없었다.

그럼에도 불구하고 순천지역 교회는 선교사들의 헌신과 지도자들의 탁월한 지도력으로 인해 전열을 가다듬고 희망의 미래를 향해 새롭게 성장하는 방안들을 마련해 가기 시작 했다. 다양한 목표를 정하고 전도에 박차를 가하여 가시적인 열매들을 거두었으며, 그 결과 순천지역은 다른 지역들보다 예배당의 수가 많고 인구에 비해 상대적으로 신도들의 수가 많은 도시로 알려져 있다.

필자는 이 글을 통해 해방 이후 순천지역 교회들이 여순사건과 6.25 전쟁의 상처 그리고 총회적인 분열의 과정들을 겪으면서도, 그 시대적인 아픔들을 슬기롭게 잘 극복하여 오늘에 이른 과정들을 살펴보고, 이어서 인구절벽이 현실화 되고 생활수준이 높아지면서 종교 기피 현상이 나타나고 있는 실제 상황들을 감안하면서 앞으로의 순천지역 교회들의 발전 전망에 대해 정리하고자 한다.

II. 해방 이후 순천지역 교회가 당면했던 몇 가지 아픔의 요소들

해방 이후 순천지역 교회는 교회 외적인 요인들과 교회 내적인 요인들로 인하여 부흥을 위한 선교 정책을 적극적으로 펼칠 수가 없었다. 일제의 억압 속에서 숨죽이며 신앙을 지켜오는 동안 기도하며 마음에 다짐해왔던 불타는 선교의 열정을 위한 비전들을 곧 바로 실행해 나갈 수 없게된 것이다. 안타까운 일이 아닐 수 없지만 그것은 현실적인 문제였기 때문에 피해갈 수 없었고 그 과정들을 겪으면서 미래를 기약해야 했다.

1. 교회 외적 요소인 여순사건과 6.25전쟁

1) 여순사건[2]

해방 이후 순천지역은 여수지역과 함께 여순사건으로 인해 매우 큰 피해를 당했는데, 필자가 확인한 자료에 의하면 이 사건은 확인된 자만

---

2) 진상조사위원회, 『여순사건 순천지역 피해 실태 조사 보고서』, 도서출판 누리기획, 2006, 1~2쪽. 여순사건은 제주에서 일어난 사건의 진압을 위해 1948년 10월 15일 육군총사령부로부터 14연대장 박승훈 중령에게 제주도에 파견할 1개 대대 편성을 지시했고, 이튿날까지 1개 대대 편성을 마쳤다. 그 후 1948년 10월 19일 아침 7시 우체국을 통한 일반전보로 "LST는 19일 20시 출항하라"는 전보가 박승훈 중령에게 전달되었다. 그런데 1948년 10월 19일 저녁 8시경 전남 여수시 신월동 주재 국군 제14연대 소속 지창수 휘하의 약 7명의 하사관들이 병사들을 선동하여 연대 병기고와 탄약고를 접수하고, 무려 2500명에 달하는 병사들이 남로당원임을 밝힌 김지회 중위의 지휘 하에 들어가게 되었다. 이들은 제14연대 영내에서 자신들의 목적이 성공하자 10월 19일 23시 30분경 부대 부근에 있던 민간인 23명이 합세하여 이른바 인민군으로 편성을 마치고 여수읍내로 진격하여 여수 읍내를 장악하고 그 여세를 몰아 순천지역까지 올라와 수많은 희생자를 낸 사건이다.

여수 지역 884명3) 그리고 순천지역 1,661명4)의 희생자를 낸 우리 지역의 아픈 역사를 담고 있는 사건이다. 어느 한 지역에만 국한되어 피해를 입은 것이 아니라 여수와 순천의 거의 모든 지역들에서 희생자가 발생하였다.

이 사건으로 인해 지역민들의 피해가 많았던 것과 맥을 같이하여 교회 또한 시련을 겪어야 했다. 이 사건 때에 순교를 당한 분들도 있었으며, 이로 인해 상처를 입은 교회들이 발생하였다. 해룡 영흥교회 김병준 장로, 윤형근 집사, 윤수근 집사 외에 다른 분들이 순교를 당했으며 우리에게 잘 알려진 손양원 목사의 두 아들 손동인, 손동신 군도 이때 순교를 당하였다.5) 그리고 그 외에도 임인규 집사, 김용길 집사, 유영채 집사, 고재춘 성도 등도 이 때 순교를 당하였다.6)

2) 6.25전쟁

여순사건의 피해로 아직 아픔의 상처가 가시기도 전에 6.25전쟁으로 인해 순천지역 교회는 또 한 번의 시련을 겪어야 했다. 여수 애양원교회에서 나병환자들과 함께 생활하면서 사랑을 실천하며 사역을 감당하던 손양원 목사와 덕양교회에서 사역을 감당하던 조상학 목사 그리고 구례읍교회에서 사역을 감당하던 이선용 목사를 비롯한 많은 사역자와 성도들이 순교를 당했는데,7) 김정복 목사, 안덕윤 목사, 지한성 강도사, 지순

---

3) (사)여수지역사회연구소,『여순사건 실태조사 보고서 제1집 여수지역편』, 열린기획, 1998, 86쪽. 여순사건의 발생 과정에 대한 내용은 같은 책 362쪽 이하를 참고하기 바란다.

4) 진상조사위원회,『여순사건 순천지역 피해 실태 조사 보고서』, 271쪽.

5) 안기창,『미국남장로교 선교 100년사』, 도서출판 진흥, 2010, 190~193쪽. 손동인 · 손동신 군의 순교에 대한 부분에 대해서는『순천제일교회 50년사』32~33쪽도 참조하기 바란다.

6) 순천노회사료편찬위원회,『순천노회사』, 순천문화인쇄사, 1992, 75~79쪽. 위 각주 5)의 책도 함께 참고하기 바란다.

7) 위의 책, 79~86쪽. 순천노회사는 1950년 9월 28일 손양원 목사와 조상학 목사가 순교

철 성도, 윤현숙 전도사, 황도백 집사, 곽은진 집사, 안경수 성도, 허상룡 집사 등 많은 분들이다.[8]

훌륭한 지도자들을 잃고 또한 함께하던 많은 성도들을 잃은 교회로서는 한편으로는 순교의 열매로 위로를 받기도 했겠지만, 다른 한편으로는 충격에 빠져 힘든 시간들을 보내야 했을 것이다. 하지만 교회는 신앙을 더욱 공고하게 다져가게 되었고 아픔을 거룩한 신앙의 고백으로 승화시킬 수가 있었다. 담임목사인 조상학 목사가 순교 당한 이후 덕양교회 신도들은 다음의 글을 그의 비문에 기록하였다.

> 주여 할 수 있거든 이 쓴잔을 내게서 멀리하소서 그러나 내 뜻대로 마시옵고 아버지의 뜻대로 이루어지이다. 말세에 주의 종이 나타났으니 대속의 진리를 선포하는 사자로다. 악당은 제 할 것을 다했음이 이 희생의 제물을 고요히 한 위를 떴도다. 무지한 자의 손에서 발하는 총소리에 나의 갈길 다가도록 신호로다. 평소의 경건한 신망애의 열매됨이어 주의 약속하신 말씀 신실토다. 순교자의 피를 보고 그 발바닥에 묻친자 누구요 오직 믿음의 전속뿐 살아 있어, 따르기 어려운 십자가의 길임이여 감격의 눈물어린 눈동자의 미소를 허락하소서.[9]

이렇게 많은 분들의 순교의 피가 뿌려진 그 순교의 땅 위에 순천지역의 교회들은 더욱 신실하고 견고하게 세워질 수 있었으며 바르고 충성스런 믿음의 선배들이 순교로 물려 준 신앙의 유산은 이 지역 그리스도

당하던 날 200여 명의 성도들이 함께 끌려가 총살을 당하고 순교를 당했다고 기록하고 있다. 참고로 당시 행정 구역상 순천지역이 아닌 곳에서 사역을 하다가 순교를 당한 분들이 있지만 교회적으로는 순천노회로 편성이 되어 있었기에 포함시켰음을 밝혀둔다.

8) 안기창, 『미국남장로교 선교 100년사』, 199~202쪽 참조.
9) 위의 책, 83~84쪽.

인들에게 모범이 되어 교회 부흥에 큰 원동력이 되었다. 고난을 신앙의 성숙으로 바꿔놓았으며, 고난을 통해 이 지역에 하나님 나라의 지평을 더욱 넓혀놓게 된 것이다.

2. 교회 내적 요소인 교파 분열

해방 이후 한국장로교회는 큰 틀에서 세 번의 분열의 길을 걸어야 했다.[10] 글의 특성상 분열의 구체적인 내용들에 대해서는 밝히지 않고 주요 쟁점들만을 밝히고자 한다. 제1차 분열은 1952년 해방 이후 신사참배 문제의 쟁점으로 인한 예장고신의 분열이었고, 제2차 분열은 1953년 신학적 노선의 차이로 인한 예수교장로회와 기독교장로회의 분열이었으며, 제3차 분열은 1959년 WCC 가입의 쟁점화로 인한 예장통합과 예장합동의 분열이었다.[11]

이 중 장로교회의 처음 분열인 고신 측이 분열할 때 순천노회는 분열에 참여한 교회가 없었던 것으로 전해진다.[12] 이 때 분열의 가장 큰 원인이 신사참배 거부자와 참여자들에 대한 처리 문제로 인한 것이었다는 점을 감안할 때 실로 놀라운 일이 아닐 수 없다. 물론 그 때의 분열이 경남노회라고 하는 지역적인 부분도 있다. 하지만 그렇다 할지라도 놀라운 일이다. 왜냐하면 순천노회는 전국적으로 그 어느 노회보다 신사참배를 앞장서서 반대한 노회였기 때문이다.

1990년 10월에 출간된 〈한국 기독교의 역사 II〉의 기록에 의하면[13] 신

---

10) 해방을 전후한 순천지역의 교회들은 주로 장로교단의 교회들이었기에 장로교단 분열에 대해서 언급하게 된 것임을 밝혀 둔다.

11) 한국기독교역사학회 편, 『한국기독교의 역사 III』, 한국기독교역사연구소, 2009, 82~96쪽. 분열의 상세한 내용들을 확인하기 원한다면 이 책을 참고하기 바란다.

12) 순천노회사료편찬위원회, 『순천노회사』, 89쪽.

13) 한국기독교역사연구회, 『한국기독교의 역사 II』, 기독교문사, 1990, 336~337쪽. 이 책

사참배 반대운동자의 수는 장로교, 감리교, 성결교, 동아기독교, 안식교를 포함하여 총 149명인데, 필자가 순천노회 자료를 통해 비교 확인한 바에 의하면, 그 중 순천노회(장로교)에 속한 반대운동자의 수는 17명이나 되었다. 뿐만 아니라 순천노회는 당시 26개 노회 가운데 유일하게 1941년부터 1942년까지, 제 30회기와 31회기에 총회 총대를 보내지 않았다. 그 이유는 장로회 총회가 이미 1938년 제27회기 총회 때에 신사참배를 결의하였기에 총회에 참석하게 되면 신사참배를 할 수밖에 없다는 것을 알았기에 스스로 총대로 가는 일을 포기한 것이다.[14] 순천노회가 신앙 양심에 따라 총대를 파송하지 않았지만 총회는 왜 순천노회가 총대를 파송하지 않았는지에 대해서는 한 마디도 언급하지 않았다.[15]

일부에서는 총대로 가는 것을 포기한 것이 아니라 총대를 보낼 수 없었다고 보기도 한다. 그 이유는 노회의 중심인물들이 대부분 투옥이 되어 노회를 모일 수 없었기 때문이라고 주장한다. 물론 그렇게 볼 수도 있을 것이라는 생각도 할 수는 있겠지만 꼭 그렇다고 단정을 내릴 수는 없는 일이라고 본다. 왜냐하면 그런 주장도 정황상 그랬을 것이라는 추측에 기인하기 때문이다. 황두연은 당시 목사와 전도사들이 신사참배문제로 구속되었다 하더라도 일부 장로는 개 교회에서 활동하고 있었기에 장로 총대라도 파송해서 순천노회의 보고를 할 수 있는 길이 있었지만 순천노회에 소속된 장로들은 이러한 상황에 있는 총회는 의미가 없다고 단정하고 총회에 총대로 가지도 않고 파송도 하지 않았다고 주장한다.[16]

그렇게 신사참배 반대에 적극적이었던 노회였는데, 신사참배 문제로

의 기록에 의하면 장로교 127명(평북:18, 평남:10, 황해:2, 함남:12, 경남:24, 충북:2, 전북:3, 전남:38, 만주:18), 감리교 7명, 성결교 2명, 동아기독교 12명, 안식교 1명이다.

14) 주명준, 「일제하 순천노회의 수난」, 『등대선교회 창립37주년기념』, 등대선교회 제1회 학술 세미나, 2007년 4월 28일, 순천중앙교회, 16쪽.

15) 안기창, 앞의 책, 163쪽.

16) 황두연, 『자기 십자가를 지고 나를 따르라』, 목회자료사, 1994, 54~55쪽.

총회가 분열 되는 상황에서도 순천노회 교회들이 흔들리지 않았던 것은 순천지역 교회의 성숙됨과 지도자들의 훌륭한 지도력 때문이라고 할 수 있으며 이런 힘이 순천지역 교회 성장에도 영향력을 미쳤다고 볼 수 있을 것이다.

그 이후 당시 기독교장로회와의 분열 과정에서도 순천노회의 교회들은 지도자들의 단결로 분열에 참여하지 않았다.[17] 그러나 통합과 합동의 분열과정에서 순천지역 교회들은 일정부분 아픔을 겪게 되었다. 이때 분열의 여파로 한동네 안에 두 개의 교회가 세워지게 되어 교인들 상호 간의 갈등이 야기되었고, 선교에 지장을 받기도 하였으며 침체의 아픔을 겪는 교회들도 생겨나게 되었다.[18]

위에서 살펴본 바와 같이 해방 이후 순천지역교회들은 여순사건이라고 하는 순천지역만의 특수한 문제와 6.25전쟁과 교단분열과 같은 공통의 문제들로 인하여 어려움에 직면하게 되었다. 하지만 신앙의 힘은 앞에 놓인 여러 문제들을 능히 극복할 수 있다는 진리를 후대에 확인시켜 주었다. 다양한 어려움의 환경 속에서도 순천지역의 교회들은 크게 성장할 수 있었고 세상에 좋은 본을 보여주었으며, 빛과 소금의 사명을 감당할 수 있었다.

III. 해방 이후 순천지역 교회의 성장과정

1. 선교사들의 선교 활동

어느 지역이든 마찬가지이겠지만 순천지역 역시 선교사들의 헌신과

---

17) 순천노회사료편찬위원회, 『순천노회사』, 89쪽.
18) 위의 책, 91쪽.

탁월한 선견지명의 영향으로 장소가 좋은 여러 지역들에 교회가 세워졌으며, 보다 효율적으로 교회가 성장 발전할 수 있었다. 선교사들의 사역의 범위는 학원선교, 교회개척, 의료선교, 선교회 조직 등 다양한 방향에서 이루어졌다.

교육을 통하여 복음을 전함과 동시에 열린 의식을 갖도록 도왔으며, 치밀한 선교계획에 의해 다양한 지역들에 교회가 세워졌고, 선교의 구체적인 진행은 선교회를 통해 더욱 활발하게 전개될 수 있었다. 또한 의료선교를 통하여 병약하고 소외된 사람들을 더 많이 만날 수 있는 기회를 만들어 갔는데, 선교사들의 이런 선한 행위들은 환자들을 돌보는 일과 함께, 헌신적인 선교사들의 선한 행위를 통해 그들이 가진 신앙, 곧 예수 그리스도의 복음이 전파될 수 있었다.

한편에서는 지금의 눈으로 지난 날 선교사들의 모습을 바라보면서 비판하는 소리들도 있다. 토착민들의 노동착취나 문화우월주의 등의 비판이 그것이다. 한 예로 토착민들에게는 짐을 지워 산을 오르게 하고 자신들은 가마를 타고 산을 오르는 등의 행위들에 대한 비판이다. 물론 이러한 지적들이 타당한 면들도 있다고 볼 수 있겠지만, 그 시대를 함께 살고 노동에 참여했던 사람들의 반응들은 다르게 나타나기도 한다. 왜냐하면 그들은 그렇게 함으로 임금을 받아 삶을 영위해 갈 수 있었기 때문이라는 것이다. 선교사들의 선교 행위에 대한 다양한 생각들을 가지는 것은 필요하다고 본다. 왜냐하면 이는 미래 선교의 행위에 도움을 줄 수 있기 때문이다. 하지만 분명한 것은 그들의 헌신이 좋은 열매로 나타났다는 점이다.

1) 학원선교

순천지역에 복음이 확산되고 교회가 부흥할 수 있었던 이유 가운데한 가지는 기독교 학교를 통해 성경을 가르치고 신앙을 교육하여 학생들을 배출하였기 때문이라고 볼 수 있을 것이다. 기독교 학교를 통해 성경을 배우고 예수 그리스도의 가르침과 진리들을 접한 학생들이 사회로 나가 신앙인으로 살아가는 경우가 많았을 것이기 때문에 그리스도인의 수가 증가한 것은 자연스러운 일이라고 볼 수 있다. 또한 기독교 학교를 통해 인재가 양성되어 사회의 각계각층에서 일하게 됨으로 복음의 넓이와 깊이를 더해갈 수 있었다.

1910년 4월 15일 미국 선교사인 변요한, 고라복 선교사에 의해 순천매산고등학교와 순천매산여자고등학교 그리고 순천매산중학교가 세워진 이래 2015년까지 매산고등학교에서 총 26,149명, 매산여자고등학교에서 총 13,431명 그리고 매산중학교에서 총30,511명의 학생을 배출하게 되었다.[19] 매산학교를 통해 많은 목회자들이 배출 되었는데, 그 가운데 순천지역 관내에서 목회자로서 사역을 감당하는 수도 상당하다. 보다 구체적으로 그 수를 적어 보면 이렇다. 2015년 4월 기준 매산학교에서 배출한 목회자는 집계된 수만 150여 명이며 그 중에서 순천에서 목회사역을 감당한 수만 24명 정도가 된다.[20] 물론 현재 사역을 감당하고 있는 사역자들의 수이다. 이들의 역할도 이 지역 복음화에 크게 기여하였다고 볼 수 있다. 비단 목회자뿐만이 아니라 매산학교를 졸업한 많은 사람들이 다양한 분야에서 활동을 하면서 이 지역 복음화에 크게 도움을 주고 있음을 볼 수 있다.

그리고 1921년에 변요한 선교사를 통해 세워진 고등성경학교(현 순천성서신학원) 또한 이 지역 선교에 큰 역할을 감당하게 되었다. 왜냐하면 성경학교를 졸업한 사람들이 목회자를 비롯한 교회 지도자로서 사역을 감당하였기 때문이다. 성경학교를 통해 배출된 총학생수도 2016년까지 1,783명에 이르며 이 가운데 많은 목회자들을 배출하였는데, 순천지역에서 사역을 감당하는 사역자들도 많다.[21] 성경학교를 졸업한 사람들은

---

19) 순천매산총동창회, 『매산회원명부』, 금성기획, 2015, 7~12쪽.
20) 순천매산총동창회, 『직장 · 직 · 지역별 명부』, 금성기획, 2015, 48~51쪽.
21) 순천노회사료편찬위원회, 『순천노회사』, 48쪽. 이 자료에 2016년까지의 졸업생 수

많은 사람들이 목회자의 길을 택했기 때문이다. 이처럼 선교사들이 주도한 학원선교는 이지역 교회성장에 많은 영향을 주었음을 알 수 있다.

2) 선교회 조직

등대선교회는 순천지역 교회성장에 크게 기여하였는데, 그 중심에는 인휴 선교사(Rev. Hugh MacIntyre Linton)가 있다. 등대선교회는 "한국 농어촌에 효과적으로 교회를 개척하고 육성함으로 한국 농어촌복음화에 기여코자"[22] 할 목적으로 1970년 인휴 선교사를 중심으로 창립이 되어, 1972년 10월 16일 정식으로 조직되었다. 초대회장은 인휴 선교사가 맡아 선교회를 이끌었다.[23] 인휴 선교사는, 한국 선교에 있어서, 특히 호남 지방 선교의 거목으로 남장로교 한국 선교의 핵이라고 불린 그의 외할 아버지 유진 벨(Rev. Eugene Bell－한국명은 배유지)과 대전의 한남대를 설립한 그의 부친 인돈(Dr. William A. Linton)에 이어 3대 째 선교사로서 호남지역을 섬긴 선교사이다.[24]

물론 등대선교회는 순천지역을 중심으로 조직이 되긴 하였지만 순천 지역 선교만을 목적으로 조직 된 선교단체는 아니다. 전국적인 농어촌 비전을 가지고 세워진 선교단체이다. 등대선교회에서 인휴 목사와 함께 사역했던 안기창 목사는 등대선교회의 초기 선교 전략을 다음과 같이 설명하고 있다. 즉 "순천지역을 모델로 기성교회에서 10리 간격 100호

를 추가하였다.

22) 등대선교회, 등대선교회 30년사 『등대의 빛』, 도서출판 벧엘, 2000, 83쪽.

23) 등대선교회, 『등대선교회와 농어촌복음화』, 삼화문화사, 1987, 28∼29쪽.

24) 등대선교회, 등대선교회 30년사 『등대의 빛』, 57쪽. 인휴 선교사는 전북 군산에서 출생하였으며, 6·25 한국전쟁 발발로 미 해군에 징집, 인천상륙작전에 참전, 2년 동안 한국에서 종군한 바 있다. 인휴 선교사의 뒤를 이어 4대째 인휴 선교사의 자녀들이 '유진 벨 재단'을 설립해서 북한에 많은 식량을 보내고 있으며 결핵환자들을 치료하는 일에 큰 성과를 거두고 있다.

이상 되는 부락을 상대로 조사한 결과 1,181개의 개척 후보지를 발굴하고 여기에 개척하면 전국적으로 10리 간격으로 교회가 설립되면 농어촌 복음화를 앞당길 수 있다고 믿으면서 1975년 1월 1,000교회 개척운동을 전개하고……, 그 후 각 지역에 교회를 개척하였다."[25]

위 내용에서 볼 수 있듯이 등대선교회는 우선 순천지역에서 먼저 선교정책을 진행하고 그 결과를 모델삼아 전국으로 확산시키면서 자연부락 단위에 교회를 세워 농어촌선교에 박차를 가한 것이다. 뿐만 아니라 등대선교회는 관광교회를 건축하기도 하였는데, 그 동기는 관광지 근처에 교회를 세워서 관광지를 찾는 사람들에게 교회의 이미지를 새롭게 하고 무언의 복음전도를 하고 싶은 취지에서였다. 그래서 합천 해인사, 구례 화엄사, 순천 송광사 등 유명한 사찰 입구에 색다른 교회를 세워 전도를 하였다. 이 때 세워진 교회가 합천 해인사 입구에 세워진 가야교회, 순천 송광사 입구에 세워진 낙수교회, 구례 화엄사 입구에 세워진 노고단교회(현 마산제일교회) 등이다.[26] 또한 등대선교회는 1982년에 시범지방을 설정하여 효율적인 복음화 정책을 펼치기도 하였는데, 순천 별량 지방을 시범지구로 선정하여 실행했다. 그 전략을 보면 기독교화율이 5%밖에 안 되는 농어촌을 기독교인 50%화를 목표로 하고 그 정책을 실행해 간 것이다.[27]

이렇게 중요한 정책을 정하고 전도하던 중 등대선교회의 중심인 인휴 선교사가 별세하는 시련을 겪게 되었다. 안기창 목사는 그 때의 일을 이렇게 회고 한다. "1984년 4월 10일 등대선교회 초대 회장이요 선교 동역자인 인휴 목사는 순천 조례동 자택으로 귀가하던 중 집 앞 도로에서 관

---

25) 위의 책, 84쪽.
26) 위의 책, 86~87쪽. 이 중 낙수교회는 1987년 주암댐 건설로 그 건물은 철수당하고 새롭게 교회가 세워져 있다.
27) 위의 책, 87쪽.

광버스와 충돌하여 순천 도립병원으로 옮겼으나(당시 인휴 목사 자신이 병실로 걸어갔다), 병원 설비 미비로 치료를 못하고 광주로 이송하던 중 죽어서는 안 된다는 말을 이어가며 고요히 잠들었다."[28] 인휴 선교사의 별세 후에도 등대선교회는 1986년에 3,000교회 개척운동을 전개하는 등 여러 사역들을 진행하였다.[29] 세운 목표치에 다 이르지는 못했지만 등대선교회는 1970년 4월 15일에 창립 된 이래 600여 교회를 개척하기에 이르렀다.[30]

등대선교회는 교회개척과 함께 지원사업도 펼쳤는데, 교역자 생활비 지원과 건축비 보조 그리고 농어촌교역자 양성에도 크게 도움을 주었다. 등대선교회에서 밝힌 자료에 의하면 1961년부터 1986년까지 미자립 교회 및 개척교회 건축비 지원 등 총 334개 처 교회를 지원했으며(순천 지역 145개 처), 1971년부터 1986년까지 농어촌목회자 양성을 위하여 374명에게 장학금을 지급하기도 했다(순천지역 245명). [31] 이렇게 교회를 개척하고 지원하는 일과 장학금을 주어 교역자를 양성하는 일들은 직간접적으로 이 지역 교회 성장에 크게 기여하였다고 해야 할 것이다.

이와 같은 선교사들의 선교활동은 기독교의 가치와 위상을 높여줄 수 있었으며, 많은 사람들에게 기독교에 대한 관심과 함께 좋은 인식을 새롭게 해 줄 수 있었다. 이로 인해 사람들의 마음의 문을 열게 하였고 그들에게 예수 그리스도의 복음이 전해져 교회 성장으로 나타나게 된 것이다. 물론 이 외에도 인애자 선교사의 순천 기독결핵재활원의 의료선교와 권오덕 선교사의 산업선교 등 다양한 부분들에서 선교활동이 진행

---

28) 위의 책, 88쪽.
29) 위의 책, 89~92쪽.
30) 등대선교회,『등대의 빛』, 2007년 4월 발행, 재창간 제2호, 3쪽.
31) 등대선교회,『등대선교회와 농어촌복음화』31. 여기 미자립교회 및 개척교회 건축비 지원의 시점을 1961년으로 잡은 것은 등대선교회가 창립되기 전부터 선교사들의 활동이 있었기 때문에 시점을 그렇게 잡은 것으로 보인다. 같은 책 27쪽. 참조.

되어 결과적으로 이 지역 교회 성장에 기여하였다고 보아야 한다.[32]

2. 다양한 교단들의 선교 활동

해방 이후 여러 과정들을 겪으며 어려움이 많았지만 예장통합과 예장 합동 교단을 비롯하여 여러 교단의 교회들이 세워지고 지속적으로 성장하여 지교회와 신도들의 수가 늘어나기 시작하여 순천지역 교회 성장에 크게 기여하기에 이르렀다. 예장통합과 합동을 제외하고 순천지역에 세워진 교단별 초기 교회들을 순서대로 정리해 보면 다음과 같다.[33] 즉 1948년 3월 15일에 현재의 기독교대한하나님의 성회 순천 순복음 오순절교회의 전신인 한국 오순절회 순천교회가 세워졌고, 1951년 4월 19일에 기독교 대한 성결교회 한소망교회가 세워졌으며, 1955년 10월 9일에는 기독교 대한 감리회 순천중앙감리교회가 세워졌다. 그리고 그 이후 1972년 8월 6일에 대한예수교 장로회 고신총회에 속한 순천 삼일교회가 세워졌고, 1976년 6월 27일에 대한 기독교장로회인 중부교회가 세워졌으며, 1979년 2월 28일에 기독교한국침례회 순천 침례교회가 세워져 각각 그 교단들의 특성들을 살리면서 순천지역에서 복음사역을 감당하게 되었다.[34] 이를 보면 예장 통합과 합동을 제외한 다른 교단들의 순천 선교는 기독교대한하나님의 성회, 기독교대한성결교회, 기독교대한감리회, 예장고신, 기독교장로회, 기독교한국침례회 순으로 이루어졌음을 볼

---

32) 등대선교회, 등대선교회 30년사 『등대의 빛』, 50~63쪽.
33) 예장통합과 합동에 대해서는 그 시작이 해방 전으로 거슬러 올라가기 때문에 따로 처음 시작한 교회를 표기하지 않았으며, 또한 여러 교단들이 뜻을 같이하여 순천지역교회의 성장에 기여하였다는 점을 보이기 위한 의도이기에 해방 이후에 시작된 교단의 교회들에 대해서만 기록하게 되었다. 그리고 여기에 기록된 연대들은 현재 교회 담임목사 전화통화를 통해 확인한 내용임을 밝혀둔다.
34) 기록된 자료는 해당 교회 목회자와 장로님의 도움을 받아 기록된 것이다.

수 있다.

　필자는 여기서 다양한 모든 교단들의 성장 과정을 다 기록하지 않고, 여러 교단들이 비슷한 비율로 성장하였을 것이라는 점을 전제로 하면서, 예장통합의 경우를 한 예로 들어 그 성장 과정에 대해 설명 해 보도록 하겠다. 예장통합 순천노회는 1966년 4월 제 48회 정기회에서 전도사업 7개년 계획을 결의하고 체계적인 전도활동을 시작하여 면단위와 자연부락에 이르기까지 교회가 세워지게 되었다. 또한 세워진 교회를 성장시키기 위해 가까운 교회에서 사역을 감당하고 있는 목사에게 자전거를 기증하고 두 교회 이상을 돌보도록 하여 큰 효과를 거두게 되어 150여 교회가 200여 교회의 자립교회로 성장하게 되었다.[35] 연도별 개척교회 신축과 자립계획을 보면 다음과 같다.[36]

년도	1966	1967	1968	1969	1970	1971	합계
개척교회신축	5	11	7	5	1	8	37
자립계획	11	16	7	15	11	8	68

　물론 이 통계치는 순천노회와 여수노회와 순서노회가 분리되기 전이기 때문에 순천과 여수 그리고 고흥과 보성 등이 포함된 수치이다. 각 지역의 교회가 성장하면서 노회가 비대하여지자 1980년 4월 22일 순천노회 제 62회 정기노회에서 순천노회(순천과 구례 곡성 그리고 광양지역을 중심으로)와 여수노회(여수와 여천지역을 중심으로)와 순서노회(벌교와 고흥과 보성지역을 중심으로) 3개 노회로 분립을 가결하여 각각의 자리에서 선교의 사명을 감당하게 되었는데,[37] 세 노회 분립 이후

---

35) 순천노회사료편찬위원회, 『순천노회사』, 91~92쪽.

36) 위의 책, 92쪽.

37) 장중식, 『순천노회 회의록』 제4집(58-65회), 순천문화인쇄소, 1997, 422쪽. 노회의 결정은 1980년 9월 25일 제65회 교단총회의 허락을 받아 분립이 확정되었다.

1981년에 처음으로 조사된 순천노회(순천, 구례. 곡성. 광양지역)의 통계에 따르면 예배당 수가 116개 처, 세례교인 수가 8,507명, 유아세례교인 수가 4,902명, 학습교인 수가 3,344명 원입교인 수가 16,985, 교인세대 수가 5,850세대, 신도 총 수가 33,788인으로 집계되었다.[38]

그 이후 순천지역을 중심으로 한 순천노회는 교회가 성장한 관계로 인해 2006년 제 88회기 정기노회에서 두 개 노회로 분립하기로 하고 '순천노회'와 '순천남노회'로 분립하여 오늘에 이르고 있다. 두 개 노회가 분립되기 전 2006년도의 순천노회의 통계를 보면 예배당의 수가 293개소, 세례교인 수가 40,471명, 원입교인 수가 14,281명, 아동 15,461명, 중고등 7,682명, 청년 4,550명, 합계 82,445명으로 집계 되었다.[39]

이는 필자가 앞에서 밝힌 바대로 각 교단들도 예장 통합처럼 비슷한 비율로 성장하게 되었을 것이라는 전제를 감안한다면 예장통합교단의 성장처럼 다른 교단의 교회들도 정도의 차이는 있겠지만 함께 성장하여 오늘의 순천지역 교회 성장의 좋은 결실들로 나타나게 되었다고 보아야 할 것이다.

여기서 순천시가 조사한 순천지역 교회 상황을 소개하고자 한다. 2010년 06월 30일 기준 순천시가 조사한 〈기독교 종교시설 현황〉을 보면 예배당의 수가 343개소이며, 신도의 수는 남성이 18,592명, 여성이 30,226명, 합계 48,818명으로 집계가 되었다.[40] 이는 〈2010년 순천시 주민등록인구 및 세대별 현황〉 보고에 나타난 인구수가 274,195명인 점을 감안할 때 순천시 기독교인 수가 순천시 인구수의 약 18%에 해당하는 수치이다. 그 이후 순천시 2015년 통계를 보면 인구수는 280,594명이고 기독교인 수는 66,814명(약24%)으로 나타났다.

---

38) 위의 책, 497쪽.
39) 순천노회, 『정기노회 회의안 및 보고서-주후 2007년 3월 6일』, 262쪽.
40) 순천 시청 제공, 순천시 자료에는 읍면동 별로 그 수치가 나타나 있다.

위의 내용을 보면 교회가 조사한 신도 수와 순천시가 조사한 신도 수가 차이가 나는 것을 볼 수 있는데, 이는 교회가 조사한 수는 노회 경계상 그 범위가 넓기 때문이기도 하고(구례 곡성 광양 포함), 또한 서로의 조사 방식에도 차이가 있기 때문이라고 보아야 할 것이다. 뿐만 아니라 순천시가 조사한 통계에서도 2010년과 2015년도의 기독교인 통계에 있어서 인구증가 대비 기독교인 증가의 신뢰도에 의문의 여지가 있지만 계속 성장하고 있다는 데는 동의해야 할 것이다. 그러나 그 성장이 새신자 전도에 의한 것인지 인구이동으로 인한 수평이동인지에 대한 부분은 더 심도 있게 조사해야 할 부분이라고 본다. (인구 증가가 1만 명가량인데, 기독교인 증가는 2만 명가량이라는 점에 의문) 참고로 일제치하인 1940년 교단이 분열되기 이전 순천노회 교회 통계수치를 보면 예배당의 수는 91개소였으며, 신도 수는 5,938명이었다.[41]

Ⅳ. 순천지역 교회의 미래 전망

어떤 환경 속에서도 교회가 지속적으로 성장하고 하나님 나라가 확장되어야 하다는 것은 하나님의 명령에 답하는 것이며 또한 교회의 선교 과제이다. 그리고 이는 곧 교회가 세상에서 존재하는 목적이기도 하다. 그러므로 교회는 모든 상황 속에서 희망을 가지고 보다 적극적이고 바른 신앙적인 방법을 동원하여 전도에 힘을 쏟아야 할 것이다. 하지만 교회의 선교 사명에 도전하는 현실적인 여러 문제들에 대해 인정할 것들

---

41) 김수진·주명준, 『일제의 종교 탄압과 한국교회의 저항』, 쿰란출판사, 1996, 70쪽. 순천노회사를 중심으로 한 통계치인데, 이 책 안에는 당시 교회 직원과 교회학교의 통계치도 나타나 있다. 이 수치 안에는 현재 순천노회 안에 있는 광양, 구례, 곡성 지역까지 포함된 수라고 할 수 있다.

은 인정을 하고 그에 대한 대안을 찾아가는 것이 옳은 방법이라고 본다. 왜냐하면 교회가 아무리 좋은 내용을 가지고 접근할지라도 그 내용들을 받아들이는 상대가 준비가 되어 있지 않으면 기대하는 것에 훨씬 못 미치는 결과가 나타날 수 있기 때문이다.

1. 교회의 예상되는 미래 위기

역사를 통해서 보면 교회들이 위기가 없었던 것은 아니다. 그 시대 시대마다 형태는 다르지만 여러 이단들을 비롯한 다양한 위기들이 있어왔다. 이에 대해 교회는 그 위기들을 슬기롭게 대처하면서 잘 헤쳐 나왔고 건강한 교회를 후대에 이어 주었다. 오늘 우리들도 미래에 있을 그런 다양한 도전들에 대해 앞서 간 신앙의 선배들처럼 그렇게 잘 극복해나가리라고 기대하지만 이를 위해 더욱 세심한 지혜를 모아야 할 것이다.

1) 재정의 감소현상

교회의 미래 위기 요소 가운데 가장 주목해야 할 부분은 재정적인 위기일 것이다. 미래학자 최윤식 박사는 교회의 재정적 위기의 원인을 성도들의 일상적인 생활에서의 경제적 어려움에서 찾는다. 국가 경제현실의 영향으로 인해 상당수의 성도들이 구조조정으로 인해 실직당하거나 직장을 구하지 못하는 실업자들이 늘어나게 되어 재정적인 어려움을 겪게 되면서 그 여파가 교회 헌금의 축소로 나타나게 될 것이고 이로 인해 교회는 자칫 교회 내부의 자중지란이 일어나게 되어 큰 타격을 입게 되리라는 것이다. 다시 말하면 미래의 교회 위기는 내부적으로 성도들이 흔들리고 이로 인해 사역이 흔들리게 될 것이라고 보고 있는 것이다.[42]

---

42) 최윤식 · 최현식, 『2020-2040 한국교회 미래지도 2』, 생명의말씀사, 2015, 27쪽 이하

그의 이런 분석은 현재 많은 교회들이 은행에서 돈을 대출 받아 교회를 건축하고 이자를 갚아가고 있는데, 사회적인 영향으로 인해 성도들의 경제적인 형편이 어려워지게 되면, 그것은 자연적으로 헌금의 축소로 이어지게 될 것이며, 이로 인해 교회는 상당한 위기에 직면할 것이라는 점에 착안한 것이다. 이는 바른 지적이라고 본다. 왜냐하면 실제로 많은 교회들이 은행에 빚을 내서 교회를 건축을 하고 있기 때문이다. 그러므로 교회들이 재정상의 어려움으로 인해 이자를 갚지 못하고 오랜 기간 원금상환이 이루어지지 못한다면 교회들에 재정적인 위기가 닥칠 것이라는 점은 부인할 수 없는 현실의 문제이다.

2) 다음세대를 이어줄 중년층의 감소현상

최윤식은 미래교회의 위기 현상 가운데 다른 하나를 다음 세대를 이어줄 중년층의 감소 현상으로 보고 있다. 현재 한국교회의 중심은 40대~50대로 볼 수 있는데, 이들을 이어줄 다음세대들의 연결고리가 약하다는 것이다. 교회가 다음세대 교육에 소홀히 하고 있어서 문제를 더욱 키울 수 있다고 지적한다.

거기에 더하여 저출산 고령화 사회 또한 교회의 위기의 요소로 지적된다. 실제로 현재 교회 안에 청소년층이나 아이들의 수가 현격하게 감소되고 있는 추세이다. 이는 인구감소와 연계되어 있다고 보아야 한다. 이는 비단 교회의 문제만이 아니라 크게는 세계와 국가의 문제이며 도시의 문제이기도 하다. 태어나는 아이들의 수가 줄어들고 있기 때문에 문을 닫는 학교들도 늘어나고 있다. 이런 현상은 시간이 흐르면서 더욱 심각하게 대두 될 것이다. 그래서 이 문제의 해결을 위해 국가와 지자체들이 나서는 것을 볼 수 있다. 그런데 이런 저출산으로 인한 아이들의

참조.

감소와 함께 청소년들과 중년층의 감소현상이 교회에 직접적으로 영향을 주게 된다는 점이다.

뿐만 아니라 많은 청소년들이 교회를 떠나 신앙의 길을 접고 있다는 점이다. 이는 교회로 하여금 막중한 책임감을 갖게 하는 부분이다. 교회가 젊은 층들을 신앙 안에 잡아 두기에는 너무나 많은 부분에서 약점들이 드러나고 있다는 것이다. 반면에 세상의 문화는 젊은이들을 더욱 끌어당기는 사회로 나가고 있다. 여기에 교회의 고민이 깊어진다고 볼 수 있다.

3) 수평이동으로 인한 교회의 쏠림 현상

지금 우리는 성장하는 교회와 침체된 교회의 구분이 명확하게 드러나는 것을 볼 수 있다. 여기서 우리에게 경각심을 주는 것은 현대 교회 성장이 비신자 전도에 의한 성장이 아니라 교회 간 수평이동에 의한 것이 크다는 점이다. 많은 교회들이 수평이동을 유도하는 방향으로 흐르고 있다는 점은 교회를 슬프게 만드는 한 요소라고 본다.

2013년을 기준으로 장로교는 새신자의 44.4%가 수평이동을 했고, 감리교는 43.7%, 성결교는 42.6%로 나타났으며, 큰 교회는 새신자의 80~90%가 수평이동한 것으로 추정하고 있다.[43] 이런 여파로 인해 상대적으로 규모가 작은 교회들은 위기에 직면할 수밖에 없다. 이 지점이 바로 목회자와 교회가 세상에 정의를 외치기 이전에 자체적이고 자발적인 정의를 세워야 할 부분이라고 본다.

4) 이단들의 발호현상

현대교회 위기 가운데 이단의 발호를 무시할 수가 없다. 이단은 교회의 정체성을 파괴하고 신자들의 마음을 빼앗아 신앙인들을 탈선하게 하

---

43) 위의 책, 51쪽.

는 무서운 적이다. 이런 이단들의 발호는 교회를 혼란하게 할 뿐만이 아니라 사회의 질서마저 파괴하는 잘못된 길로 나갈 수 있다. 그런데 우리 주변에는 다양한 형태를 띤 이단들이 나타나서 젊은이들의 가치관을 흐리게 하고, 정상적인 생활을 둔화시키고 있다. 이런 현상들이 바로 교회의 위기 가운데 하나이다.

이상의 위기들은 현실적인 문제이며 이미 우리 앞에 다가와 있다. 이런 위기의 문제들을 해결하기 위해서는 다음세대를 위한 투자를 아끼지 않아야 할 것이며, 보다 깊이 있는 진리 교육이 이루어져야 할 것이다. 그렇게 할 때에 교회는 든든히 세워지게 될 것이며 이단으로부터도 교회를 지킬 수 있을 것이다.

과거 교회는 성경공부와 교리교육에 많은 시간을 투자했었다. 그런데 아쉽게도 현실은 그렇지 않다. 포스트모던 문화가 밀려오면서 교회들은 교육 대신 교제 위주로 흐르기 시작했다. 물론 교제 또한 신앙의 한 축이다. 하지만 교육이 약화되면서 건강한 모습을 기대하는 것은 모순이다. 다음세대를 위한 투자와 제자양육을 통해 바른 신앙으로 무장하게 하고 이를 교회 부흥으로 발전시켜가야 할 것이다. 그리고 목회자들과 신도들 각자가 신앙 안에서 정의로운 생각을 가지고 수평이동을 자제하도록 도와야 할 것이며 장기적으로는 가정교회 형식의 작은 교회로의 패러다임 전환이 있어야 할 것이다.

2. 교회의 미래 전망

위기는 미래를 고민하게 만든다. 그리고 그 고민은 해답을 주기 마련이다. 우리는 신앙으로 미래를 바라보고 위기를 넘어설 계획을 수립하고 그 길을 준비해야 한다. 레너드 스윗(Leonard Sweet)은 "가장 큰 위험은 미래에 의해 물리는 것이 아니라 미래에 걸려 넘어지는 데서 온다"[44]

는 말을 했다. 미래는 우리를 피해가지 않는다. 그러므로 우리는 미래에 도전하여 넘어서야 한다. 이에 필자는 앞에서 언급한 위기의 요소들로 인해 다소 비관적인 방향의 생각을 가질 수도 있겠지만 이를 지혜롭게 극복하면 분명 순천지역 교회의 미래 전망은 희망적이라고 보고 싶다. 그 이유를 두 가지로 정리하고자 한다.

1) 새로운 패러다임의 인구이동으로 인한 인구 수 증가

과거에는 도시화가 가속화 되면서, 인구 이동이 시골에서 중소도시로, 중소 도시에서 대도시로 계속 이루어졌다. 젊은이들은 직장을 따라 대도시로 이동을 했다. 그 결과로 농어촌교회는 고령화 되고, 중소도시 교회는 청년들이 줄어들었다. 젊은 층이 줄어들면서 자연적으로 어린이들이 줄어들게 되어 아동부서에 큰 타격을 주었다.

그러나 앞으로는 그 양상이 반대로 나타날 것이라는 전망이 있다. 즉 인구이동이 전과 달리 대도시에서 중소 도시나 농어촌으로 바뀌게 되리라는 것이다. 그 이유는 55세 이상의 은퇴자들이 정해진 수입으로 사회적 비용이 상대적으로 비싼 지역이나 도시에서 살기가 어렵기 때문에 중소도시나 농어촌으로 이동할 가능성이 열리게 된다는 것이다. 그들은 그런 대도시에서 살 필요를 느끼지 못하게 되고, 또한 복잡한 곳을 피하여 삶의 자리를 옮기게 될 것이라고 예측한 것이다.[45]

그런데 여기에 더하여 우리가 살고 있는 순천지역은 생태습지 순천만을 비롯하여 많은 영역에서 전국적으로 살기 좋은 생태도시로 알려져 있어서 많은 사람들이 순천에 대한 좋은 이미지를 가지고 있다. 특히 21세기 트렌드라고 할 수 있는 생태환경적인 측면에서 순천지역은 점진적

---

44) Leonard Sweet, *Carpe Manana*, 김영래 역, 『미래 크리스천』, 좋은씨앗, 2005, 21쪽.
45) 최윤식 · 최현식, 『2020-2040 한국교회 미래지도』, 85~86쪽.

으로 많은 인구유입이 점쳐지는 지역이라고 볼 수 있다.

아비바 위텐베르크-콕스(Avivah Witenberg-Cox)는 21세기는 기후(weather), 여성(women), 웹(web)이 대세를 이루게 된다고 전망하면서 이를 3W라고 지칭하기도 했다.[46] 그가 기후에 대해 중점을 둔 것은 지속가능성에 대한 관심을 읽고 있다고 보아야 할 것이다. 현대는 지구에 대한 생각, 지구와 인간과의 관계에 대한 생각이 새롭게 바뀌고 있음을 볼 수 있다. 그래서 사람들은 친환경적인 삶의 환경을 선호 하게 되고, 그런 장소로 삶의 거처를 옮기고 싶어 한다.

이런 면에서 미래 순천지역의 인구증가는 희망적이라고 볼 수 있으며 인구 유입은 교회성장과도 밀접한 관계에 있다고 볼 수 있다. 실제로 순천시 허가민원과의 순천지역 인구 통계현황을 보면 증가와 감소가 함께 나타나지만 전체적으로 증가추세임을 알 수 있다.[47]

연도	인구	연도	인구
1997	264,706	2008	271,048
1998	266,913	2009	271,106
1999	268,204	2010	274,195
2000	270,689	2011	273,805
2001	272,124	2012	275,453
2002	271,636	2013	277,345
2003	270,574	2014	278,899
2004	270833	2015	280,594
2005	271,961	2016	280,420
2006	271,164	2017.1	281,389
2007	271,791		

---

46) Avivah Witenberg-Cox · Allison Matiland, *WHY WOMEN MEAN BUSINESS*, 전제아 역, 『넥스트 이코노믹 트렌드』, 더난출판, 2009, 39~40쪽.
47) 본 자료는 순천시 허가민원과의 도움을 받은 것인데, 이는 단순히 인구증가만을 말하려고 하는 것이 아니라, 인구수가 줄어든 도시들과 비교할 때 순천시는 상대적으로 증가하고 있다는 점을 말하기 위함이다.

2) 과학과 기술의 발전에서 촉발할 종교적인 갈망

우리시대는 내일을 예측하기 어려울 만큼 빠른 속도로 변하고 있다. 이런 현상은 무엇보다 과학과 기술 분야에서 더욱 두드러진다. 스마트 공장, 자율주행차, 디지털 헬스케어, 로봇, 클라우드, 3D프린터, 빅데이터 등 4차 산업혁명의 주역들이 세상을 이끌어가게 될 시대에 살고 있다.[48] 인공지능의 발전은 어디가 종착점이 될지 아무도 예견할 수가 없다. 문제는 과학이 그렇게 발전 해 감에 따라 인간의 역할과 인간의 일자리가 축소되고, 이로 인해 인간이 기계에 종속되는 불행한 일이 전개되고 있다는 점이다.

실제로 4차 산업혁명 시대에서는 인간과 기계와 자원이 서로 직접 소통하게 되는데, 사람들은 이미 분화가 극대화된 상황에서 코피티션(Coopetition, 협력을 뜻하는 'cooperation'과 경쟁을 뜻하는 'competition'의 합성어), 즉 협력적 경쟁 자리에 서게 된다.[49] 인간, 기계, 소재가 실시간 소통하고 상호작용을 하게 되어 인간은 기계와 경쟁적 위치에 있게 됨을 알 수 있다. 과학의 발전이 인간의 삶에 많은 유익을 가져다 줄 수 있다는 점은 부정할 수 없을 것이다. 하지만 과학의 발전과 함께 인간의 정신은 소외와 외로움을 경험하게 될 것이라는 점이다.

사람은 물질적인 것만으로는 행복을 유지할 수 없도록 만들어져 있다. 정신적인 부분이 함께 채워질 때에 진정한 행복을 누리면서 살도록 만들어졌다. 그러므로 기계 속에서 그리고 경쟁하면서 살아야 하는 인간은 정신을 쉬게 하고 자유롭게 할 수 있는 새로운 환경을 찾게 될 것이다. 산업을 발전시키고 새로운 과학의 혁명을 이끌어가려는 의도는 결국

---

48) Roland Berger, *THE FOURTH INDUSTRIAL REVOLUTION*, 김정희. 조원영 옮김, 『4차 산업혁명』, 다산3.0, 2017, 16쪽.
49) 위의 책, 47쪽.

경제성장이라는 하나의 목적이 자리잡고 있기 때문일 것이다. 그러나 우리는 인간이 경제성장을 위한 하나의 수단으로 전락하는 것을 우려한다. 오히려 인간이 목적이 되고 경제성장은 수단이 되는 패러다임을 만들어가야 한다. 그래야 인간이 숨을 쉴 수 있는 세계가 될 것이기 때문이다.

피터 빅터(Peter A. Victor)·팀 잭슨(Tim Jackson)은 "경제성장에 대한 우리의 집착은 흔히 인간의 복지와 지구상의 모든 생명체에 대한 전망을 참으로 향상시킬 이슈들에 대한 행동을 방해해 왔다. 우리가 계속해서 경제성장을 최우선 순위로 삼기로 고집한다면, 우리 자신과 후손들에게서 지속가능한 미래를 박탈하게 될 것이다. 이제 성장이라는 비장의 카드를 버릴 때가 되었다. 경제성장 추구가 더 이상 지속가능성에 대한 위협이 되어서는 안 된다."[50]는 인류의 미래에 대해 깊은 고뇌에 찬 말을 하기도 했다.

바른 지적이라고 본다. 인간은 누구나 가장 기본적인 삶을 영위하기를 바란다. 그것은 인간이 인간으로서 존중받는 삶일 것이다. 그래서 사람들은 가장 기본적인 가치를 추구하게 되고 궁극에 가서는 그런 삶의 자리를 찾기 위해 노력하게 될 것이다.

미래학자 존 나이스비트는 일찍이 그의 저서 『메가트렌드(Megatrends)』에서 '하이테크(High Tech)'와 '하이터치(High Touch)' 현상을 예견했다.[51] 이는 세상이 고도 기술사회로 이동하면서 비인간화가 확대되어 가게 되는데, 그와 같은 비인간적인 기술에 대응하기 위한 매우 인간적인 가치 시스템의 발전 노력, 즉 기술사회 안에서 인간은 자신의 정체성인 인간

50) Worldwatch Institute, *STATE OF THE WORLD 2015: Confronting Hidden Threats to Sustainability*, 이종욱, 정석인 옮김, 『2015 지구환경보고서: 지속가능성의 숨은 위협들』, 도요새, 2015), 111쪽.
51) John Naisbitt, *Megatrends*, 장상용·홍성범 공편, 『메가트렌스』, 고려원, 1988, 68쪽 이하 참조.

성 회복에 관심을 가지게 될 것이라는 주장이다.

나이스비트가 지적하듯이 기술이 고도화될수록 사람들은 감성을 중요시하게 될 것이며, 공허함을 채울 무엇인가를 찾게 될 것이다. 그리고 그 한 방향이 종교일 수 있다. 왜냐하면 사람들은 종교가 마음을 만져줄 수 있는 매개체라는 기대감을 가지게 될 것이기 때문이다. 문명이 발달해 신 없는 시대로 갈수록 인간은 하이터치를 더 갈망하게 될 것이며, 창조 시에 하나님께서 인간에게 주신 종교성도 더 강하게 요동칠 것이다. 그리고 문명이 발달할수록 인간은 영적인 세상을 더 그리워하게 될 것이며, 인간의 능력이 신에 가까워질수록 인간은 참 신을 생각하게 될 것이다.

통계청의 2015년도 우리나라 종교인구 조사를 보면 개신교가 불교를 추월하여 1위의 종교가 되었다. 종교 인구는 2,155만 4천 명으로 전체 인구의 43.9%를 차지하고 있는데, 이는 10년 전인 2005년의 52.9%에 비해 무려 9%p 약 300만 명이 감소한 것이다. 그러나 개신교의 경우 오히려 967만 6천 명(19.7%)으로 10년 전에 비해 1.5%p 125만 명이 증가하였다. 반면에 불교는 761만 9천 명(15.5%)으로 10년 전보다 7.3%p 296만 9천 명이 감소하였고, 천주교는 389만 명(7.9%)으로 10년 전보다 2.9%p 112만 5천 명이 감소한 것으로 나타났다. 위의 조사 결과에서 나타난 기독교 인구의 증가 현상은 미래 기독교 성장에 대한 가능성을 보게 해 준다.

위의 두 가지 전망들을 감안하여 생각해 볼 때에 장래 순천지역의 교회 부흥은 분명 희망적이라고 볼 수 있다. 왜냐하면 순천지역이 생태도시로서 많은 사람들에게 좋은 이미지를 주면서 앞으로도 계속 유입 인구가 늘어나게 될 것이며, 또한 사람들이 여러 가지의 이유들로 인해 공허해진 그 자리를 채우기 위해 종교를 선택하게 될 것인데, 여러 종교들 가운데서도 그 동안 이 지역을 위한 기독교의 헌신과 공헌에 힘입어 많은 사람들이 기독교를 선택하게 될 것이라는 기대에서이다.

순천지역은 다른 어느 지역보다 기독교적인 정서가 많이 담겨져 있는 곳이다. 매산 등을 비롯하여 많은 지역에 교회들이 세워져 선교의 사명을 잘 감당하고 있다. 여기에 더하여 교회들이 지역을 사랑하고 지역 주민들을 사랑으로 섬기면서 헌신의 삶을 바르게 감당하게 될 때에 교회는 지역민들의 마음을 더 많이 얻을 수 있을 것이다. 이는 결국 교회가 지역민들에게 필요한 곳이 되어주고 지역민과 함께 가면서 동시에 교회 성장도 도모할 수 있게 될 것이다.

V. 나가는 말

필자는 이 글에서 해방 이후 순천지역 교회의 성장과 전망에 대하여 서술하였다. 순천지역은 다른 도시들에 비해 상대적으로 많은 수난과 아픔을 간직하고 성장해 왔기에 그 어느 지역들 보다 기독교적인 에토스(Ethos)가 더 많이 스며들어 있는 곳이다. 수많은 성도들의 순교의 피가 흐르는 곳이며, 선교사들의 사랑과 헌신 그리고 섬김이 여러 영역에서 활발하게 펼쳐진 도시이다.

그리고 그에 힘입어 많은 어려움 속에서도 다양한 교파 교회들이 힘을 합하여 선교에 열과 성의를 다해 교회를 부흥시켜 오늘에 이르렀다. 순천지역의 교회들은 다방면에 훌륭한 인재들을 배출하여 사회의 필요한 영역들에 깊숙이 파고 들어가 하나님의 사랑을 실천하며 지대한 영향력을 행사하고 지역사회를 위해 일하게 함으로 단순히 영혼구원만이 아닌 아름다운 기독교 문화를 형성하여 도시의 한 축을 감당하여왔다.

그러나 순천지역 교회들은 과거의 성과들에 안주하지 않아야 한다. 보다 더욱 분발하여 불확실성의 시대에서 시민들에게 희망을 주고, 더 큰 미래를 준비하기 위해 힘써야 할 것이며, 교회로서의 사명을 다하기 위해 진리 위에 굳건하게 세워져 가야 할 것이다. 왜냐하면 필자가 앞에서 지적한 바와 같이 우리의 미래는 여러 면에서 종교적인 위기들이 도사리고 있기 때문이다. 이런 때에 교회가 기독교적인 사명을 다하지 못한다면 교회는 침체의 길을 걸을 수도 있다는 위기의식도 가져야 한다.

교회는 미래와 현재를 함께 보며 나가는 종교이다. 미래에 주어질 영광을 바라보면서 우리에게 주어진 오늘을 바르게 잘 살아가야 한다. 예수님의 가르침대로 사회 안에서 빛과 소금으로서 역할을 다 해 주어야 한다. 교회가 서 있는 곳에 사랑과 정의가 함께 실현될 수 있도록 의식을 새롭게 하고 실천할 수 있어야 한다.

우리 지역은 분명 기독교 정신을 더욱 활발하게 이어갈 수 있는 많은 요소들을 간직한 곳이다. 그러므로 교회는 이 장점들을 잘 살리고, 또한 필자가 앞에서 밝힌 우리 지역의 교회 성장 가능성에 대한 전망들이 현실화되어 장래 순천지역 교회들이 크게 부흥하도록 노력해야 할 것이다.

〈참고문헌〉

김수진·주명준,『일제의 종교 탄압과 한국교회의 저항』, 쿰란출판사, 1996

대한예수교 장로회 총회, 대한예수교 장로회 제100회 총회『회의안 및 보고서』, 한국 장로교 출판사, 1995

등대선교회, 등대선교회 30년사『등대의 빛』, 도서출판 벧엘, 2000

등대선교회,『등대선교회와 농어촌복음화』, 삼화문화사, 1987

순천매산총동창회,『매산회원명부』, 금성기획, 2015

(사)여수지역사회연구소,『여순사건 실태조사 보고서 제1집 여수지역편』, 열린 기획, 1998

순천노회사료편찬위원회,『순천노회사』, 순천문화인쇄사, 1992

안기창,『미국남장로교 선교 100년사』, 도서출판 진흥, 2010

장중식,『순천노회 회의록』제4집(58-65회), 순천문화인쇄소, 1997

진상조사위원회,『여순사건 순천지역 피해 실태 조사 보고서』, 도서출판 누리 기획, 2006

최윤식·최현식,『2020-2040 한국교회 미래지도 2』, 생명의말씀사, 2015

한국기독교역사학회 편,『한국기독교의 역사Ⅲ』, 한국기독교역사연구소, 2009

한국기독교역사연구회,『한국기독교의 역사Ⅱ』, 기독교문사, 1990

황두연,『자기 십자가를 지고 나를 따르라』, 목회자료사, 1994

등대선교회,『등대의 빛』, 2007년 4월 발행, 재창간 제2호

주명준,「일제하 순천노회의 수난」,『등대선교회 창립37주년기념』, 등대선교회 제1회 학술 세미나, 2007년 4월 28일, 순천중앙교회

Avivah Witenberg-Cox·Allison Matiland, *WHY WOMEN MEAN BUSINESS*, 전제아 역,『넥스트 이코노믹 트렌드』, 더난출판, 2009

John Naisbitt, *Megatrends*, 장상용.홍성범 공편,『메가트렌스』, 고려원, 1988

Leonard Sweet, *Carpe Manana*, 김영래역,『미래 크리스천』, 좋은씨앗, 2005

Roland Berger, *THE FOURTH INDUSTRIAL REVOLUTION*, 김정희·조원영 옮김, 『4차 산업혁명』, 다산3.0, 2017

Worldwatch Institute, STATE OF THE WORLD 2015: Confronting Hidden Threats to
    Sustainability, 이종욱, 정석인 옮김, 『2015 지구환경보고서: 지속가능성의
    숨은 위협들』, 도요새, 2015

게재정보 · 필자소개

* 이 책에 실린 글은 2017년 8월 18일에 국립순천대 인문학연구소(현 인문학술원) "전남동부 기독교 선교와 한국사회" 학술대회에서 발표한 발표문들을 수정·보완한 것이다.

제1부 미국 남장로교와 호남지역선교

강성호(국립순천대학교 인문학술원 원장, 전 한국서양사학회 회장, 인문예술대학 사학과 교수)
「미국 남장로회의 호남선교: 연구동향을 중심으로」, 『한국기독교와 역사』 49호, 한국기독교역사연구소, 2018.9

김용철(국립순천대학교 인문학술원 전임연구원)
「한국 전통사회와 전남지역 기독교 선교」, 『인문학술』, 순천대학교 인문학술원, 2018.11

제2부 미국 남장로교와 순천지역선교

이덕주(감신대학교 명예교수, 전 한국기독교역사연구소 소장)
「일제 강점기 순천 선교부와 지역사회」, 학술대회 발표문 수정·보완

박정환(장신대학교, 순천동명교회 담임목사)
「순천지역 교육선교와 매산학교: 선교부와 지역교회의 교제를 중심으로」, 『南道文化研究』 33, 순천대 남도문화연구소, 2017.12

한규무(광주대학교 교수, 전 한국기독교역사연구소소장)

「미국남장로교 한국선교부의 전남지역 의료선교(1898~1940)」(『남도문화연구』 20, 순천대 남도문화연구소, 2011) 중 순천지역 부분을 수정·보완

우승완(도시문화집단CS)·남호현(순천대학교 공과대학 건축학부 교수)

「미국남장로회 순천선교기지 선교마을들」, 『인문학술』, 순천대학교 인문학술원, 2018.11.30

제3부 한국현대사와 순천지역교회

차종순(호남신학대학교 명예교수, 전 호남신학대학교 총장)

「순천중앙교회의 태동과 발전」, 『인문학술』, 순천대학교 인문학술원, 2018.11.30

김승태(한국기독교역사연구소 소장)

「일제강점기 순천지역 신사참배 반대운동과 순천노회 수난사」, 학술대회 발표문 수정·보완

이홍술(호남신학대학교 겸임교수, 평화로운교회 위임목사)

「해방이후 순천지역 교회의 성장과 전망」, 『남도문화연구』 34, 순천대 남도문화연구소, 2018.06